《グローバルヒストリーとしての「植民地主義批判」》第3巻

マーカス・ガーヴェイの反「植民地主義」思想
―― パンアフリカニズムとラスタファリズムへの影響 ――

小倉 英敬
Ogura Hidetaka

揺籃社

―― はじめに ――

　筆者は、本年1月に『「植民地主義論」再考　グローバルヒストリーとしての「植民地主義批判」に向けて』（揺籃社刊）を出版した。同書は、《シリーズ『グローバルヒストリーとしての「植民地主義批判」』》第1巻との位置づけの書であった。
　このシリーズは、植民地主義は1415年のポルトガルによるセウタ占領から始まり、①重商主義期、②自由主義期、③帝国主義期、④新植民地主義期、⑤グローバル化加速期と経て、現在はグローバル時代の植民地主義として、「〈新〉植民地主義」（西川長夫）とも言える、旧植民地国のほとんどが独立した後になっても、旧植民地諸国・宗主国のポストコロニアルな状況に加えて、「植民地主義」が全世界に容貌を変えた形で継続しているとの問題意識から、現代にいたる植民地主義を歴史的に段階区分した上で、現在の「植民地主義」的状況を含めて、「植民地主義論」の総論的な再構築を目指すものである。
　本書は、このシリーズの第3巻であり、国内植民地主義、グローバルシティ・ヒエラルキー、外国人移民問題、ホームグロウン型テロ、奴隷制賠償問題解決の緊要性等々というような、「〈新〉植民地主義」の諸様相が生じてきた歴史的経緯を明らかにする作業の一部として、カリブ海のジャマイカから発した「アフリカ帰還」と「パンアメリカニズム」に象徴されるマーカス・ガーヴェイ（Marcus Mosiah Garvey, 1887-1940）の思想が、米国、カリブ地域、アフリカ諸国にどのような影響を残してきたかを、環大西洋的な視野から検証しようとするものである。
　本書は、文化的には、マーカス・ガーヴェイの思想を軸に、ボブ・マーリー（Robert Nesta Marley Booker, 1945-1981）から始まってビヨンセ（Beyoncé Giselle Knowles-Carter, 1981-）に至るという、アフリカとディアスポラ化したアフリカ系の人々の植民地＝奴隷制時代から現代に至る歴史的追求を目指す。
　筆者は、1970年代末にレゲエ・ミュージシャンであるボブ・マーリーに関心を持ち、1979年にボブ・マーリーが生前ただ1回訪日した際に、コンサートを聴き、さらに惹かれた。その音楽性だけでなく、歌詞に見られるラディカルな思想、そして彼やウェイラーズのメンバーたちの外観が1970年代という時代を象徴するもののように思えた。
　幼少の頃から日本国内に存在する種々の差別に接して成長した筆者にとって、歴史的にもヨーロッパによる植民地支配と、個々の国々に独自に存在してきた国

内差別構造の連鎖と交錯が、ボブ・マーリーの存在と音楽活動に象徴されているように感じられた。もとより、彼の思想と運動や、私生活には矛盾する点が少なくなかったことは事実である。しかし、世界史的に見たその位置は、十分に考慮に値するものがあると思われた。

その後、ラテンアメリカに渡航し、合計で16年間、ラテンアメリカに断続的に居住することになったが、常にレゲエとボブ・マーリーに関心を持ち、いつかはその思想的背景を探索してみようと思ってきた。

レゲエの思想的背景には、ラスタファリズムがあり、ラスタファリズムにはジャマイカ生まれのマーカス・ガーヴェイの思想が影響し、そのガーヴェイの思想は、ジャマイカだけでなく、米国、カリブ地域、アフリカ諸国の環大西洋地域全体に大きな反植民地主義的な思想的影響を及ぼしたと知った。また、ガーヴェイとラスタファリズムの関係については種々の見方があることも知ったが、ガーヴェイの思想の米国、カリブ地域、アフリカ地域という、環大西洋地域における影響の実態を網羅する研究書を執筆しようと、文献や資料を集め始めた。

今回、理論的に、前述のような位置づけをできるようになって、いよいよ執筆にとりかかるべき時期に至ったと感じた。幸い事前に、十数年にわたって、文献や資料を集めて準備してきたため、執筆は短期間で脱稿した。本書の意図が理解していただければ幸いである。

2017年6月吉日　　　　　　　　　　　　　　　　　　　小 倉 英 敬

Marcus Garvey

目　次

はじめに ……………………………………………………………… 1

1．ジャマイカの社会状況 ………………………………………… 7

　（1）社会的状況　7
　（2）宗教的状況　10

2．パンアフリカニズムとエチオピアニズム ………………… 17

　（1）パンアフリカニズム　17
　（2）エチオピアニズム　22

3．アフリカ帰還運動 ……………………………………………… 25

　（1）アフリカ帰還　25
　（2）イギリスによるアフリカ帰還運動　27
　（3）米国によるアフリカ帰還運動　29
　（4）黒人主導のアフリカ帰還運動　35

4．マーカス・ガーヴェイの思想形成 ………………………… 42

　（1）ジャマイカ時代　42
　（2）第1期海外渡航期　46
　（3）UNIA結成と米国渡航　49

5．米国における黒人解放運動の開始 ………………………… 52

　（1）世紀転換期の米国黒人情勢　52
　（2）黒人人口の移動　56
　（3）タスキーギ運動　58

（4）ナイアガラ運動　62
　　（5）ハーレム・ルネッサンス　67

6．UNIA の勢力拡大 ……………………………………………… 72

　　（1）米国での UNIA の活動　72
　　（2）ブラック・スター汽船問題　89
　　（3）各国・地域支部の状況　100
　　（4）米国追放後の動向　112
　　（5）共産主義運動との関係　123
　　（6）マーカス・ガーヴェイの思想的評価　127

7．ラスタファリズムとレゲエ・ミュージック ……………… 133

　　（1）ラスタファリズム　133
　　（2）レゲエ・ミュージック　159

8．マーカス・ガーヴェイの思想的影響 ……………………… 178

　　（1）カリブ地域　178
　　　（イ）ジョージ・パドモア（トリニダッド）　178
　　　（ロ）C・L・R・ジェームズ（トリニダッド）　183
　　　（ハ）ラス・マコーネン（現ガイアナ）　185
　　　（ニ）エリック・ウィリアムズ（トリニダッド）　186
　　　（ホ）ウォルター・ロドニー（現ガイアナ）　189
　　　（ヘ）エウシ・クワヤナ（現ガイアナ）　191
　　　（ト）クリス・ブレイスウェイト（バルバドス）　193
　　　（チ）エメ・セゼール（マルチニック）　196
　　（2）アフリカ諸国　198
　　　（イ）クワメ・エンクルマ（ガーナ）　198
　　　（ロ）ジョモ・ケニヤッタ（ケニア）　206
　　　（ハ）ンナムディ・アジキウェ（ナイジェリア）　209
　　　（ニ）レオポール・セダール・サンゴール（セネガル）　211
　　　（ホ）アイザック・T・A・ウォレス・ジョンソン（シエラレオネ）　213

（ヘ）1910〜1920年代生まれの独立運動指導者　215
　（3）米国　222
　　　（イ）「ブラック・ムスリム」とマルコムＸ　222
　　　（ロ）ストークリー・カーマイケル　230
　　　（ハ）奴隷制賠償請求運動　232

9．終　章 …………………………………………………… 235

〈注釈〉 ……………………………………………………… 237

〈参考文献〉 ………………………………………………… 247

あとがき …………………………………………………… 257

1. ジャマイカの社会状況

(1) 社会的状況

1492年10月12日にコロンブス（Cristóbal Corón, 1451頃-1506）一行がカリブ諸島に到達して以来開始されたヨーロッパ人のアメリカ・カリブ地域への侵入以前に、ジャマイカ島には5～6万人のアラワク系先住民のタイノ族が居住していた。1494年にはコロンブスが第2回航海において、ジャマイカ島に到来した。その後1509年にジャマイカ島はスペイン領となった。スペインはジャマイカ島にサトウキビのプランテーションを移植して、タイノ族を容赦なく酷使したため、タイノ族の数は著しく減少し、ブルーマウンテンの山中に逃げ込んで隠れ住んだ一部を除いてほぼ絶滅した。このため、スペインは西アフリカから黒人奴隷を導入することによって労働力を確保した。

　しかし、1655年4月にイギリス護国卿オリヴァー・クロムウェルの命を受けて行ったエスパニョーラ島攻略に失敗したイギリス海軍提督ウィリアム・ペン (Sir William Penn、1621-1670。米国ペンシルベニア州を創設したウィリアム・ペンの父) とロバート・ベナブルズ (Robert Venables, 1613-87) 将軍が、同年4月に残存兵力を率いてジャマイカに侵攻し、ほぼ無血でこの島を占領した。そして、1670年にジャマイカ島はマドリッド条約によって正式にイギリス領になった。

　イギリスは港町ポートロイヤルを首府とし、ジャマイカ島にはイギリス海軍の司令部が置かれ、海賊や私掠船の母港ともなった。しかし、ポートロイヤルは1692年の大地震で町が倒壊したため、北のキングストンに首都が移された。

　ジャマイカに連れて来られたアフリカ出身の黒人奴隷は、最大の集団のイボ族 (現ナイジェリア) のほか、ギニア族 (西海岸)、コンゴ族 (南部アフリカ)、ハウサ族 (西スーダンからゴールド・コースト)、マンディゴ族 (西スーダン、マリ帝国の子孫)、コロマンティ族 (ゴールド・コースト、アシャンティ系)、ナンゴ族 (東アフリカ) 等が大部分を占めていたが、これら以外にもバンダ族、ワルニー族、クラム族、ナンゴ族、モコ族等のアフリカ各地の少数部族から黒人奴隷が連れて来られた(注1)。

　イギリスが侵攻した際、スペイン人によって奴隷として使用されていた黒人奴隷はブルーマウンテンの山中、特にコックピットと呼ばれた石灰石採掘地に逃亡して逃亡黒人 (マルーン)(注2) の村落を形成した。彼らは、その後砂糖プランテーションから逃亡した奴隷たちを受け入れて、逃亡奴隷の村落を拡大し、イギリス植民地当局に対して長年にわたって武力抵抗を繰り返した。1656年から1663

1．ジャマイカの社会状況

年までフアン・デ・ボラスが率いた奴隷反乱が勃発した。また、1729年から39年にはアシャンティ系のクジョー（Cudjoe）に率いられた第1次マルーン戦争や、1795年には第2次マルーン戦争のような大規模反乱が続いた。その間、1760年にはコロマンティ（アシャンティ系の黒人奴隷）の指導者であったタッキー（Tacky）が蜂起した奴隷反乱である「タッキーの乱」[注3]も発生した。

　ジャマイカにおいては、19世紀初頭のラテンアメリカ諸国の独立時にも白人支配層が中心となった独立の動きは生じなかった。1831〜32年に発生したサム・シャーク（Samuel Sharke, 1805-1831）が率いた「バプティスト戦争」は、1833年にイギリスにおける奴隷制度廃止法案の成立に大きな影響を与えた。1834年8月1日にジャマイカでも奴隷解放が行われた。その後、1865年にはジャマイカ独立の先駆的運動であったと評価される、イギリスの支配に対する大規模な黒人の反乱（モラント・ベイの反乱）が起き、エール（Edward John Eyre, 1815-1901）総督は召喚されてジャマイカはイギリスの直轄領となった。

　「モラント・ベイの反乱」は、バプティスト派の黒人助祭ポール・ボーグル（Paul Bogle, 1822-1865）を指導者として生じた独立運動の先駆とされる黒人反乱であり、ボーグルは黒人の正義の確立と貧困状態の改善を掲げて戦った。ボーグルはムラート（白黒混血）の植民地議会議員で裕福な土地所有者であったジョージ・ウィリアム・ゴードン（Goerge William Gordon, 1820/23-1865）が創設したストーニイ・ガット・バプティスト教会の教区で助祭を務めており、ゴードンは黒人大衆を擁護する立場から、エール総督の統治に批判的であった。このため、ボーグルが率いた黒人反乱に際しては、ゴードンは直接関与していなかったにも拘わらず、身柄を拘束され処刑された。ジャマイカの独立後、ボーグルとゴードンは国民的英雄に列せられた。

　1834年8月にジャマイカで奴隷解放がなされた当時、ジャマイカ島には31万7000人の黒人奴隷がおり、うち21万8530人が解放された。1840年までに3000人が10エーカー以上の農地を所有する富農となり、2万人が2〜10エーカーの農地を所有する中農となった。それ以外は農場労働者か零細農となった。農場労働者と零細農は奴隷解放後、プランテーションを離れて周辺に独自の村落を建設し、当初は「農民層」を形成し、小作としてプランテーションでの労働を続ける一方、自農地の耕作や小規模な商業活動にも従事した。

　他方、プランテーションを維持し続けた白人支配層は旧奴隷である「農民層」が居住するようになった村落を嫌い、零細農と土地紛争を起こすことが頻発し、その結果農地を失う「農民層」が発生した。また、黒人層に対する食糧確保のために輸入が増加したため、植民地当局が食糧品に重税を課したりしたことも影響

して、「農民層」の間に階層分化が生じ、それに伴って社会的混乱が拡大した。その後、農地を失った「農民層」は19世紀末から20世紀初頭に都市に移動して、都市貧民である底辺労働者層となった。後出する黒人バプティスト系の牧師の多くは、このような村落に居住して伝道活動する者が多く、そのため農村および都市の底辺層との間に強い社会的絆が築かれた。これが、ガーヴェイが青年時代を送った時期のジャマイカの社会状況であった。

（2）宗教的状況

　ジャマイカにおいては、1780年代に黒人バプティスト教会による伝道が開始される以前、1661年に到来したイギリス国教会が布教したが、国教会は主に国民と認められ人々に対する宗教行為を行って、イギリス本国の階級秩序と政治的支配の維持に貢献する活動を実施することに目的を置いた。そして、黒人奴隷は国教会の布教対象とはされなかった。また、国教会の教会が、あるいはその牧師たちも奴隷を所有していた。

　他方、主に砂糖プランテーションに導入され、強制労働させられていた黒人奴隷の間では、アフリカを起源とするアフリカ伝統の宗教である「マイリズム(Myalism)」と、魔術的慣行である「オビア（Obeah）」が実践されていた。しばしば両者は一体のものとして混同されて、二つを合わせて「オビア」として扱われることが多く、植民地当局も両者を合わせて「オビア」として敵視してきた。1781年12月21日には、両者の意味での「オビア」を抑圧する法律が公布されている。厳密な意味では、「オビア」は西洋的な感覚での宗教とはかけ離れた魔術的実践であった。他方、「マイリズム」は「オビア」とは異なって、非魔術的なアフリカ伝来の宗教的実践であった。アフリカ系の人々は、主に「マイリズム」を含めた「オビア」を実践することで、植民地主義の下での奴隷状態に対する敵対意思を表現してきた。

　黒人奴隷たちは、生きているうちにアフリカに帰れることを望んでいたし、それが実現できない場合でも、伝統的な宗教儀式に従って、葬儀において死体を9夜の間放置して弔えば、その間に死者がアフリカに帰還し、平和裡に昇天できると信じ、その期間は打楽器を敲いて儀式と舞踏を行って死者を弔った。これが、後にアフリカ系の人々が「アフリカ帰還」を追求し、「アフリカ帰還」運動に執心する精神的背景となった。彼らの間では、食生活で塩を食すればアフリカに飛んで帰ることはできなくなると信じられていた。塩の摂取を好まない傾向は、「ディアスポラ化」した各地のアフリカ系の人々の間で共通に見られた現象である。ジャマイカにおいては、後出の1860年代に発生した大覚醒運動

1. ジャマイカの社会状況

(Revivalism) においても、塩の摂取を好まない傾向が継承された。

その一方で、イギリス植民地当局や白人支配層は、黒人奴隷たちが「マイリズム」や「オビア」の実践において表わす打楽器を敲くという行為は、反乱意思を表明するものとして警戒した。

アフリカ系の黒人奴隷が、アフリカ伝来の宗教儀礼を実践し、ジャマイカにおいても他のカリブ諸島と同様にアフリカ系諸宗教の混淆が生じるという宗教環境に包まれていた中で、イギリス国教会以外の宗派がジャマイカに到来する。1734年にモラヴィア派、1736年のメソジスト派、1783年にバプティスト派、1823年に長老派が島に到来した。その中で黒人奴隷の間に最も大きな影響力を持ったのが、黒人バプティスト教会である。そして、黒人バプティスト教会が、黒人奴隷の持っていたブラック・ナショナリズム的な意識をキリスト教の教義の中に吸収していくことになる。

ジャマイカにおけるアフリカ系の人々に対するバプティスト教会の伝道活動は、1783年1月に、イギリスの米国独立戦争の敗戦処理の一環として、米国から妻ハンナ・ハント（Hannah Hunt、生没年不詳）と3男1女の子どもたちとともにジャマイカに到来したジョージ・ライル（George Liele、1750-1828）という解放奴隷のバプティスト派の牧師によって開始された。

エチオピアニズムが、米国で登場したのは、1788年1月20日にジョージア州サヴァンナで白人のアブラハム・マーシャル（Abraham Marshal、生没年不詳）牧師と黒人のジェシー・ピーター（Jesse Peter、生没年不詳）牧師によって組織されたバプティスト教会が、ファースト・アフリカン・バプティスト教会と名づけられてからである。その設立に向けたプロセスにはジョージ・ライルも関与していた。19世紀末に南アフリカでエチオピアニズムが生まれる以前に、ジャマイカではジョージ・ライル牧師がそれに類似する言辞を採り入れていた。

ライルは、1750年にヴァージニア州に奴隷として生まれ、その後ジョージア州バーク郡で米国独立戦争の際に王党派側で戦ったバプティスト派のヘンリー・シャープ（Henry Sharpe、生没年不詳）のプランテーションの奴隷となり、1773年にシャープが属していた（白人）バプティスト派の教会牧師となり、1778年にシャープによって奴隷身分から解放された。ライルは、1781年のシャープの死後、1783年にジャマイカに渡航した。米国南部にとどまっていたのではシャープの息子たちによって再び奴隷の境遇に戻されることを恐れたため、イギリス領のジャマイカを選んだという事情があった。

ライルのジャマイカ渡航には、家族のほかに米国から4人の黒人の支持者であるジョージ・ギブ（George Gibb、生年不詳-1826）、ジョージ・バインヤード

(George Vineyard, 生年不詳 –1800頃)、ジョン・ギルバート（John Gilbert, 生没年不詳）、ジョージ・ルウィス（George Lewis, 生年不詳 –1814頃）や、ニューヨーク生まれの黒人系混血のモーセス・ベイカー（Moses Baker, 生年不詳 –1824）、ジャマイカ生まれの黒人のトマス・スウィグル（Thomas Swigle, 生没年不詳）等の計10人が同行した。[Morrison：37]

　この時期、米国独立戦争に敗れたイギリスは、戦後処理の一環として、王党派の人々をノバスコシアやケベックに転住させていた。このオペレーションは、1782年12月に開始された。ライルのジャマイカ渡航もイギリスの保護の下で実現したものと思われる。事実、ライルはサウスカロライナ州の王党派指揮官であったモセス・カークランド大佐（Moses Kirkland, 1730-87）の保護を受けていた。サウスカロライナ州から、独立戦争後に黒人がジャマイカやバハマを含むイギリス領のカリブ諸島に奴隷主たちとともに転送された。ジャマイカには、3000人のイギリス人と8000人の奴隷が転住した。一方、ジャマイカ総督は、フランスの脅威に対する対抗上、彼らのジャマイカ転住を歓迎した。なお、後出の通り（第3章第2節）、カナダのノバスコシアへの転住組の一部1190人は、その後「アフリカ帰還」の先駆となって、シエラレオネに移住した。

　ライルは、1784年9月にジャマイカに最初のバプティスト教会を設立し、それをエチオピア・バプティスト教会と名づけた。米国から同行してきた支持者の協力もあって、教会の基盤は早期に確立され、7年間で信者は1200人にまで増加した。白人の信者もいた。ライルや協力者がアフリカ系の黒人であること、またエチオピアニズム的思想を漠然と隠された形で伝えたことが、ジャマイカの黒人の間に伝道が早く定着した要因であろう。1790年には米国からの同行者である黒人系混血のモーセス・ベイカーが、島内西部に2番目のエチオピア・バプティスト教会を設立した。

　ライルらのエチオピア・バプティスト教会では、バプティスト派信仰がジャマイカのアフリカ人奴隷の宗教と結びついて土着的なものとなり、伝道キリスト教という枠を越えて発展していった。そして、それが様々な名の下に継承されていった。黒人バプティスト派が、奴隷たちが政治的・社会的に目指しているものに最も合う宗教表現だったからだろう。そしてそこから、抑圧に対する草の根の抵抗が生まれた。

　アフリカ的なキリスト教の類型を踏まえて創始されたエチオピア・バプティスト運動は、ジャマイカの黒人文化の本質的部分となった。エチオピア・バプティスト教会は「モラント・ベイの反乱」が発生するまでの時期、即ち1840年から1865年にかけて、その最盛期を迎えた。彼らはアフリカ的な伝統的祭儀・慣

習・行事を全廃しようとする国教会などの宣教師に対し不屈に立ち向かっていった。1826年に公布された新しい奴隷法に対する抵抗や、イギリス議会に奴隷解放令を採択させることになった1831年12月から1832年までの間に発生した「サム・シャープの反乱」(注4)と呼ばれる奴隷反乱に、エチオピア・バプティスト教会も積極的に関与した。このため、エチオピア・バプティスト教会に対する抑圧は強化され、「バプティスト戦争」とも呼ばれたが、これに対する組織的な抵抗運動を通じて、逆にエチオピア・バプティスト教会は勢力を拡大し、基盤をさらに定着させた。1865年に発生した「モラント・ベイの反乱」の指導者となったポール・ボーグル (Paul Bogle, 1822-1865) は、エチオピア・バプティスト教会の教区説教士であった。(注5)

　エチオピアニズムとは何か。エチオピアニズムとは、アフリカ人たちが自分たちは神の創造物であり、文明はエチオピアからエジプトを経て、ギリシャやローマに伝わったと信じ、奴隷状態にあったアフリカ系の人々に、抑圧的な環境においても彼らの精神的、社会的、政治的アイデンティティを覚醒させることを目指した精神性である。エチオピアには、歴史を動かすほどの夢幻の世界があった。そして、それは現在までブラック・ディアスポラ（アフリカ大陸の外へ奴隷として離散した黒人）の想像の世界で維持されてきた。

　19世紀に入って、奴隷制度を擁護するものたちが黒人たちのあらゆる尊厳と文明を剥奪しようとしたとき、黒人たちはエチオピアの伝説的な栄光に訴えた。黒人説教師たちは手にできる唯一の書物（聖書）の中に、エジプトとエチオピアがほかならぬアフリカにあったこと、そして、これらの古代文明の歴史において非常に重要な役割を果たしたことを発見した。「王たちがエジプトから来たり、エチオピアは神に向かってその手を差し伸べる」（詩篇68章31節）、また、「エチオピアびとはその皮膚を変えることができようか。豹はその斑点を変えることができようか。もしそれができるならば、悪に慣れたあなたがたも、善を行うことができる」（エレミア書13章23節）がさまざまな角度から解釈された。

　聖書に現れたこれらの黒人種とのつながりを示す記述がエチオピアニズムの発想の基盤となった。このエチオピアニズムが奴隷制度下の黒人宗教を活性化した。南アフリカからカリブ地域、さらに北米にかけて、エチオピアニズムの概念は現在もなお黒人宗教思想の一部となっている。

　古代エジプトとエチオピアには同一の民族が居住していたと想像される。現在のエチオピア (Ethiopia) という語は、黒人を指すヘブライ語のギリシャ語訳である。ギリシャ語で"Ethiop"というと、「焦げた」あるいは「黒い」を意味し、エチオピアとは「日焼けした顔」を意味する。初期のギリシャ語訳の旧

約聖書によれば、ヘブライ語の「Cush」という言葉は「エチオピア」と訳された。エジプト南部からエチオピア北部のナイル川上流のヌビアと呼ばれた地域に居住していた人々はクシュ人と呼ばれた。ヌビアで、今日ではメロエ王朝の文明として知られる黒人文明が開花した。エジプト人とエチオピア人はともに、この黒人文明から文化の原動力をえた。メロエは鉄鉱石や樹木が豊富で、エジプトに侵攻したアッシリアから導入した製鉄技術が高度に発達し、クシュ人も製鉄を行ってアフリカ黒人の歴史で最初の鉄器製造の中心地となった。

　大昔のエジプト人とエチオピア人を実際に見たことがあるヘロドトスによれば、「その国（エジプト）の住民は、燃えたような黒い肌をしていた」。また、別のところで、彼は次のように言っている。「彼らの肌は黒く、髪は縮れている」。インドのある民族とエチオピア人とを比較して、「彼らのすべてが同じ肌の色合いで、それはエチオピア人の肌に近い」という。

　エチオピア人とエジプト人が同一の種族であると証言する古代史の資料は多い。この両者はともに黒人種であり、世界史上すぐれた文明のひとつを創造した。現在のエジプト人やエチオピア人は、黒人種と同じではないという反論もある。それは否定できないが、ヘロドトスがエジプト人と出会った紀元前5世紀には、既にかなりの人種混交が起こっていた。彼らの血筋にペルシア人が加わって、アレクサンダー大王時代のギリシャ人が続き、さらにローマ人、最後にアラブ人の血が加わった。近代の考古学者の発見よりはるか以前に、黒人は人類の起源がアフリカにあり、またあらゆる宗教がそこで生まれたと確信しており、このことを表明していた。

　一方、エジプトとエチオピアは根本的に変わることになった。しかし、歴史の変遷にもかかわらず、そこではアフリカの属性が維持されていた。両国の民をヨーロッパ化しようとする様々な試みがなされたが、黒人たちは、これら二大文明の起源は自分たちの祖先が創り出したものと考えている。そして、エジプト学者たちはエジプト文明を史上最もすぐれた文明であると力説しているが、黒人の伝統では、「エチオピア」はエジプトを含む全アフリカを指すようになっている。

　黒人教会が設立されるようになったのは、（地理上存在するものとしての）アフリカが黒人の心から消えかかっていくときだった。彼らが思い描くことのできる唯一の母国像は、聖書に現れたエチオピアだ。その輝かしい過去、そしてエチオピアはふたたび神に向かって手を伸べるのだという期待感によって、抑圧された民は新しい生命を得た。黒人にとってのエチオピアは、ユダヤ人にとってのシオン、すなわちエルサレムと同様である。そして、それは終末論的次元へ向かい始めた。やがて黒人教会が米国で発展するにつれて、伝道の精神が芽生えていっ

た。これは彼らの属す宗派がもつ本質的な性格でもあるが、黒人教会においてはその伝道への関心が、とりわけ黒人へと傾いていった。まず最初はジャマイカやハイチへ、それから、さらに重要なアフリカへ伝道が広まるにつれて、エチオピアニズムはずっと現実味をおびていった。米国植民地協会の宣教師としてリベリアへ派遣されたエドワード・ウィルモット・ブライデン（Edward Wilmot Blyden, 1832-1921）牧師がさきがけとなって、あらたな動きが生まれ始める。幅広い教養をもっていた彼は、同時代の誰よりもアフリカ文化についての理解を深めることになった。

　世界中の黒人種のパンアフリカ的視野に目覚めた彼は、一連の書物や記事でそれを体系化しはじめた。アメリカおよびアフリカの黒人たちの目が開き始めた。彼はアフリカ理解のために、ギリシャ、ローマ、アラブの古典にあたって、アフリカは白人が言うような野蛮で文化的に劣った地ではなく、あらゆる文明の発祥地だということを発見する。黒人はエチオピアから砂漠を西進して、偉大な西アフリカ文明を築いた。まさにこのすぐれた西アフリカの文明の地から、16世紀に、奴隷が新大陸に連行されたのだった。ブライデンはキリスト教宣教師だったが、キリスト教が黒人の尊厳を破壊したと考えていた。アフリカ人にとってこれに代わる宗教としてはイスラム教がいいとさえ言っている。

　エチオピアニズムは、米国では革命的な次元にまで発展しなかった。それは、力強いが組織だっておらず、穏やかな思想としての存在でしかなかった。その後この思想は1880年代になって、アフリカで革命的な面を見せるようになる。白人による伝道教会から、あらたなエチオピア教会運動が起こった。伝道キリスト教に対するこの反動は、キリスト教のヨーロッパ中心思想を真っ向から拒否して、彼ら自身が求めるものや熱情にもっと真剣に応えてくれるアフリカ的キリスト教を求める動きでもあった。このエチオピア思想が、アフリカで宗派間独立運動の大波を引き起こした。この運動についての最新の調査では、教団の分派は6000にも及んだという。

　そして、このエチオピアニズムから「アフリカ帰還運動」とパンアフリカニズムが発生した。ジャマイカにおいては、他方で大覚醒運動（Revivalism）というもう一つの土着的な宗教運動が奴隷解放後の1860〜61年に全島を風靡した。大覚醒運動は、アフリカ伝統の宗教を起源とした土俗宗教であるマイリズムに由来し、キリスト教の三位一体への信仰を特殊な形で表現する宗派であり、1860年に成立したザイオンと1861年に成立したポコモニアの2つの系統がある。大覚醒運動の目的はジャマイカの黒人とアフリカの祖先との霊的再結合であり、それは荒々しい踊り・集団的トランス・性的オージー・罪の大衆的告白・鞭打ちで表現

された。[Lanternari 1960=1976：141] マイリズムに見られた死者の復活とアフリカでの再生が、ジャマイカにおいては大覚醒運動を経て、「アフリカ帰還」意識への精神的先駆となったと考えられる。(注6)

　この大覚醒運動の中から、エチオピア・バプティスト教会とマーカス・ガーヴェイ、さらには1930年代の発生するラスタファリズムの思想的な中継点となったアレクサンダー・ベドワード（Alexander Bedward, 1859-1930）が登場した。ベドワードが開始した運動は「ベドワード主義」と呼ばれるようになる。ベドワードはキングストン北部のセント・アンドリュー教区に生まれ、「モラント・ベイの反乱」の指導者であったボーグルに心酔してジャマイカ社会における人種関係の変革を目指す一方で、大覚醒運動の影響下で1880年代に独自の宗教的運動である「ジャマイカ・ネイティブ・バプティスト自由教会（Jamaica Native Baptist Free Church）」を創設した。最盛期には数万人の信者がいた。1921年4月にベドワードはキングストンで多数の信者とともに抗議デモを実行して植民地当局に逮捕され、精神治療施設に送られた。信者685人も逮捕され、280人が有罪判決を受けた。1920年代以降、ベドワード主義の信者はガーヴェイ運動やラスタファリズムに吸収されることになる。ガーヴェイの思想とベドワード主義を同時に信奉する者もいた。ベドワードは説教活動の中で信者にアフリカ帰還を呼びかけ、また植民地的抑圧に対する抵抗と変革要求を掲げた。このベドワードの思想にガーヴェイやラスタファリズムとの思想的な重複性が見られる。

　また、ベドワードが活動を開始した世紀転換期に、1896年にエチオピアのメネリク2世が率いるエチオピア軍がアドワで侵攻したイタリア軍を撃破したことも影響して、「トマス・アイザック・マカルール・オブ・セイロン王子（Royal Prince Thomas Izaac Makarooroo of Ceylon）」と名乗るアイザック・ウリアー・ブラウン（Isaacs Uriah Brown, 生没年不詳）や、「シュレビントン王子（Prince Shrevington Mitcheline）」のように、エチオピア王室の係累を自称してエチオピアを賛美する街頭説教者が現れた。また、「戦士ヒギンス（Warrior Higgins）」を名乗ったヒギンスなる説教者は、大覚醒運動系の「王立千年期バプティスト伝道協会（Royal Millennium Baptist Missionary Society）」（通称「千年期団（Millennium Band）」）を設立し、しばしば聴衆を前に白人に有罪宣告をする説教を行った。[Chevannes：38] これらも、ジャマイカにおいてエチオピアニズムを表現する現象であったと言える。

2. パンアフリカニズムとエチオピアニズム

(1) パンアフリカニズム

　パンアフリカニズムの原型は、アフリカ人がアメリカ大陸及びカリブ諸島に奴隷として連行されてきた当初から存在していたと考えられる。その原型は、アフリカからディアスポラ状態にされた奴隷たちが、アフリカ帰還願望や奴隷反乱を含めてアフリカを理想化してきたことに根源があると推定される。

　1962年に『パンアフリカニズム：その政治的概説』を出版したコリン・レグム (Colin Legum) はパンアフリカニズムの定義は困難であると述べ、パンアフリカニズムに関して次のような説明を行っている。

　「パンアフリカニズムは、本質的に、時には合成することもあるし、時にはテーゼとアンチテーゼに留まることもある、思想と感情の運動である。ある意味では、パンアフリカニズムは、その実践的適用においてより大きな解釈を可能にするような世界的な連邦、大西洋連盟、連邦化したヨーロッパに例えることもできるものである。そして、深い意味では、パンアフリカニズムは、これらのあらゆる運動とは異なるものであり、特定のものである。」[Legum 1962 : 14]

　他方、パンアフリカニズムの研究者であるイマヌエル・ゲイス (Imanuel Geiss) は、1968年に出版した『パンアフリカ運動』において、パンアフリカニズムの実践的な先駆者は、第5章において米国黒人運動の先駆者として取り上げるW・E・B・デュボイス (William Edward Burghardt Du Bois, 1868-1963) であり、その次は1945年の第5回パンアフリカ会議の主導者であったトリニダッド出身のジョージ・パドモア (George Padmore, 1903-1959) であると論じるとともに、パンアフリカニズムを次のように定義している。

　「1．同質のアフリカ人およびアフリカ系子孫であると見なすアフリカ人およびアフリカ系アメリカ人の知的及び政治的運動である。この概要は、人種的連帯の感覚と自己覚醒に導き、アフリカ系アメリカ人にアフリカに物理的帰還を考えることなく、アフリカに現実的な"母国"を見せさせるものである。

　2．アフリカを平等な権利を基盤として近代化する切望を含めて、アフリカの文化的統一と政治的独立を強調し、模索するすべての思想である。

　3．アフリカの政治的団結、少なくとも種々の政治的協力を弁護した、あるいは弁護する思想と政治的運動である。」[Geiss 1968 : 3-4]

　ゲイスはその上で、パンアフリカニズムのプロセスとして18世紀末にイギリスで始まった奴隷制廃止運動や「アフリカ帰還運動」をパンアフリカニズムの歴史

的起点として論じている。

　レグムとゲイスを比較すると、1960年代にパンアフリカニズムの理解が進んだことが読み取れる。その背景には、1950年代後半から1960年代にアフリカ諸国の多くが、パンアフリカニズムの影響下で植民地から解放されて独立したという状況があったからであると考えられる。

　アフリカ帰還運動のプロセスについては第3章にて扱うが、本章では政治的運動としてのパンアフリカニズムとその思想的基盤となったエチオピアニズムについて概観しておく。ジャマイカのエチオピアニズムについては第1章で触れ、また米国におけるエチオピアニズムの起源についても言及しおいた。

　政治的運動としてのパンアフリカニズムの原点は、1791年にロンドンにおいてオトバ・クゴアノ（Quobna Ottobah Cugoano, 1757-1791）が「アフリカの息子たち」を結成し、奴隷制廃止論者であるグランビル・シャープ（Granville Sharp, 1753-1813）やウィリアム・ピット（William Pitt, 1759-1806）等に対して奴隷制廃止に向けた書簡を送付する運動を行ったことに発する。オトバ・クゴアノは、13歳の時に現在のガーナで捕らえられ、カリブ海のグレナダに奴隷として売られたが、その後1772年にイギリスの商人に買われてイギリスに到着し、同年のサマーセット判決で解放され、イギリスで読み書きを覚えて解放後は文筆活動に従事してジョン・スチュアート（John Stuart）の名で知られるようになった人物である。1791年にはロンドンに集住した解放奴隷をシエラレオネに植民化させる計画に賛同し、またアフリカ系の青年たちのための学校建設に尽力した。

　その後の「パンアフリカニズム」の系譜的な先駆者は、19世紀における米国のアフリカ帰還の主導者であったマーティン・R・デラニー（Martin Robinson Delany, 1812-1885）である。デラニーは米国ヴァージニア州で黒人奴隷の父親と解放奴隷の母親の間に生まれた。母方の祖父は西アフリカのマンディゴ族の族長で、捕らえられて奴隷として米国に連行されてきた後に解放されてアフリカに帰還したと伝えられる。デラニーはピッツバーグのアフリカ・メソジスト・エピスコパル教会（AME）の学校を卒業後、ジェファーソン学院で医学を学び、同学院で奴隷制廃止論者の医師たちと知り合って奴隷制廃止論者となった。

　デラニーは、新聞『ザ・ミステリー（The Mystery）』を発行して論稿を掲載し、論稿はギャリソン（William Lloyd Garrison, 1805-1879）の『解放者（Liberator）』紙にも転載された。その後、アフリカ系の人々の教育問題やアフリカへの転住に関心を持ち始め、1854年にオハイオ州クリーブランドで開催された全国植民会議において、「アメリカ大陸の有色人種の政治的方向性」としてアフリカ帰還を主張し、1859年にリベリアに渡航した。翌1860年にイギリスを経て

米国に戻り、南北戦争中は連邦軍将校として黒人第52連隊を指揮した。デラニーはアフリカには戻らなかったが、彼が主張した「アフリカ帰還」は強硬な反植民地主義的な政治的に動機づけられたアフリカ再植民論であり、パンアフリカニズムの形成において強い影響力を残すことになった。

次のパンアフリカニズムの先駆者として、ロンドン出身のトマス・ホッキン（Thomas Hodgkin, 1798-1866）が挙げられる。ホッキンは1837年に「土着民保護協会（Aborigines Protection Society）」の結成に参加し、1859年には「アフリカ人、西インド人、アフロ系アメリカ人」の設立を主導、1861年11月7日には自宅で「土着アフリカ協会と友人たち」と称する12人の会合を開いた。出席者の中には、ハイチの臨時代理大使であったM・ゲンツ（M. Gentz, 生没年不詳）、ジャマイカ出身のキャンベル（Robert Campbell, 1804-1879）など、その後奴隷制廃止運動の論客となる知識人がいた。この会合はパンアフリカ的な運動の具体化には直接つながらなかったが、パンアフリカ的運動とイギリスの奴隷制廃止論者、アフリカ人や米国系・カリブ系アフリカ人の連携の源流としての役割を果たした。

その後、トリニダッド島に生まれた法律家・教育者のヘンリー・シルヴェスター・ウィリアムズ（Henry Sylvester Williams, 1869-1911）が1891年に米国に渡航した後、1895年にはロンドンに渡った。ウィリアムズは、1897年にヨーロッパ列強によるアフリカ分割に対抗して「アフリカ協会（後のパンアフリカ協会）（Pan-African Association）」を創設して、アフリカとカリブ地域のイギリス植民地における不正義に抗議して反植民地主義を掲げ、アフリカ人とアフリカ系子孫の団結を訴えた。同協会は1898年3月に「パンアフリカ会議」の開催を呼びかけた。同年夏にイギリスを訪問していた米国のブッカー・T・ワシントン（Booker Taliaferrow Washington, 1856-1915）はウィリアムズなど同協会メンバーと会談し、その後「重要な運動が立ち上がった」と評価するなど全世界の黒人の関心を呼んだ。1899年に事前会議が開催された。

1900年7月23～25日にH・S・ウィリアムズの呼びかけによって、ロンドンのウェストミンスター・タウン・ホールにて第1回「パンアフリカ会議」が開催された。会議には38人の代表と10人のオブザーバーが出席した。会議後、「アフリカ協会」は「パンアフリカ協会」に改称された。この会議の呼びかけから準備会議を経た本会議において、初めて「パンアフリカ」という名称が使用された。[Geiss：163］

この会議の目的は、次の通りであると表明された。

「1．白人入植者の侵略に対して抗議する討論の場として行動すること。

2．帝国建設者の剥奪からアフリカ人を保護するというイギリスの伝道と奴隷制廃止の伝統に訴えること。
 3．世界中にいるアフリカ系子孫の人々を他の人々との密接な関係に導き、コーカサス系とアフリカ系の人種の間により友好的な関係を確立すること。
 4．文明諸国に居住するすべてのアフリカ系の人々の諸権利を保障することを模索する運動を開始するとともに、実業的な関心を促進すること。」
[Lewis&Warner-Lewis：12]

　出席者の大半は米国とカリブ地域の代表者であった、その中には米国の（後にナイアガラ運動を主導した）W・E・B・デュボイス、AME 牧師のアレクサンダー・ウォルターズ（Alexander Walters, 1858-1917）がおり、会議では南アフリカやローデシアにおける奴隷制度に近い強制労働や、各地域のアフリカ系の人々に対する差別や科学の名を借りた「人種差別」が非難された。デュボイスは会議において、「20世紀の問題は人種境界線（colour line）の問題である」と発言した。
　会議後、ジャマイカ、トリニダッド、米国に「パンアフリカ協会」の支部が設置され、1901年10月には機関紙『ザ・パンアフリカン（The Pan-African)』が発行された。また、会議出席者の中から、ドミニカのジョージ・クリスティアン（George James Christian, 生没年不詳）と、トリニダッドのリチャード・E・フィリップス（Richard E.Philipps, 生没年不詳）がゴールド・コースト（現ガーナ）に移住したほか、H・S・ウィリアムズ自身も1903年、2005年、2010年の3回にわたって南アフリカに転住した。H・S・ウィリアムズは1911年にトリニダッドに帰島して死亡した。
　刷新された「パンアフリカ協会」の議長にはAMEZのアレクサンダー・ウォルターズが、ヘンリー・ブラウン牧師が副議長、シルベスター・ウィリアムズが事務局長、R・J・コレンソが会計担当、ベニト・シルバインがアフリカ総代表に選ばれ、またヘンリー・R・ダウニング（米国）、コレリッジ・タイラー（ロンドン）、F・J・ルーディン（ロンドン）、J・R・アーチャー（ロンドン）、ジェイン・コブデン＝アンウィン（米国）、アニー・J・クウパー（米国）の6人が執行委員に選出された。
　「パンアフリカ会議（Conference）」はその後も継続され、1919年にパリで第1回パンアフリカ大会（Congress）、1921年ロンドンで第2回大会、1923年にロンドンで第3回大会、1927年にニューヨークで第4回大会、1945年にマンチェスターで第5回大会、1974年にダル・エル・サラームで第6回大会、1994年にカンパラで第7回大会、2014年にアクラで第8回大会が開催された。2000年7月25

2. パンアフリカニズムとエチオピアニズム

〈主要な第1回「パンアフリカ会議」出席者〉

氏　名	職　業	出身国・地域	代表地・国
Benito Sylvain	メネリク皇帝使節	アフリカ	エチオピア
F.S.R.Johnson	前検事総長	アフリカ	リベリア
G.W.Dove	教員	アフリカ	シエラ・レオネ
A.F.Ribeiro	法律家	アフリカ	ゴールドコースト
Alexander Walters	AMEZ主教	米国	ワシントン
W.E.B.Du Bois	教員	米国	ジョージア州アトランタ
J.R.Love	教員	カリブ	バハマ・ジャマイカ
Henry R.Downig	前ルアンダ領事	米国	ワシントン
T.J.Calloway	不詳	米国	ワシントン
Chas P.Lee	弁護士	米国	ニューヨーク
Anna H.Jones	不詳（女性）	米国	ミズーリ州
Barrier	不詳（女性）	米国	ワシントン
Annie J.Cooper	不詳（女性）	米国	ワシントン
Ada Harris	不詳（女性）	米国	インディアナ州
B.W.Arnett	宗教関係者	米国	イリノイ州
C.W.French	不祥	カリブ	セント・キッツ
R.A.K.Savage	西インド・アフロ文学協会代表	不詳	エジンバラ
Meyer	同上	不詳	不詳
A.Pulcherrie Pierrre	不詳	カリブ	トリニダッド
H.Sylvester Williams	牧師	カリブ	トリニダッド
R.E.Philipps	法律家	カリブ	トリニダッド
John E.Quinlan	測量士	カリブ	セントルシア
G.J.Christian	学生	カリブ	ドミニカ
A.R.Hamilton	不詳	カリブ	ジャマイカ
Rev.H.Mason Joseph	牧師	カリブ	アンティグア
S.Coleridge-Taylor	不詳	イギリス	カリブ
Rev.Henry Smith	牧師	イギリス	ロンドン
J.Buckle	不詳	イギリス	ロンドン
J.F.Luodin	音楽家	イギリス	ロンドン
J.F.Loudin 夫人	不詳	イギリス	ロンドン
John Alcindor	不詳	不詳	不詳
Rev.Henry B.Brown	牧師	カナダ	フランス系カナダ

(出所：Geiss 182-183 ほか)

日にはロンドンで100周年会議が開催され、第1回会議と第5回大会の出席者の子孫が集まった。

　1921年に開催された第1回大会は、米国のW・E・B・デュボイスと米国領事のウィリアム・ヘンリー・ハント夫人のイダ・ギブス（Ida Gibbs, 生没年不詳）によって組織され、フランスのクレマンソー（Georges Benjamin Clemenceau, 1841-1929）首相の援助にてパリで開催され、15ヶ国から57人の代表が参加した。

　この大会に先立って、デュボイスはパリ講和会議に対して、アフリカ人とアフリカ系の人々の権利を保護することを求めたが、目的を果たせなかった。パリ講和会議の継続中に開催された第1回大会では、アフリカ問題のほか、主にベルサイユ講和条約をテーマとして議論が行われ、アフリカ人保護のための国際法の整備、土地・資源の信託、外国資本による搾取の規制、奴隷労働の禁止、公費による教育の普及、段階的な自治の促進を求める決議を採択した。参加者の中にはマーカス・ガーヴェイが組織した世界黒人地位改善協会（UNIA）の代表であったハイチ出身のブードゥー教の祈祷師であるエリセル・カデット（Eliezer Cadet, 1897-没年不詳）のほか、セネガル代表のディアニュ（Blaise Diagne, 1872-1934）やリベリア代表のキング（Charles D.B.King, 生没年不詳）が含まれていた。UNIA代表のカデットは、別途パリ講和会議に対して、旧ドイツ領アフリカ植民地の領域にアフリカ人の「国家」を建設することを求めたが拒否された。

　計8回開催されたパンアフリカ大会のうち、特に歴史的に注目されるのは第2次世界大戦の終了直後の1945年10月15〜21日にマンチェスターで開催された第5回大会である。大会を主導したのは、トリニダッドのジョージ・パドモアとガーナ独立の指導者となったエンクルマ（Kwame Nkruma, 1909-1972）であった。大会には90人が出席し、うちアフリカからの出席者は26人であり、後にアフリカ諸国の独立運動で重要な役割を果たすことになるケニアのケニヤッタ（Jomo Kenyyatta, 1891-1978）も含まれていた。カリブ諸島からは33人が参加した。また、当時77歳になっていたパンアフリカ運動の先駆者であるW・E・B・デュボイスも出席した。この大会の成果として翌1946年にエンクルマとケニヤッタらによって「パンアフリカ連盟（Pan-African Federation）が結成され、その後のアフリカ諸国の独立に向けた基盤が形成されることになる。

（2）エチオピアニズム

　エチオピアニズムは、広義には米国やジャマイカのエチオピアニズムを包摂す

るが、狭義には19世紀末に南アフリカで発足した反西欧的なキリスト教運動であり、米国の「アフリカ・メソジスト・エピスコパル教会（AME）」との重なりを持つ宗派傾向である。エチオピアニズムと称される諸傾向に共通しているのは、『旧約聖書詩篇68章31節』に記載されている、「王たちがエジプトから来たり、エチオピアは神に向かってその手を差し伸べる」の解釈である。

米国では、南北戦争の前後の奴隷制廃止論が盛んになった時期に、1816年に成立したAMEと、1821年に成立した「アフリカ・メソジスト・エピスコパル・ザイオン教会（AMEZ）」の2組織が宗派活動を拡大し、1856年にAMEがオハイオ州にウィルバーフォース大学を創設、AMEZはノースカロライナ州にリヴィングストン学院を創設した。

その後、両組織ともにアフリカ布教を活発化させ、AMEはリベリアと南アフリカで、AMEZはゴールド・コーストで布教活動を強化した。1816年に成立したAMEは1844年に海外布教部を創設していたが、1864年から本格化し、1892年には機関誌『ミッションの声（Voice of Missions）』を発行し始めた。他方、1821年に成立したAMEZは1880年に海外布教部を設置し1900年に機関誌『ミッション先見者（Missionary Seer）』を発行し始めた。

両組織において、「アフリカは救済されよう、エチオピアはその手を神に差し伸べる」と主張され、白人支配に対する対抗が主張された。しかし、両組織において、1898年の米西キューバ・フィリピン戦争や1900年の「義和団の乱」に際しての北京派兵への支持を通じて、アフリカへの教勢の拡大が米国の帝国主義的・植民地主義的な膨張の肯定を意味するようになる。その結果、米国の本部とアフリカの出先機関との間に分裂が生じることになる。

1891年以後、AMEの活動の中心はリベリアから南アフリカに移動されることになる。人種差別の最中にあってトランスバールとオレンジ自由国において宗教的共同体の建設が進められる過程で、本部からの離脱傾向が強まったためである。1884年テンブー族の牧師ネエミア・タイル（Nehemiah Tile, 生年不詳–1891）がメソジスト分離教会を設立、1886年には白人と黒人の牧師が分裂して会合を開くようになり、1892年11月にはマンジン・モコネ（Mangene Maake. Mokone, 生没年不詳）がAMEを離脱して「エチオピア教会」を設立した。同教会は白人支配に対抗する姿勢を明確にするとともに、「アフリカ人のためのアフリカ」を主張した。モコネはAMEのウィルバーフォース大学で学んだ経験を有する。この「エチオピア教会」に、1888年にイギリス国教会から「アフリカ教会」を設立したジョセフ・マスンエ・ケイヤン・ナポ（Joseph Mathunye Kanyane Napo, 生没年不詳）牧師や、サミュエル・ジェイムズ・ブランダー

(Samuel James Brander, 1851-没年不詳) 牧師、ジェイムズ・マタ・ドウェイン（James Mata Dwane, 1848-196) 牧師らが合流した。ドウェインは後に「オーダー・オブ・エチオピア」を創設し、ブランダーは1904年に「ザイオン・エチオピア・カトリック教会」（アングリカン系とメソジスト系が合流）を設立するなど、多数の「エチオピア」を冠する宗派が出現した。[Geiss 132-148]

　ゴールド・コーストにおいて布教活動を強化したのは AMEZ であったが、AMEZ においても分離的な傾向が生じた。その傾向はメソジスト系の不満分子を吸収する形で生じた。宗教的影響力については南アフリカにおける AME ほどではなかったが、AMEZ は AME 以上にパンアフリカ的傾向に好意的であったため、AMEZ のゴールド・コーストでの活動はパンアフリカニズムの成長の軸として重要な役割を果たした。世紀転換期に活躍した AMEZ の主教はアレクサンダー・ウォルターズであり、ブッカー・T・ワシントンやデュボイス以上にアフリカ系米国人の間で重要な役割を果たした。1990年にロンドンで開催された第1回「パンアフリカ会議」に出席している。

　ゴールド・コーストにおける AMEZ の活動の基盤を築いたのはジョン・B・スモール（John B.Small, 1845-没年不詳）であった。スモールは、1845年にバルバドス島に生まれ、1862年にジャマイカに渡り、1863年に第５次アシャンティ戦争の最中にゴールド・コーストで西インド連隊の軍曹として従軍し、その後イギリス領アフリカ植民地を歴訪した後、1866-71年にイギリス領ホンジュラス（現ベリーズ）に滞在、その後米国に渡航して AMEZ に入信し、1896年に主教に任命された。1898年にアフリカに最初に派遣された AMEZ の主教としてゴールド・コーストに赴任した。到着後は最初にケタに、続いてアクラに教会を設置した。AMEZ 教会の創設によって、ゴールド・コーストは南アフリカ以上にパンアフリカ的傾向が強まることになる。スモールは２人の若者を米国に招待し、２人は AMEZ のリヴィングストン学院で学んだ。うちジェイムズ・E・K・アグリィ（James Emman Kwegyr.Aggrey, 1875-1927）は1924年まで同学院で学んだが、1920年代にはアフリカ・ナショナリズムの旗手たちの敬意を受け、後のガーナの独立運動の指導者となるエンクルマ等に思想的影響を与えた。[Geiss 145-148]

　これらのエチオピアニズムの傾向を持つ宗教活動は、ヨーロッパ植民地主義支配の拒否、宗教における白人支配の拒否、アフリカの政治的・精神的自立、アフリカ諸民族の団結を助長したという意味で、パンアフリカニズムの形成と発展に重要な影響を与えた。

3. アフリカ帰還運動

(1) アフリカ帰還

　イギリス領アメリカ植民地では、白人のための信仰の自由の原則と黒人奴隷制度はほとんど同時に確立された。奴隷制度は、植民地時代の最初から白人の経済体制の基礎となり、政治的な卑劣さとキリスト教的な宗教的偽善性とによって長く維持され正当化された。米国ではイギリス植民地時代と独立後のいずれにおいても、非人道的な奴隷制度が1863年1月に奴隷解放が宣言されるまで継続された。

　ピルグリム・ファーザーズが入植した直後の1620年にはオランダ人によって約20人の黒人奴隷が植民地に売られたとの記録がある。イギリス領アメリカ植民地に奴隷貿易が行われていた時期、アフリカからの中間航路の中で、捕われてアメリカ・カリブ地域に連行されていた黒人が手枷をはめられていながらも船から海に飛び込んで泳いで帰ろうとした者もいたという。当然ながら、アフリカ人は奴隷制度を、主人たちの論理とは異なった見方で見ていた。彼らの多くは、アフリカでの戦争で捕らえられた捕虜の運命として奴隷にされた者であり、社会的地位を高めるために召使を必要としていた主人に売却された。奴隷たちは、人身売買と奴隷貿易を不当な行為と考えていて、自分たちの奴隷状態は一定の期間だけに限られたものと信じており、自分たちの解放は漠然とした可能性とか希望にすぎないとは考えていなかった。彼らは後になって初めて、奴隷貿易の拡大による奴隷の大量輸出が永続的なものだと知ると、解放は死を経なければならないものであることをはっきり認識するようになり、死んで初めて天国に到達でき、アフリカに帰れるのであると理解するようになった。しかし、いずれにせよアフリカに帰ることが奴隷たちの夢であった。

　しかし少数の者は、アフリカは現実の場所であり、人的及び物的手段を使ってアフリカに帰ることができるという希望に執着していた。その最初の一例は、1731年にガンビア海岸で捕らえられ、奴隷として売られたフラニ族のイスラム教徒ジョブ・ベン・ソロモン（Job Ben Solomon, 1700-1773）の例に見られる。彼は奴隷労働を強いられていたメリーランドのイースタン・ショアのタバコ・プランテーションで働かせられていたが逃亡し、その後拘束された後、父親に手紙を送って、自分を買い戻してほしいと頼んだ。その手紙はロンドンで没収され、王立アフリカ協会の支配人のジェームズ・オグルソープ（James Oglethorpe, 1696-1785）の注目を引いた。オグルソープは45ポンドでソロモンを買い取り

ロンドンに呼んだが、ソロモンはロンドンでアラビア学者として評判になり、キャロライン皇后（ジョージ２世の王妃。ホーエンツォレルン家支流のブランデンブルグ＝アンスバッハ辺境伯の系統。Wilhelmina Charlotte Caroline of Ansbach, 1683-1773）の宮廷に招かれるほどになった。ソロモンの後援者たちは、西アフリカ沿岸で激化していた英仏間の交易拡張競争で、イギリスの貿易の発展にソロモンを利用できると考え、1734年にソロモンを生まれ故郷のセネガンビアのフタ・トロ村に帰した。ソロモンは、その後1752年に王立アフリカ協会が解散されるまで、同協会の交易に協力し、1773年までイギリスとの交易活動に従事した。[The Slave Rebelion Web Site]

　18世紀には、これらの少数者による危険をはらんだアフリカ帰還の望みを利用しようとした宗教団体による試みもあった。多くの伝道機関がアフリカの黒人部族を改宗させるのに最適な人々は、彼らと同じ黒人であるとの判断から、アフリカの伝道拠点に新世界から帰還する黒人を派遣した。

　19世紀には、米国で黒人のアフリカ帰還のために1816年にアメリカ植民協会（American Colonization Society）が設立されて、帰還活動を実施したが、同協会はアフリカ帰還を、厄介者として危険視した解放奴隷をアフリカに追い払う手段としてみなした。後にアメリカ植民協会の創立委員になったフェルディナンド・フェアフォックス（Ferdinando Fairfox, 1766-1820）は、1790年に人種間の調和の可能性を全く否定し、一つの社会の中に異なった社会的・人種的グループが存在することは、社会の安寧を危うくするのみであると警告した。フェアフォックスは、少なくとも解放奴隷を「この国から遠隔の地」に移動させることを強く勧告し、アフリカを論理的にその妥当な場所であるとみなした。

　アフリカ人の子孫たちに、彼らの父祖の夢をついに実現することを可能にさせた人々の動機は、このように人道的見地からは自己中心的な最悪のものだったと言える。米国においては、解放奴隷を帰還させようという運動の方が、奴隷制度廃止運動よりも先行したのである。

　イギリスの場合は、これとは反対だった。イギリスの奴隷制度廃止運動は18世紀の後半に盛り上がった。奴隷制度も最も激しく非難したのは、クラバム派とかルター派の人びとであった。クラバム派の奴隷制度廃止論者の中にはトマス・ボードラー（Thomas Bowdler, 1754-1825）のような慎重派もいたが、ウィリアム・ウィルバーフォース（William Wilberforce, 1759-1833）、トマス・クラークソン（Thomas Clarkson, 1760-1846）、グランビル・シャープ（Granville Sharp, 1754-1825）のように良心的で勇敢な人びともいた。

（2）イギリスによるアフリカ帰還活動

　黒人のアフリカ帰還は、前出のソロモンのように、イギリスにおいても試みられた。しかし、議論が活発化したのは、1780年代に米国の独立戦争でイギリス側について戦った黒人たちをどう扱うべきかという問題に直面した時であった。イギリスは独立を認めた米国との講和条約の条項に基づいて、奴隷を含むすべての捕獲物を米国側に返還する義務を負っていた。黒人の中には海軍や特別部隊に参加して従軍した者もいた。奴隷だった者はカナダとイギリスに一種の聖域を与えられた。イギリスに移り住んだ者は数千人であったが、彼らは主要都市、特にロンドンの下層民に加わった。これらの新来者は「ロンドンの黒人貧窮者」と呼ばれた。1786年には窮乏黒人対策委員会も設立された。この委員会に関与したヘンリー・スミスマン（Henry Smithman, 生年不詳～1786）がアフリカ帰還に関与した。

　スミスマンは1771年から74年にかけてアフリカ西岸のシエラレオネ沿岸を何度も航海し、博物学の分野の知識を蓄積していた人物であった。1786年にスミスマンが窮乏黒人対策委員会に一連の提案を行い、黒人をシエラレオネに送り込む「アフリカ帰還」案を提案した。1786年末にスミスマンが死亡したため、委員会は彼の提案に対する関心を失ったが、奴隷制反対論者であったグランビル・シャープが「スミスマン氏の人道的計画」を支持する請願活動を行って「アフリカ帰還」を実現した。

　1787年4月8日に白人女性70人を含む411人がプリマス港から出航し、1ヶ月後にシエラレオネ川の河口に到着し、その地をグランビル・タウンと名づけた。移民団は1788年3月にはわずか130人が生き残り、開拓者として植民地にとどまった。移住者が直面した最大の問題は、原住民のテムネ族との間で生じた土地の所有権に関する概念の相違であった。テムネ族だけではなく、西アフリカのほとんどの部族は土地所有権の概念を持たず、部族から見れば移住民は現地の首長の恩恵のもとに居住を許されていただけに過ぎなかった。移住民は土地所有権の証文を買ったと理解したにも拘わらず、テムズ族は移住民に土地を売却したとは理解しておらず、移住民とテムズ族との間で数度にわたり小競り合いが生じることになり、1788年にトム王が死ぬと後継者のナイムバナ王が移住民に立ち去るようにと通告した。同年後半に39人の追加移住民が合流し移住民側が強化されたこともあり、ナイムバナ王に贈呈品は贈られた結果、同年8月22日に協定が調印されることになった。この協定はイギリス政府によって承認されることなく死文化したが、これによりシエラレオネ植民地は法的に創設されたものとされた。しかし、ナイムバナ王は副首長となったジミー王を尖兵として移住民にけしかけ、移

住民側はテムネ族が協定を守ることを拒否していると判断したため、交戦状態となった。その結果、ジミー王が移住民に退去せよとの最後通告を出したので、移住民は四散し、グランビル・タウンは消滅した。

他方、米国の独立戦争後にカナダのノバスコシア半島の保護地に赴いた約3000人の元奴隷のうち1190人が、1792年1月にシエラレオネに向けて出航し、フリータウンの近くに入植した。彼らは農業を捨てて商業に転業し、この地域は商業地域へと発展し、後には他のイギリス領西アフリカ諸地域に送られるヨーロッパ産品の一種の中継港の役割を果たすようになった。

シエラレオネには、1800年にジャマイカからマルーンの子孫たちも到来した。17世紀半ばにイギリス兵がジャマイカからスペイン人を追い払った時、奴隷たちは山地に避難したが、それにコロマンティズと呼ばれたアシャンティ族とファンチ族の集団が加わった。彼らは植民地当局とマルーン戦争を戦い、特にトレロウニー・タウンのマルーンたちは1738～39年の「第1次マルーン戦争」では優勢のうちに植民地当局と平和協定を結んで解放されたものの、1795年の「第2次マルーン戦争」では植民地当局に騙されて武装解除されて降伏し、ノバスコシアに移送された。しかし、ノバスコシアの気候に慣れなかったことや、またイギリスにおいて「アフリカ帰還」計画が進行中であったこともあり、1800年にはそのうち556人がトレロウニー・タウンの最後の統領であるモンターギュ・ジェイムズ (Montague James、生没年不詳) の指導下でシエラレオネに送られ、同年9月にフリータウンに到着した。[M.C.Campbell : i-xii]

その後、1807年の奴隷貿易廃止後に奴隷船から解放されて到着した「奪還された人びと」の集団が加わり、1807年から1850年までに合計4万人がフリータウンに上陸した。

シエラレオネでは、帰還した黒人たちは「クレオール」と呼ばれた。カリブ地域のフランチ・クレオールや米国のフランス系ルイジアナ・クレオールとは意味の異なる「クレオール」の用語法が用いられた。シエラレオネの「クレオール」は、入植する過程で沿岸地帯の村落の混成社会に順応しなければならなかったが、彼らは内陸部に入ろうとする傾向はなかった。当初は事実上の奴隷制度に近い年季奉公制度の下で、野菜栽培、大工、石工の仕事を与えられ、現地では「奪還された人びと」を底辺とする階層社会が形成された。しかし結局、彼らの多くは沿岸地帯の村落を出て商業の中心地となったフリータウンに行き、行商人、露天商、仕立て屋、床屋、小商人などになった。そして、現地生まれの「クレオール」社会の中で徐々により高い地位を獲得するようになった。そしてその一部500人は1839年にナイジェリアに転住した。

このように新しい植民地が内陸部へよりも、外側の地域や西アフリカ沿岸一帯へ広がりを示し、また内陸部の種族との雑婚も進み、この雑婚から生まれた新しい「クレオール」集団が沿岸貿易に従事するようになった。

（3）米国によるアフリカ帰還活動

一方、米国からは解放奴隷の組織的送還が行われた。これは南部で支配力を持つ奴隷所有者層からだけでなく、解放奴隷の北部への侵入を恐れる北部の経済的支配層からの意向を受けて進められた。解放奴隷は1800年には5万2190人であったが、1830年には16万63人に、1860年には23万958人に増加していた。このような解放奴隷の増加を背景に、18世紀末には解放奴隷、自由黒人に対する懸念を解消するために「アフリカ帰還」を進めようとする動きが強まって、1816年にアメリカ植民協会が設立された。

19世紀初頭に一時的に奴隷制反対の感情が弱まると、南北両地域の国民の関心は、米国の自由黒人のアフリカへの再植民を唱えて設立されたアメリカ植民協会に向かった。同協会は、北部の白人知識人によって創設され、奴隷反乱の陰謀に過敏になっている南部の白人プランター層に非奴隷の黒人人口を減らす方法としてアフリカ再植民を提案した。その活動が全盛期になったのは1820年代であった、他方、即時解放論者は植民協会を「良心の麻酔剤」の働きをしていると批判した。即ち、奴隷廃止論の急進派は、奴隷廃止を急ぐべきであり、アフリカ再植民は社会的緊張のガス抜き効果を果たしていると批判していたのである。1831年4月に急進派のウィリアム・ロイド・ギャリソン（William Lloyd Garrison, 1805-1879）は彼の機関誌『解放者』の論説で、アメリカ植民協会は「事件に対する陰謀」であるとまで主張した。[Stewart：71] また、ギャリソンは1832年に出版した『アフリカ植民に関する見解』において、植民主義者の人種差別的姿勢を批判しており、南北戦争までの約30年間に奴隷解放急進派とアフリカ植民推進論者のパンフレット合戦が続いた。

1816年にはマサチューセッツ州のカティハンク島出身の黒人と先住民の混血であるポール・カッフィ（Paul Caffi, 生没年不詳）が1811年にシエラレオネを訪れた後、38人の米国黒人をシエラレオネに運び、フリータウンに上陸させた。1820年1月には米国政府が3万3000ドルを提供して備品調達した88人の移民団が移民船エリザベス号でシエラレオネに向けてニューヨークを出発した。移民団はシエラレオネに到着後、フリータウンから沿岸を南下してシェルブロ島に上陸した。しかし、現地の仲介人に騙されて劣悪な土地に入植せざるをえなくなり、奮闘したものの、同年10月には一行は島を去り、フリータウンに避難した。

一方、1819年に米国政府は、米国海軍に対し奴隷貿易に従事しているすべての米国船の捕獲を指示する法律を成立させた。連邦政府は、植民政策そのものに乗り出す熱意はなかったものの、フリータウンと同じような、奪還奴隷を上陸させる拠点を必要とした。従って、アメリカ植民協会は少なくとも政府の暗黙の後援を受けて、リベリアの植民地建設を推進することになった。こうして1821年に、4人の白人代表者と33人の黒人からかる一団が入植地の準備のために軍艦ノーチラスで派遣された。一団はバルチモア出身の医師であるイーライ・エアズ（Eli Ayers, 1778-1822）の手に委ねられた。エアズは米国海軍のロバート・フィールド・ストックトン（Robert Field Stockton, 1795-1866）大尉の保護の下に、イギリス人の助言を入れてフリータウンから300キロほどのメスラド岬に向かって西アフリカ沿岸を南下した。エアズらは現地のピーター王を説得して年間100ドル弱の地代で入植地を確保した。ここにリベリア共和国が成立することになる。移民団は新たに赴任してきたジヒューダイ・アッシュマン（Jehudai Ashmun, 1794-1828）の指導によって定着した。アッシュマンはリベリアの真の創立者とみなされている。

　入植地には資金不足の問題が付きまとった。自由主義的な金持ちは、解放黒人を送還するための寄付金の提供には熱心だったが、新しい植民地での黒人の生活を援助することには熱意を欠いていたためである。1825年にアメリカ植民協会は、新しい基金を募集する目的で機関誌『A・R・C・J（The African Repository and Colonial Jouernal）』を創刊した。リベリアを援助したアメリカ植民協会は、奴隷制度の賛成論者と廃止論者の対立に巻き込まれ混乱したが、それでも少数の植民者の渡航は続けられ、当初は年間100人から200人程度であったが、1832年には796人の最高に達し、首都のモンロビアも形を整えるようになった。リベリアには1822年から1867年に至る期間に1万8958人が渡航した。うち5722人は米国海軍が奴隷船から奪還して解放した人々だった。

　リベリアの場合には、入植者が持っているアメリカ的要素はその社会に加わってきた現地アフリカ人によって薄められることは少なかったが、リベリアへの入植者たちもまた、シエラレオネの場合と同様に、本来は自分たちの同胞である原住民には差別的な優越感を持ち続けた。

　入植者と米国との関係は、当初から曖昧であった。米国政府はメスラド岬の入植地が自国の植民地であることを決して認めなかった。しかし、初期においては問題となるような状況は起こらなかったために、事実上の植民地という関係が続いた。しかし、米国は入植者を事実上見捨てた。1840年代にイギリス政府はリベリアの一部地域に対して支配権を主張するようになったが、米国政府は積極的介

入せず、米国系リベリア人自身が問題を裁定する方策を選んだ。そこでリベリア入植者たちは独立を宣言した。1847年に制定された憲法第13項には、「これらの植民地の偉大な目的は、離散させられアフリカの子に自分たちの国を提供し、この未開の大陸を再建し啓発することにある以上、黒人もしくは黒人の子孫のみがこの共和国の市民権を得ることができるものとする」と規定されていた。

　この黒人共和国を最初に承認したのはイギリス政府で、米国は1862年まで承認しなかった。しかし、米国はリベリアに対して強い影響力を持ち続け、ヨーロッパの列強がリベリア政府による外債不払いを理由にリベリアの領土に対する支配権を主張すると、1909年に米国はこれを仲裁した。

　この時期に、後にパンアメリカニズムの先駆者と位置づけられることになる人物が、米国経由でリベリアに渡った。エドワード・ウィルモント・ブライデン（Edward Wilmont Blyden, 1832-1912）である。ブライデンは、1832年に当時のデンマーク領西インド（現在は米国領ヴァージン諸島）のセント・トマス島に解放奴隷の両親の間に生まれた。両親は西アフリカのイボ族系であった。1842年から3年間に家族とともにベネズエラのポルト・ベージョに転住したが、1845年にセント・トマス島に帰島した後、オランダ改革派教会のジョン・P・ノックス牧師と知り合い、同

Edward Wilmont Blyden

牧師の勧めで聖職者になった。1850年に米国の神学学校に進学するためノックス夫人に伴なわれて米国に渡航したが、入学を希望した3校から黒人であることを理由に入学を拒否された。そのため、同年ブライデンは、ノックス牧師の勧めもあり、アメリカ植民協会が入植活動を行っていたリベリアに渡った。

　リベリアでは、ジャーナリストとして働き始め、その後1856～60年のスティーブン・アレン・ベンソン（Stephen Allen Benson, 生没年不詳）大統領期に副大統領となったバーバリー・ペイジ・ヤテス（Bervely Page Yates, 生没年不詳）の姪と結婚するなど、リベリアの米国系支配層と親しく交じり、1855年には『リベリア・ヘラルド（Liberia Herald）』紙にコラム記事を連載し始めた。1861年にはリベリア学院の語学教師となり、1880～84年には同学院の学長を務めた。

　その間、1862年から1864年には国務長官に、外交官としては在イギリス大使、在フランス大使も務め、1880年から1882年には内務長官も歴任した。1885年の大

統領選挙に出馬したが落選した。その間、度々米国を訪問したが、その際には、種々の機会に黒人教会において講演を行い、米国黒人は人種差別の苦難から脱却してアフリカに帰還して、アフリカの発展に貢献すべきであると訴えた。ブライデンは、米国黒人によるアフリカでの救済行動を「エチオピアニズム」と呼んだ。しかし、米国黒人は米国国内での社会的上昇を優先する傾向があったため、ブライデンの「アフリカ帰還」はあまり理解されなかった。ブライデンはまた、隣国のシエラレオネに一時居住した期間もあった。

　ブライデンの例は、カリブ諸島や米国からアフリカに帰還した人々が現地社会で重要な役割を果たしうるまでになった成功例である。ただし、リベリアにおいては帰還した人々が支配層を形成し、現地の大衆層との間に欧米的な支配＝従属関係を移植してしまったという「負」の面が、その後のリベリア社会の展開に大きく影響した。

　19世紀半ばはリベリアにとって好ましい時代だった。アメリカ植民協会は莫大な負債や政治的問題を抱えて苦闘しながらもなお移民を送り続けたし、リベリアの国内情勢も諸問題を処理して安定しているように見えた。その安定の根本的な要因は、内陸部への財源を故意に差し止めたためであった。米国系リベリア人と原住民の間には、法外な賃金格差があった。農場経営者は年季奉公制度を濫用した。そして、その後リベリアは衰退した。

　リベリアの国運の衰退は、次のような幾つかの事態の推移によるものだった。即ち、①ヨーロッパ列強の直接的なアフリカへの介入が強化されたこと、②1870年代にリベリアを破産状態に陥らせることになる外国からの無分別な借款を取得したこと、③1880年代に深刻化したヨーロッパ列強のアフリカ植民地争奪戦が開始されたこと、④ブラジル産コーヒーとヨーロッパ産甜菜との競合が生じたこと、そして⑤米国国内の事態の推移、特に南北戦争と、それでも北部が勝てば自分たちが解放されるだろうという多数の黒人の期待などによるものであった。

　アメリカ植民協会は、既に非常に危険な財政状態のもとで運営されていた。憲法修正第14条（1868年7月批准、元奴隷の権利を保障）と15条（1870年2月批准、元奴隷に市民としての投票権を付与）が宣言され、これに伴って法律が制定されると、多くの黒人たちが米国に居住していても恥ずかしくない運命が待ち受けているだろうと期待するようになって、協会は更に深刻な打撃を受けた。リベリア経済の衰退もまた、移民熱に冷水を浴びせた。ここで歴史は二つに分かれた。一つは米国系リベリア人の結束によるリベリアの開発の歴史であり、もう一つはアメリカ植民協会が主体となって行ってきた移住とは異なった非公式な帰還運動の歴史である。

3. アフリカ帰還運動

　リベリアでは入植者たちは、自分たちを拒んだ現地の伝統や宗教やものの見方を拒否しはなかった。その代わりに彼らは、米国の文化をアフリカの土地で復元しようと試みた。アフリカを訪れた米国の黒人がしばしば白人の考え方を反映するように、米国系リベリア人のものの見方は19世紀の白人のそれに等しかった。こうして米国系リベリア人の現地アフリカ人に対する差別意識が更に強くなったのに対し、原住民は彼らを「白人」（トゥイ語で「アブルニ」もしくは「オブルニ」）と呼ぶようになった。

　年季奉公制度が濫用された結果、アフリカ現地人たちは米国系リベリア人の社会に同化していった。一方、この年季奉公制度は家庭内奴隷制度になった。米国系リベリア人は、内陸部の原住民を開化する必要性を自覚していたが、彼らはなかなかそれを実行しなかった。少数の米国系リベリア人の名家がリベリアの政治を支配し、その結果経済をも支配するに至った。

　米国系リベリア人の傲慢さは、伝説的なものになった。彼らは現地アフリカ人に対し、例えば裸体で生活することを規制し、内陸の人びととの性交は認めたものの、結婚は20世紀にいたるまで拒否した。居住と教育については厳しい差別があり、内陸地帯では道路網を設けず、そのほかの重要な公益授業もほとんど実施しなかった。現地の人々は、米国系リベリア人は自分たちが米国で奴隷時代に扱われてきたのと同じように、現地人を奴隷の境遇に押し込め、自分たちは主人面しているとの不満を抱くようになっていった。

　リベリアの政治権力は一群の米国系リベリア人が握っていたが、経済的権力は1926年にファイアーストーン・ゴム会社に掌握された。同年12月にリベリアは同社と協定を結び、99年間にわたって100万エーカーの土地の借地権を与えた。これによってファイアーストーン社はリベリア国家の歳入の大半を支配するようになり、さらにリベリア政府そのものをも支配するようになった。

　そもそも多くの米国黒人は、彼らをアフリカに帰還させようという計画には常に懐疑的で批判的であった。一部の人々は、祖国帰還という考えは、臆病の一つの現れだと攻撃した。偉大な米国の目覚ましい発展に参加する勇気を欠いているというのは、説得力ある非難で、それは19世紀を通じて高まった。アメリカ植民協会は、奴隷たちは財産であったという妄想を打ち消すことや、奴隷制度を厳しく攻撃することに失敗したとして非難され、またその活動によって奴隷の価値を高めたと責められた。こうして、19世紀を通じてアフリカ帰還に反対する運動が盛んになった。帰還に対する反対は、アフリカへの移民は自分たちを放逐しようとする北部人の企みであるとみなした用心深い人々や、あるいは操られたり常軌を逸した黒人たちからのみ持ち出されたのではなかった。別の人びとは北部人の

主導から離れた帰還計画を模索した。

　前出（第1節）の黒人医師マーティン・R・デラニー（Martin Robinson Delany, 1812-1885）は、北部の白人自由主義者に依存しない別途の移民場所と計画を求めて、助手のジャマイカ出身のロバート・キャンベル（Robert Campbell, 生没年不詳）とともにニジェール川流域への探検隊結成に尽力し、1859年にアフリカに渡航した。デラニーはナイジェリアへの途中、リベリアを訪れた。デラニーの『ニジェール川流域探検隊の報告』とキャンベルの『わが祖国への巡礼』は、現地の慣習に対する侮辱と、当時の商業的熱情の混合物であった。1859年12月27日にデラニーとキャンベルはエグバ族の都市国家であるアベオクタの無人地域のどこかに、熟練した米国黒人を入植させる許可を得るための交渉を行った。デラニーは、「われわれの政策は、（中略）アフリカはアフリカ人種のものであり、そして黒人が彼らを統治するということでなければならない」と宣言した。[Jenkins 1975=1977：100] このような表現が行われたのは、これが最初であった。

　しかし、アベオクタの族長たちとの協定は履行されずじまいであった。米国の南北戦争によって、この計画は的外れのものになってしまったのである。黒人たちは再び米国における奴隷解放の約束を与えられた。デラニーは連邦軍（北軍）第104連隊の少佐に任命され、戦後には解放黒人局に局長補佐官として勤務した。一方、キャンベルはアベオクタに戻り、数年間にわたってそこに滞在したが、主要計画は完成されずに終わった。

　デラニーは解放黒人局の仕事と1870年代の絶望状態に幻滅を感じて、他の南部の黒人たちとともにリベリア移住汽船合資会社を設立した。1878年に「アフリカ帰還」運動がよみがえって最高潮に達した時(注1)、同社のアゾール号はアフリカに向かって航海を行った。同年4月にこの船で渡航した206人のうち、23人が航海中に死んだ。同社の無能力のためにアゾール号は債権者たちの抵当物件として陸揚げされてしまった。しかし、少なくともこのデラニーの新しい計画は、「アフリカ帰還」運動をその本来の場、即ち南部農業諸州へ転じさせることとなった。また、この計画は、ごくまれにしか成功しなかった「アフリカ帰還」を含む、一連の重要なそして互いに関連のある現代の黒人運動の発端となった。[Jenkins：100] 特に、デラニーが1859年12月にニジェール川流域に米国アフリカ人の帰還場所を模索していた時に語った、「アフリカ人のためのアフリカ（Africa for Africans）」という言葉は、その後アフリカの解放闘争や、米国およびカリブ諸島の「アフリカ帰還」論の中に長く引き継がれ、米国やジャマイカにおけるエチオピアニズムの運動の中で強く掲げられるようになる。

3. アフリカ帰還運動　35

　米国黒人が自由への希望に魅惑わされていた時、アメリカ植民協会の財力と支援は十分ではなくなった。協会の能力では、暴力事件が増加しつつあった南部の状況に対してなんらの措置も講じ得なかった。1892年、アメリカ植民協会は最後で最大の財政危機に直面し、移民を希望する数百の人びとが、いくつかの大都会で立ち往生してしまった。これは協会にとって深刻な逆宣伝となり、白人系の新聞は、協会は黒人に対して誤った希望をかき立てたと攻撃した。またこれらの新聞は、立ち往生した移民たちの貧しい仮収容施設での退廃ぶりについて生々しく報道した。

　リベリア側は熟練した職工と、暮らし向きの良い人びとを必要としていたのに、出国を申請したのは非常に貧しい黒人だけであった。そのうえ、リベリアは、19世紀初期の入植者たちを待ち受けていた条件と同じような条件しか提供することができなかった。移住者がすぐに商業で成功を収めなければ、残された道は貧しさと不健康に対する厳しい闘いと、かろうじて数年生きていける農耕だけであった。

　しかしながら、2つの形で国際的な動向が移民熱に再び火をつけた。その一つは、大西洋を渡った数百万のヨーロッパ人の大量移動であり、もう一つはヨーロッパ植民地主義列強のアフリカ植民地争奪であり、特にこの時代に、アフリカでの巨大な利益を刈り取ろうとしつつあるのはヨーロッパ人であった。

（4）黒人主導のアフリカ帰還活動

　19世紀に米国からリベリアに移住しようとした人物の中で、黒人聖職者であるアレクサンダー・クランメル（Alexander Crammell, 1819-1898）とヘンリー・マックニール・ターナー（Henry Mcneal Turner, 1834-1915）について言及しておくべきだろう。クランメルはリベリア渡航後の1855年に、移民問題について重要な演説を行った。

　「アフリカはうずくまっており、悲惨である。それは、人類を身体に例えれば、損なわれて役に立たなくなった腕である。アフリカの偉大な力は浪費されている。あらゆる関節はばらばらになり、苦痛が全身を貫いているのである。アフリカの状況はあらゆる点で、援助を必要としている。すなわち道徳的、社会的、家庭的、政治的、商業的、ならびに知的援助である。どこから援助、恵み、利益がアフリカに注がれるのだろうか。今、ここに、黒い人々が立ち上がり、義務を遂行すべきだとの神の声が下されているのである。他の人びとなら、もし望むなら、父祖の国を忘れることも許されよう。（中略）しかし、アフリカは、この国の雑多な偶像崇拝のえじきとなっている。アフリカは増大する民衆の困窮と、道

徳的悲惨の重圧のもとに、やせ衰えている。闇が全土を覆い、濃い暗黒が住民を包んでいる。大きな社会悪が至る所にはびこり、信頼と安全は損なわれている。モロクの神が大陸全体を支配し、至る所に君臨している。」［Jenkins：102］

　クランメルは結局1873年に米国に帰ったが、この演説に直接感化されたのがアフリカ・メソジスト・エピスコパル教会（AME）の主教であったヘンリー・マックニール・ターナーであった。ヨーロッパ系の血も引く黒人であるターナーは、驚くべきほどの雄弁力に恵まれた扇動家で、精力旺盛ではあったが、柔軟性のない人物であった。彼は全くの独学でたたき上げてきた人物で、16歳の時に伝道者になった。彼は白人が黒人に抱く偏見について十分すぎる個人的経験を有していた。彼はクランメルから異教を奉じるアフリカを救済する信仰を吸収して、「諸君の父祖の地に帰れ、と語りかける神秘的な神の声」について説教を始めた。彼は語った。

　「我々が最終的にはアフリカに帰らねばならないということについて、私の心にはいささかの疑いもありません。これは、私が神の存在について疑いを持っていないことよりも、はるかに強い確信であります。」

　米国の体制に対するターナーの拒絶は年とともに増大していった。米国の黒人たちも、政治的な発展に魅惑された状態から次第に覚めてくるにつれて、ターナーを支持するようになり、支持者の数は膨れ上がった。ターナーはアメリカ植民協会の目的には名目的にしか関わっていなかったが、それでもアゾール号の航海に際しては、これを祝福していた。1880年に、彼はAME教会の主教になった。彼の神学的見解は、「偉大なヤハウェはその無限に賢明な摂理により皮膚の色の相違をつくられたが、人類として政治的、もしくは社会的な身分には差別をつくられなかった」というものであった。当然のことだが、南部の白人はこの見解に組みしなかった。リンチ事件は日常のことになっていった。雰囲気がますます粗暴で、悲惨になっていったので、ターナーは、最後には「すべて戦争、皆殺しを目指す闘争、無政府状態、憎悪、天に向かって号泣」となるに違いないと断言した。

　ターナーは、「白人は、自分と協調しないとみなした者を誰であれ、これを押しつぶすだろう」と警告した。ターナーの米国に対する軽蔑は、彼のアフリカへの夢と並行して大きくなっていった。「我々はここで生まれ、ここで成長し、戦い、血を流し、ここで死んだ。また我々には、我々を鼻であしらい、排斥し、迫害することに手を貸している数十万の人々よりは一千倍もの権利を、ここに持っている。そしてまさにこのことが、私が自分の生まれた土地を"ほとんど"軽蔑する理由の一つなのである」。彼は結局、この"ほとんど"という言葉を削除し

た。「そう、私はアフリカを避難所にしよう。なぜなら、嵐のような突風、迫害の赤い潮、米国人の偏見に基づく憎悪から守ってくれる隠れ場をほかに見出せないからである。」［Redkey 1969：24-46］

　しかし、数百万の黒人の意識は米国社会の中での同化や統合に向いていた。ターナーは、よく言ってせいぜい黒人の運命についての不当な悲観論者、悪く言えば臆病者だと非難された。保守的な黒人たちは、ターナーが人種調和の可能性を信じようとしないことに当惑した。しかしターナーは大声で言い続けた。彼は裏返しにした（逆方向の）中間航路に相当するものをつくることや、更にヨーロッパからアメリカ大陸への脱出にも賛成であった。それは彼の自己救済と迫害からの解放という思想が、移民の集団を旧世界から新世界へもたらしたあの強烈な精神的衝動を、直接に反映するものだったからである。

　ターナーは様々な警告を試みた。最初の計画は、400億ドルの債務の支払いを要求することであった。これはターナーの計算によれば、黒人の果たした奉仕の代償として連邦政府が黒人たちに負っているとされた負債の額である。これには失敗したが、リベリア、ならびにその他のアフリカとの貿易の発展を熱心に求めている実業界が移民運動を十分に支援してくれるだろうと彼は信じた。

　爆発寸前に達していたターナーの米国に対する憤激に、最後の火をつけたのは、1883年の最高裁判決だった。南部の連邦への復帰を定めた憲法修正14条、黒人に選挙権を認めた憲法修正15条に関して、この判決は各州の自由裁定を認めた。そのため南部諸州は黒人差別と隔離のための多くの州法を制定するに至った。修正第14条と修正第15条を削除した憲法は、「汚れたぼろぎれ、ごまかし、不名誉な侮辱となってしまった。それは当然国内のあらゆる黒人によって唾を吐きかけられて然るべきものである」。ターナーは、彼に反対する保守的な黒人を"下郎黒人"だと公然と非難し、すべての人々に「黒人を敬え」と強要した。彼に反対する人々は、「面と向かって宇宙の神と戦っている」のだとも言った。

　1891年についにターナーはアフリカに旅行した時、彼は自分の熱情を冷ますようなことは何も経験しなかった。彼は、シエラレオネさえ、インスピレーションに満ち満ちていることに気づいた。彼が敬慕していた現地人たちは、「聖霊に満たされていた」。彼は手紙の中で、アフリカを、誇り高く闊歩する大自然の子らに満ち溢れた、真の英知の土地だと描写した。彼によれば、黒人たちがアフリカで享受しているのは、中でも人間らしさであった。彼は苦しみや病気、貧しさには目をふさぎ、快適で健康的な年だけを見ようとした。シエラレオネとリベリアへの1ヶ月の旅行も、父祖の地にもどった移民の尊厳についての印象を残しただけであった。

米国に帰ると、彼は、自分のビジョンに組みしない心の狭い黒人たちに対する攻撃を倍加させた。こうした連中とは、「北部の黒ん坊ども」、「雑菌的な若僧連中」か、「化石的な老いぼれ」かのどちらかだと彼は嘲笑した。

　ターナーは後年にも、アフリカを何度も訪問した。1897年には、エチオピアニズムが拡大しつつあった南アフリカを訪問して、「アフリカン・メソジスト・エピスコパル・ミッション（African Methodist Episcopal Mission）」を設立し、1900年には最初のエチオピアニズムの教会を組織し、南アフリカにおけるエチオピアニズムの拡大に寄与した［Walters 1993：300］。彼はアフリカでの白人の数が不安を醸し出している事実に注目し、やがて白人たちは、アフリカに自治国家を立てようという全黒人の希望を、打ち砕いてしまうだろうと警告した。その後数年間の、「アフリカへ帰れ」と唱道する活動家たちは、アフリカ自体における黒人の願いに大きな影響を及ぼし、また草創期の多くのナショナリズムの運動に刺激を与えた。

　米国におけるターナーの扇動によって、熱烈で忠実な支持者が多数得られ、こうして少なくとも2回、移民をアフリカへ渡航させるに至った。ターナーは、1894年にほかの有力な黒人のグループと一緒に国際移民協会を設立した。この協会は発足当初から資金不足に悩んだが、デンマークからホーサ号という小さな果物輸送船を買うことができた。ホーサ号は約200人の移民を乗せ、今に伝えられている多くの賛美歌を合唱しながら、1895年春、ジョージア州のサバンナ港から出帆した。

　ホーサ号の到着は不幸にして不意だったので、同船がモンロビアに就いた時、リベリアの人々は200人の文無しの移民をどうしたらいいのかと相当困惑した。移住者は食糧も必需品も十分に備えていなかったが、現地の人びとは、公けの入植は途絶えていたので、この新来者を歓迎した。大部分の移民は意外なほど混乱せずに農耕地域に入植できた。全般的には、この計画はこの種のものとしては有数の成功を収めた例になった。残念ながら少数の移民が落胆して米国に帰ったので、白人の新聞は彼らの苦労話に飛びついた。もちろんターナーは白人の新聞の攻撃を無視して、第2次渡航の準備に着手した。1896年3月に、第2次渡航船のローラダ号は出航した。

　しかし、今度の結果は不幸だった。第1次渡航団の時のような物珍しさは、現地の人々の間に消滅していた、また、ローラダ号が運んだ物資もはるかに少なかったばかりでなく、入植者の資質も非常に異なっていた、第2次入植者は第1次入植者とは異なって、到着前から不平を言っていた。リベリアで印ばかりの土地をもらい受けた彼らは四散し、独力でやり繰りしていくがままに放置された。

それに加えて西アフリカの雨季が入植者の命を奪い去った。同年夏の終わり頃までに、新移民の100人ほどが熱病で死亡した。生き残った者の大半も完全に農作に失敗して、リベリアを去り始めた。

哀れな生存者たちは不幸な物語を携えて米国に帰り着き、その苦労話は広く宣伝された。リベリアでは、残った人々の状態は日増しに悪化していった。ローラダ号で渡航した321人のうち、リベリアに残留したのは一握りの人びとだけであった。このエピソードはいつまでも尾を引き、非常に打撃的な逆宣伝になってしまった。ターナーの国際移民協会はこれら2隻以上の船を送ろうとした計画が失敗したことと、第2次渡航の悲惨な結末によって計画が衰え始めた。

1890年から1910年にかけて、約1000人の米国黒人がリベリアへ移住したが、その一部はターナー主教の船で、残りはそれとは関係なしに渡航している。ターナーの計画は大量の集団移住の流れをつくり上げることができなかった。彼は1915年に死ぬまで精力的に弁じ続けたが、その主要計画は果たされなかった。彼の失敗の原因は、資金源と組織力に欠けていた点にあった。

しかし、ターナーが証明したのは、黒人の帰還運動は黒人の手で行われるべきであり、またそうなるだろうということだった。すなわち、その時からこの種の運動の主導権は全面的に黒人の手になければならないということであった。ターナーの影響力は彼の4度に及んだアフリカ訪問にもかかわらず、理想のアフリカという自分の夢を最後まで失わなかったということに由来しており、結局、黒人大衆は、リベリアの沼沢地から恐ろしい話を持ち帰った泥まみれの連中より、ターナーの方を信じた。従って、このビジョンは決して死滅することはなく、新しい理想家たちが登場するまでの冬眠状態に入っていったのである。

1914年8月21日に、ゴールド・コースト東部のアキム・ブソミ生まれのアルフレッド・チャールズ・サム（Alfred Charles Sam, 1880-1930年代）が多数の米国黒人とともにリベリア号と名づけられたイギリスの商船に乗ってガルベストン港を出帆した。サムはゴールド・コーストの沿岸に近いソルトポンドのメソジスト派の小学校に学び、最小限の教育を終えてから商人となり、黒人だけの手による貿易会社としてエキゾチックな産品を米国の黒人に輸出するアキム貿易会社の設立を考えて1911年に米国に渡航した。1913年5月には、オクラホマ州オクフォスキー郡のボリー市に現れて、州になる前から発展していた黒人だけの地域社会であるボリー市の住民を理想的な移民だとみて、アフリカ渡航を勧めた。サムはキュリティバ号という古いイギリスの商船を買い入れてリベリア号と名づけ、60人の入植者を連れて渡航した。リベリア号の到着を前にイギリス当局は一人当たり25ポンドの保証金を要求し、入植者はこれを支払うことに決め、ソルト

ボンドに入植した。一部はイギリス当局からの圧力によって、一部はサムの約束した土地に行きたいという彼ら自身の希望によって奥地に行くことを決めた。その目的地は60マイル内陸にあった。その地はアセコイと名づけられたが、入植者は自分たちが風土条件と現地の農作法に全く適応できないことを知った。また、「土地権利書」なるものが、他の西アフリカの地域で生じたと同じ問題を有していることが分かった。即ち、「権利書」は強制力がなく、族長自身の土地を耕作する許可にすぎないものであった。

　入植者全員が徐々に沿岸部に戻っていった。一部の者はサムに対する訴訟を起こした。サムは逃げだしてしまい、その後の消息は不明となった。一部の移民は米国に帰ろうとし、ほかの人々は海岸沿いにリベリアやナイジェリアに流れていった。サムは確かに大法螺吹きだったが、米国南部の黒人が抱いていた、西アフリカの農業にただちに従事しようという考えが筋違いであるということを再三にわたって立証することになった。［Jenkins：110-118］

　世紀転換期における黒人と白人の関係は、非常に厳しくなっていた。黒人を差別する法律があり、リンチに走る暴徒の手を借りて事を処すということが減らず、更に例えば1900年のニューオーリンズにおいて生じたような人種暴動すらも発生した。ターナーは黒人労働者には影響を与えたものの、豊かな中間階層とインテリを、自分の運動に引き付けることに失敗した。そして、黒人たちの主導権はアラバマ州の黒人専門タスキーギ工業師範学校を創立したブッカー・T・ワシントン（Booker Taliaferro Washington, 1856-1915））の手中に移っていった。

　亡くなるまで黒人指導者としての地位を保ったブッカー・T・ワシントンは、その白人との妥協的な姿勢のために、しばしば黒人運動の裏切り者とみなされてきた。その証拠として引用されるのは、1895年の「アトランタの妥協」と呼ばれる有名な演説である。その中で彼は、「社会的平等の問題に関する扇動は全くの愚劣である」と宣言した。また、次のように述べている。「純粋に社会的なすべてのことでは、われわれは五指のように離れていることもあるが、しかし、相互の進歩発展にとって本質的なすべてのことに関しては手のように一体である」（『奴隷より立ち上がりて』）。彼のアフリカに関する見解は、白人の紋切り型に同調する傾向があった。ブッカー・T・ワシントンは、米国黒人をアフリカに派遣することに熱心だったが、それは米国における黒人たちの問題への対策としてではなく、アフリカに役立てるためだった。ブッカー・T・ワシントンが設立したタスキーギ学院（職能訓練学校）で学んだ多くの黒人がアフリカ、特にトーゴに移住した。当初の彼らの体験は、他の入植者の体験より特に良いというわけでは

なかった。コロニアル・ビルトシャフトリッヒ・コミッテというドイツの商社と組んでタスキーギ学院の卒業生たちは、アフリカの諸地域に綿花の栽培を導入した。ブッカー・T・ワシントン自身も、ベルギーの圧制的なコンゴ植民地支配に対する反対運動に主要な役割を演じた。しかし、彼の影響力は主として米国内部で強かった。

　ブッカー・T・ワシントンの思想は穏健で、白人を安心させるものではあったが、少なくとも次のことははっきり主張できていた。やむをえず米国にとどまらなければならない黒人、つまり明らかに黒人人口の過半数にも達する人びとに、教育をもっと広げることが必要だということである。一方、「アフリカ帰還」というビジョンが潜在的に大衆の心に訴える力も、依然として弱まっていなかった。ターナーの計画に続く未遂の計画の中には、常に黒人の下層階級からの照会が非常に多かった。多くの個人的なグループが支援を受けずにアフリカに行き、その成功の程度も様々だった。1903年にはジョージア州から、53人の黒人の一団がリベリアに到着した。3、4ヶ月のうちに20人が死亡し、残りの人びとは絶望して米国に戻った。また多くの黒人が、ターナーの航跡をたどろうとした、いくつかのいい加減な計画に引っかかって数千ドルを巻き上げられたケースもあった。

4. マーカス・ガーヴェイの思想形成

(1) ジャマイカ時代

　マーカス・ガーヴェイは、1887年8月17日にジャマイカ北部のセント・アン湾に面した人口2000人の小さな町で生まれた。11人兄弟であったが、成人になるまで生き残ったのは末子のマーカスと姉のインディアナの2人だけであった。彼の両親は性格的に対照的であった。父は石工の親方で、頑固、陰気、形式ばって論争好きな人物だった。職人肌で気に入った時にしか仕事をせず、部屋に籠って読書を好む傾向があった。母は美しく、陽気で、思いやりがあり、息子に大きな影響を与えた。ガーヴェイ自身は誇り高く、いかなる支配にも屈しない逃亡奴隷（マルーン）の子孫だと主張していた。ガーヴェイはメソジスト系の教会学校に通って学んだ。隣家の同教区のメソジスト牧師の家族と親しくなったが、14歳の時に、白人である同牧師の3人娘の一人に思いを寄せたものの、同牧師によって遠ざけられたため、その時生まれて初めて人種的偏見を意識させられたと後に語っている。

　ガーヴェイは、ジャマイカで増大しつつあった人種間の対立という状況に反抗して、生粋の黒人の血統と伝統を担っているという信念に発する人種的プライドを、早くから育んでいた。イギリス人が、人種間の対立を和らげる緩衝的存在として利用してきたムラート（白黒混血）に対して強い反感を持っていた。この反感は、西インドのほかの黒人指導者たちにも共通するもので、ガーヴェイは生涯最後までこれを解消しなかった。ガーヴェイが極端に「黒さ」を重視した理由としては、肌の色が他の黒人よりも「漆黒」であることに発するコンプレックスとそのコンプレックスから生じた「黒さ」に対する誇りであったと考えられる。ガーヴェイのそのような「黒さ」に対する誇りは、黒人至上主義とかアフリカ原理主義と評しうるもので、白人に対する「逆差別」感情をも包含していた。

　晩年の1937年12月にカナダのトロントに後継者の育成のために「アフリカ哲学学院」を設立し、1939年2月にロンドンで同学院のために自ら講義を行った際、講義の中で、白人はレプラ患者の子孫であるとジャマイカのエチオピアニズムでは信じられていると話し、このような差別的な発言も行っている。ジャマイカのエチオピアニズム関係者の間では、『旧約聖書』の『出エジプト記』に登場するモーゼの妹のミリアムについて、モーゼがクシュ人の女性を妻にしたことを兄アロンとともに非難した時、神が2人に怒って去って行ったが、ミリアムが瞬時に重い皮膚病に掛かって「雪のように白くなった」ことに言及しているとして、ミリ

アムはレプラに罹ったとされている。、またガーヴェイは講義の中で、『旧約聖書』の『創世記』第4章に描かれたアダムとイブは黒人であったが、彼らの息子たちのカインは弟のアベルを殺したために、神に罰せられてレプラに罹ったのだと語った［Iyassu Menelik：45］。この言説の中に、エチオピアニズムに影響を受けたガーヴェイの「黒人至上主義」が見られる。彼の「黒人至上主義」は「黒人種優先（Race First）」という表現に象徴された。この表現は、ガーヴェイの「アフリカの理想化」を意味する典型的な言葉である。

　ガーヴェイは、正規の教育を少ししか受けていなかったが、後には正規の教育を受けたと好んで主張し、特に最大の敵手W・E・B・デュボイスなどのような学術的経験をもつインテリを相手にした時には、殊更敵対的な姿勢を見せて批判した。

　ガーヴェイは、14歳の時見習いとして印刷業界に入った。1906年にはキングストンに転住して政府系印刷所や、中米やカリブ諸島に製品を輸出していた薬品企業であるP・A・ベンジャミン有限会社の印刷部門で働いた。1908年11月にガーヴェイが属するアメリカ印刷工組合ジャマイカ支部がストライキに突入し、ガーヴェイは同社の印刷工組合の副議長としてストライキに参加した。ストライキに対して、経営者側は労働者が求めた賃上げと8時間制の導入を拒否した。また、この印刷工組合と1907年に創設されたジャマイカ労働組合連合との間でアメリカ労働連盟（AFL）への加盟問題をめぐって紛争が生じ、経営者側がストに参加しない労働者を厚遇したため、ストライキ側が孤立して敗北した。労働運動を通じてストライキに関与した経験は、ガーヴェイに重要な教訓を残した。彼はこの経験から、運動の基盤を労働組合の外部に置くことによって、自分の運動の方針を全面的に指揮できると考えるようになる。

　その後、ガーヴェイは、発行期間は短期に終わることになる新聞『監視者（The Watchman）』を刊行し始めた。これには2人の政治家、シンプソン（H.A.L.Simpson, 生没年不詳）とジャコブ・ワレハム（Jacob Wareham, 生没年不詳）が協力した。1909年3月にガーヴェイは、アイルランドのシンフェイン党の影響を受けていたとされるコックス（S.A.G.Cox, 生没年不詳）によって組織された政治結社「ナショナル・クラブ」に加盟した。同クラブはオーストラリアやカナダが享受した「帝国」内における自治をジャマイカに要求していた。

　1909年から1911年に同クラブは勢力を拡大し、1910年4月にガーヴェイはクラブ書記に選出された。メンバーには，後にガーヴェイが設立する世界黒人地位改善協会（UNIA）のロンドン代表となるデレオン（S.M.DeLeon, 生没年不詳）、

ガーヴェイが発行する『ブラック・マン（Black Man）』の支配人となるコールマン・ビーチャー（J.Coleman Beechar, 生没年不詳）等、後にガーヴェイの協力者となる人物がいた。同年にこのクラブは中米、特にパナマにも影響を拡大した。
　コックスは1909年にセント・トマス教区から植民地議会議員に選出され、同年の選挙では「ナショナル・クラブ」からコックスとH・A・L・シンプソンの2人が当選した。コックスは1909年から1911年の間に独自の週刊新聞『我々自身（Our Own）』を発行し、インドから低賃金労働者を導入するイギリスの植民地政策や徴税制度を批判するとともに植民地当局の人種差別を厳しく告発、他方労働組合の法的認可や王室所有地の土地なし農民への分配を要求、また農民の宗教・文化活動に対する抑圧も批判するなどの言論活動を展開した。さらにパンアフリカニズム的な思想を展開して次のように述べた。
　「ジャマイカの有色・黒人大衆は米国や西インドの有色・黒人大衆、さらには全世界の黒人と団結することによってその条件を改善することができる。」[Lewis 1988a：44]
　しかし、1911年にセント・トマス教区の住民の要求に応えられなかったためにコックスは米国に脱出した。そのため、「ナショナル・クラブ」はその後2年間は活動を継続したが、1913年にアレクサンダー・ディクソン（Alexander Dixon, 生没年不詳）とデレオンによって解散された。しかし、その影響力はその後も、ロバート・ラブ（Joseph Robert Love, 1839-1914）やガーヴェイを通じてジャマイカの国内政治に残った。[Lewis：ibid. 42-44]
　イギリスは、19世紀末にアフリカ分割などの植民地主義的な進出で最盛期にあった。ガーヴェイは、このようなイギリスの動向に対して批判的であったロバート・ラブからも強い思想的影響を受けた。ラブは1839年にバハマ諸島のナッソーに生まれ、1914年にジャマイカで没した。若い頃に米国に渡航し、AMEで修行してジョージア州およびフロリダ州で宗教活動に従事したが、その後転身してニューヨークのバッファロー大学で医学を学び、1880年にハイチに転地して、1889年にジャマイカに転住するまでハイチにおいて軍医として働いた。
　ラブは1894年に『ジャマイカ・アドボケイト（Jamaica Advocate）』を発行し、黒人の生存条件への関心を表明する場として活用し、ジャマイカの政治情勢に大きな影響を与えた。また、1897年にはジャマイカ協同組合協会を設立し、1898年には人民会議を開催したが、この会議では「農民に対する土地の分配」が議論された。また、ジャマイカ植民地議会に黒人代表を当選させる運動を手掛け、1899年には人民会議の議長を務めたアレクサンダー・ディクソン

4. マーカス・ガーヴェイの思想形成

(Alexander Dixon, 生没年不詳) が植民地議会議員に当選した。『ジャマイカ・アドケイト』に掲載されたラブの論稿においては、「人種意識」という言葉が反植民地主義的なポジティブな意味合いで、植民地主義的な階級支配を批判する言葉として使用された。ラブは、ジャマイカにおいて植民地主義と人種差別の関係を重視した先駆的な思想家であった。ラブに影響されたガーヴェイにおいても「人種意識」という言葉が、人種抑圧と階級支配を批判する意味合いをもった。

ラブの選挙戦略は白人とムラート（白黒混血）の双方から拒絶された。一方黒人大衆の大半は、選挙権を付与されていなかったが、1895年にラブは選挙制度の改革に尽力し、黒人に対する選挙権の拡大、黒人議席数の増加を実現した。黒人有権者は1884年の2000人から1895年には4万3266人に増加した。1898年にはラブ自身がキングストン市議会議員に、1906年にはセント・アンドリュー教区選出の植民地議会議員に選出された。ラブは植民地議会において植民地主義体制の下で抑圧された黒人大衆のために闘った。

ラブはまた土地改革にも尽力し、1896年には王室所有地の土地なし農民への分配を実現し、さらに土地所有税の廃止を訴えた。また、黒人労働者の賃金を低下させるインド系労働者の導入補助の廃止を訴えるとともに、『ジャマイカ・アドボケイト』紙上で中米・南米で働くジャマイカ人労働者が蒙っている不正義の告発を行った。

ガーヴェイは、ラブの国内政治面での主張だけでなく、パンアフリカニズムにおいても強い影響を受けた。ラブの論稿の中には、当時のパンアフリカニズムの傾向に属するデュボイスやブッカー・ワシントン、ポール・ローレンス・ダンバー (Paul Lawrence Dunbar, 1872-1906)。アレクサンダー・クランメル (Alexander Crummel, 1819-1898)、ジョン・E・ブルース (John Edwar Bruce, 1856-1924)、フィリプス・ウィートレイ (Philips Wheatley, 1753-1784)、H・シルベスター・ウィリアムズ、J・アルバート・ソーン (J.Albert Thorne、バルバドス出身でジャマイカ在住、ブッカー・T・ワシントン信奉者)、フレデリック・ダグラス (Frederick Douglass, 1818-1895)、エドワード・ブライデン、J・ケイスリー・ヘイフォード (Joseph Ephraim. Casely-Heyford, 1866-1930) らへの言及が見られる。特に、シルベスター・ウィリアムズとは1901年4月にジャマイカで「パンアフリカ協会」の会合を共催するなどパンアフリカニストとしての強い絆を持っていた。「パンアフリカ協会」会合の結果、ジャマイカでの協会会員数は500人に達した。当時のジャマイカ総督オーガストゥス・ヘミング (Sir Augustus Hemming, 1841-1907) は同協会

への支援を拒否した。ラブの論稿と動向を通じて、ガーヴェイがパンアフリカニズムへの傾斜を強めたことが想像される。

　ガーヴェイに思想的影響を与えた人物として、前出（第2章第2節）のアレクサンダー・ベドワードが挙げておかねばならない。ベドワードは、宗教的には1860-61年の「大覚醒運動」と、社会的には1865年の「モラント・ベイ」の反乱に影響を受けた。ベドワードは、1880年代に独自の宗教的運動「ジャマイカ・ネイティブ・バプティスト自由教会（Jamaica Native Baptist Free Church）」を創設したが、ベドワード主義の最盛期は1890年代から1920年代の間であった。

　ベドワード主義は宗教的神秘主義であると同時に、黒人種を誇示するブラック・ナショナリズムでもあった［Lewis：ibid. 37］。それ故に植民地当局から強く弾圧された。1891年1月にはベドワードは逮捕され、反乱罪容疑で4ヶ月間拘束され、裁判に付されたが精神異常の理由で釈放された。ベドワードはその後も宗教活動を続けたが、植民地当局はベドワード主義を反体制運動と断じて弾圧を強め、1921年4月にベドワードが多数の信者とともに教区からキングストンに向けて植民地当局の政策に対する抗議デモを行った際、これを弾圧して685人の信者とともに拘束し、うち信者208人が有罪を宣告されて懲役刑に付され、ベドワード自身は精神治療施設に収容された。植民地当局だけでなく、ジャマイカ植民地支配勢力全体が、保守系の『デイリー・グリーナー（Daily Gleaner）』紙を通じてベドワード主義を非難し続けたことから、彼らがベドワード主義を下層民を宗教的に巻き込んだ反体制運動であるとして危険視したことは明白である。

　政治面で植民地主義とその下での人種差別を告発し、全世界のアフリカ人の連帯を訴えたコックスやロバート・ラブの活動と、宗教的に下層民の人種差別や貧困に対する不満を掬い上げたベドワードの運動は、反植民地主義的な動向として同質を有するものであり、植民地当局は彼らが示したパンアフリカニズムの傾向に対してはこれを強く拒否する姿勢を示し、宗教的背景をもつ大衆的な不満の噴出に対しては、弾圧で対抗したのである。これら二つの動向がガーヴェイの思想形成に大きな影響を与えたことは確実である。

（2）第1期海外渡航期

　1911年にガーヴェイは、「ナショナル・クラブ」における活動を中断して海外に渡航した。まず1911年に母方の叔父を頼ってコスタリカに渡り、ユナイテッド・フルーツ社のバナナ・プランテーションで時間管理者の仕事を得た。ガーヴェイは、農場で働いていたジャマイカ人移民労働者の境遇に同情し、イギリス領事に抗議したが、領事は（外交官として正論ではあるが）自分はコスタリカ

4. マーカス・ガーヴェイの思想形成　47

の問題に干渉できないと述べてガーヴェイの訴えを斥けた。コスタリカでガーヴェイはシモン・アギレリア（Simon Aguilería，生没年不詳）が主管する新聞『ラ・ナシオン（La Nación）』のために働いた。

　その後、ガーヴェイはパナマのボカス・デル・トロに転地したが、同地での民衆に対する人種差別的な扱いや冷酷な搾取に触れて、政治的およびジャーナリスティックな活動への傾斜を強めた。ガーヴェイはパナマでも日刊紙『ラ・プレンサ（La Prensa）』に協力した。後妻となったエイミー・ジェイクスによれば、ガーヴェイはパナマ滞在中に職を求めてグアテマラ、ニカラグア、エクアドル、チリ、ペルーを歴訪した。しかし現在では、これらのいずれの国においても、ガーヴェイの足跡を見つけることは困難である。

　1912年にガーヴェイは、マラリアに罹患したために一時ジャマイカに帰国したが、回復するや直ちに再び出国し、姉インディアナの資金援助でイギリスに渡航した。渡航後は、姉の宿泊先に滞在した。イギリス滞在中の2年間に、ガーヴェイは人間的に、政治的に大きく成長した。彼はロンドンのバークベック学院（現在はロンドン大学の一部）で学ぶ傍ら、ジャーナリストして働き、またイギリス領の植民地各地から来た人々と出会い、さらにイギリスの労働者たちと交わることで、イギリス植民地帝国の中心における政治的実情をよりよく理解できた。そして、国際的組織を有する大衆運動の指導者としての政治的経験を積んだ。ガーヴェイはこの時点ではまだ、ラブからの影響や「ナショナル・クラブ」での経験があっても、ブッカー・T・ワシントンを十分に理解することができなかった。ガーヴェイがその後に発展させる思想は、ブッカー・T・ワシントン以外の人々との議論や彼が執筆した論稿の中に見られた。特に、アフリカ人やカリブ諸島出身の船員たちとの会話から得るものも多かった。

　またエジプト出身の黒人系混血のジャーナリストであるデューズ・モハメッド・アリ（Duse Mohammed Ali, 1866-1945）と出会い、彼の主催する『アフリカン・タイムズ・アンド・オリエント・レビュー（African Times and Orient Review）』に協力する中で、各地のイギリス領植民地の人々が直面する共通の問題に関する意識と認識を高めた。デューズ・モハメッドは、後にガーヴェイが発行する『黒人世界（Negro World）』の国際面担当として協力することになる。デューズ・モハメッドは、1911年にロンドンで第1回世界人種会議を主催したが、応じたのがデュボイスだけであった。この世界人種会議に関してデューズ・モハメッドは次の通り述べている。

　「世界人種会議は、帝国の内外に黒色、褐色、黄色の人々の目的、切望、意図を述べる汎オリエント、パンアフリカ的な定期刊行物の必要性があることを示し

た。」[Geiss：730]

　この結果として、『アフリカン・タイムズ・アンド・オリエント・レビュー』誌が月刊誌として1912年に創刊され、1919年まで発行された。『アフリカン・タイムズ・アンド・オリエント・レビュー』誌は、西アフリカ、エジプト、モロッコ、西インド、日本、中国、ペルシア、トルコ、さらに米国アフリカ系等について報じた。同誌は、世界的にも、"第三世界"系定期刊行物の先駆となった。ジャマイカにおいても、同誌が販売され、『ジャマイカ・タイムズ（Jamaica Times）』に記事が転載されることもあった。1913年10月には、同誌にガーヴェイが執筆した「文明の鏡にあるイギリス領西インド」と題する論稿が掲載された。この論稿は、ガーヴェイの反植民地主義的な傾向の強まりを示す論稿として重要なもので、次のように述べられていた。

　「私は、まもなく西インドの歴史の転換点が生じ、西半球に住む人々が何世紀もの間閉ざされてきた人々を結集させる契機となり、現在"北の帝国"が輝いているように、太陽が光り輝く帝国が生じるだろうと予言することを躊躇しない。」[Clarke：82]

　これらの予言は、ガーヴェイの植民地の人々の覚醒のプロセスを反映する考え方を示すものである。また、この論稿は、植民地主義との闘争を続けているアフリカ人とアフリカ系の人々の役割を無視することから、西インドの黒人たちを解き放つものであった。そして、この時期以後のガーヴェイの活動はアフリカ人およびディアスポラ状態にあるアフリカ系の人々の覚醒に向けられることになる。

　ガーヴェイはロンドンで、ブッカー・T・ワシントンの著書『奴隷より立ち上がりて』を読み、その印象を次のように語っている。

　「その時、そう言ってよいなら、人種の指導者としての自分の運命が分かりかけてきた。（中略）私は自問した。どこに黒人の政府があるのか。その王と王国はどこにあるのか。その大統領、国家、大使、軍隊、海軍、大実業家はどこにあるのか、と」[Jenkins：122]

　ガーヴェイのように熱烈で非妥協的な雄弁家に、ブラック・ナショナリズムに向けた最初のインスピレーションを与えたのが、「アトランタの妥協」の当事者であり穏健派と見なされていたブッカー・T・ワシントンであったということは皮肉なことである。ガーヴェイは、一般的には、既存の黒人指導者たちを、非常に低く評価している。「私は、愛煙家ではないが、たった二本の5セントの葉巻と交換に、というよりはむしろ誤った指導者たちをくれると言われても、決して交換することはしないだろう。彼らの言う友愛は、無情で、ずる賢く、腐敗している」[Jenkins：122] と述べている。

この表現はブッカー・T・ワシントンをも指すものと考えられるが、ガーヴェイはデュボイスらによって「アトランタの妥協」と批判されたブッカー・T・ワシントンへの傾倒を強め、黒人向け職能訓練施設としてのタスキーギ学院に関心を示す。

ガーヴェイのイギリス体験は、彼の思想に大きな変化をもたらすことになる。ガーヴェイは次のように述べている。

「西インド、南米、中米、そしてヨーロッパにおいて見てきたことだが、また読んだことだが、私は、黒人は世界の他のすべての人種や民族に蹴り続けられ続けてはならないと確信した。私の若く野心的な精神は、大きな想像の飛行を導いた。これまでに見、今は知っていることだが、黒人の新しい世界はもはや隷属民では、従僕でも、犬でも、奴隷でもなく、文明に印象付け、人類の上に新しい光をもたらす頑健な国民になる。私はもはやこれ以上ロンドンにとどまることはできない。私の頭脳は燃えている。征服すべき思想の世界がある。遅すぎるかもしれないが、私は出発しなければならなかった。直ちに私はサザンプトンで船に乗り、7月15日にジャマイカに到着した。」[Jacques 2014a：126]

(3) UNIAの結成と米国渡航

1914年6月8日、ガーヴェイはイギリスを離れ、同年7月15日にジャマイカに帰国した。ジャマイカ到着後ただちにガーヴェイは、8月1日に世界黒人地位改善協会 (UNIA：The Universal Negro Improvement Association and African Communities League) を設立した。8月1日は、イギリス領カリブ植民地において奴隷が解放された記念日であった。創設会合には、政府印刷所勤務以来の友人であったエノス・J・スローリー (Enos.J.Sloly, 生没年不詳) や、リチャード・A・スカーレット (Richard A.Scarlett, 生没年不詳)、W・A・キャンベル (W.A.Campbell, 生没年不詳) 等が参加した。事務所はチャールズ通りに設置され、議長にガーヴェイ、書記にアドリアン・A・デイリー (Adrian A Daily, 生没年不詳) が、また渉外担当書記には7月に知り合ったばかりで後に最初の妻となるエイミー・アシュウッド (Amy Ashwood, 1897-1969) が選出された。エイミー・アシュウッドとは1919年12月25日にニューヨークで結婚することになる。

UNIAの名称の由来についてガーヴェイは次のように述べている。

「サザンプトンからの船の中で西インド出身の黒人と話している時であった。彼はバストランドからバスト人の妻とととともに西インドに帰る途中であった。その時私はアフリカにおける土着民の誇りを学ぶことができた。彼は私の心を揺

るがすような恐るべき、哀れな話を語った。私は客室に戻って、彼の話を昼夜考え続け、UNIAの名称がすべての黒人の目的を包摂するであろうと考えた。」［Jacques：Ibid. 126］

　従って、UNIAの創設は、単にジャマイカ一国の経験に基づくものではなかった。要点は、19世紀末以降の帝国主義段階の植民地主義がアフリカ、カリブ、アジアにおいて非白人に対して文字通りに野蛮行為を働いており、この野蛮行為に対抗する運動がすべての植民地大衆の間に発展しつつあったことである。UNIAはこのプロセスに対する反応であった。ガーヴェイがUNIAを創設した時期は、第1次世界大戦への参加によって各地の黒人が急進化しつつあったという歴史的段階にあった。

　ガーヴェイは、1923年9月に発行された雑誌『現代歴史雑誌（Current History Magazine)』に掲載した「自己発見の旅」と題する論稿において、UNIA結成の目的について、「世界のすべての黒人を、彼ら自身の国と政府を確立するために、一体として結束させること」であったと語っている。［Clarke：74］

　UNIAが策定した10項目の一般的目的は次の通りであった。
○黒人種の間に世界的な友愛を確立すること。
○人種意識、誇り、愛を促進すること。
○黒人人種の堕落を矯正すること。
○アフリカの諸部族の文明化を支援すること。
○独立したアフリカ諸国家の帝国主義を強化すること。
○民族性に拘わらずすべての黒人の保護のために世界の主要国に委託者あるいは仲介者を確保すること。
○アフリカの土着部族の間に意識的なキリスト教信仰を促進すること。
○黒人の少年少女のさらなる教育および文化のために大学、専門学校、および中等学校を設立すること。
○世界的規模の商業上、および製造業における交流を推進すること。［Lewis 1988a：50］

　また、ジャマイカにおける6項目の目的は次の通りであった。
○少年少女の教育・文化の向上のための教育・職能訓練学校を設立すること。
○堕落した（特に犯罪者となった）人々を矯正し、良き市民になるのを支援すること。
○貧しい人々に奉仕し援助すること。
○商業と製造業を振興すること。

○全世界の友愛を促進して黒人種の兄弟的な絆と団結を強めること。
○国の発展に寄与すること。[Lewis：Ibid.51]

　従って、彼は"黒人のための中心的国家"の創立を主張したことを除けば、例えばターナー主教の目的と根本的に異なる提案を付加したわけではなかった。しかし、ガーヴェイを、他の先駆者たちから区別したものは、彼自身の強い魅力と、彼が生きていた時代に及ぼしたその強い影響力だった。

　UNIAの設立について、ガーヴェイは次のように述べている。

「UNIA = ACLは、社会的で、友好的で、人間的で、慈善的で、教育的で、制度的で、建設的で、拡大する社会であり、世界の黒人種の全般的な向上の働くために最大のことをしようと願う人々によって創設された。加盟員は、人間の兄弟愛と神の父性愛を常に信じつつ、この高貴な人種の諸権利を保護し、すべての人類の諸権利を尊重することを誓う。組織のモットーは、"一人の神、一つの目的、一つの運命"である。それ故に、すべての人類に正義を届け、強力な抑圧を弱め、混乱と不満が人の道を記さないよう、すべての者に向けた愛と信頼と慈しみを持って、平和と豊かさが世界に布告されるだろう、そして人間の諸世代が神の祝福を受けるだろう。」[Jacques 2014b：11]

　上記の諸目的や、UNIA設立に関する説明は、あまり理論的に練磨されたものには見えないが、ガーヴェイは植民地社会における運動に道義的な正統性を確保することを第一の目的としていたと言えるのではなかろうか。

　ガーヴェイはその当時、特に黒人のための職能教育機関の創設を重視していた。そのため、彼はブッカー・T・ワシントンが創設したタスキーギ学院を目標にしようとした。1915年4月12日に、ガーヴェイはブッカー・T・ワシントンに手紙を書き、5月から6月に訪米してタスキーギ学院を訪問する予定であると伝えて、援助を求めた。これに対してブッカー・T・ワシントンは4月27日付けで返書を送り、ガーヴェイの訪米中の支援を惜しまないと伝えた。しかし、ガーヴェイの訪米は延期され、一方ブッカー・T・ワシントンは1915年11月14日に死亡したため、ガイヴェイがブッカー・T・ワシントンに会う機会は失われた。ガーヴェイはブッカー・T・ワシントンの死後、1916年3月にワシントンに到着した。[Lewis 1988a：52]

5. 米国における黒人解放運動の開始

（1）世紀転換期の米国黒人情勢

　19世紀後半の米国の歴史的発展は、資本主義のめざましい躍進を基調としている。例えば、製造工業の分野では、1860年から1900年までのあいだに、生産高は19億ドルから130億ドルへと約7倍に、賃金労働者数は131万人から530万人と約4倍に、投下資本額は10億ドルから98億ドルへと約10倍に、それぞれ増加した。工業内部においても各種部門の順位が変化し、1860年には上位4部門がいずれも農業生産に直接依存したものだったが、1914年には鉄鋼が第2位、機械工業が第4位を占めるにいたった。また国際的な比較においても、米国の鉱業は1860年にはイギリス、フランスについで第3位、1870年にはイギリスについで第2位だったのが、1880年にはついにイギリスを凌駕して第1位になった。

　それとともに、1880年代を境に、米国は農業国から工業国に転換した。西漸運動によって絶えず西へ西へと移動してきたフロンティア・ラインが、ついには太平洋岸に達したのもこの頃で、1890年の第11回国勢調査においてその消滅が公式に表明された。米国のこうした経済発展において、南北戦争後の様々な諸要因は、例えば拡大された国内市場、効率的な保護関税、移民の増大による労働力の供給、外国資本の導入などとともに、特に建設部門の進展が大きな役割を果たした。鉄道の敷設距離は、1860年の鉄道網3万マイルに対し、80年には9万3000マイル、1900年には19万3000マイルになった。1869年には、セントラル・パシフィック＝ユニオン・パシフィックによる最初の大陸横断鉄道が完成した。

　こうして、米国の産業資本はこの時期に確立した。しかし、それと同時にこの国の資本主義経済は早くも独占化への強い傾斜を示し始めていた。1873年の経済恐慌は資本の蓄積・集中を促進し、その結果、1879年のスタンダード石油トラストの成立につづいて巨大トラストが多数形成され、米国資本主義は独占資本主義の段階に達しつつあった。1890年にはシャーマン反トラスト法が制定されたが、このような米国資本主義の構造変化を背景に、1898年のスペイン・キューバ・フィリピン戦争への介入を皮切りに、米国は世紀転換期頃から帝国主義的な対外政策を開始することになる。

　1877年2月の「ヘイズ・ティルデンの妥協」をこうした時代的背景の中において見ると、南部の民主的再建を挫折に導いた根源が何であったかが理解される。1876年11月の大統領選挙において共和党はラザフォード・B・ヘイズ（Rutheford Birchard Hayes, 1822-1893）を、民主党はサムエル・J・ティ

ルデン (Samuel Jones Tilden, 1814-1886) を大統領候補に立てて選挙に望んだが、開票の結果、ティルデンが一般投票で勝利をおさめた。しかし、共和党はサウスカロライナ州など4州で不正があったと主張して、ティルデンの当選を認めなかった。紛争の末、翌年2月下旬に両党間で政治的取引が成立し、共和党は当時までサウスカロライナ州とルイジアナ州に駐屯していた連邦軍を撤退させることを条件に、ヘイズの大統領当選を掌中にした。共和党は、南部を民主党の支配下に委ね、黒人の期待を完全に裏切ることによって、数年間続いてきた南部の再建運動を挫折させてしまった。これが「ヘイズ・ティルデンの妥協」である。重要なことは、この妥協の直後、1877年の夏から米国最初の全国的な鉄道大ストライキが大規模に展開され、このとき南部から連邦軍を完全に撤退させて南部の黒人を裏切ることによって政権の座についた共和党のヘイズ大統領が、その連邦軍を今度は直ちに労働者のストライキ弾圧のために差し向けたという事実である。つまり、彼は引いて黒人を切った刀で、続けて労働者を切りつけたのである。民主的再建の挫折後に黒人が直面しなければならなかった情勢は、このように厳しいものであった。黒人にとっての壁は北部の独占資本と南部のプランターとの連合支配によって一層その強靭さを増した。

民主的再建が南部の土地問題を構造的に処理することができず、そのため、その挫折過程で南部には旧奴隷所有者階級による新しい事態に即応した黒人搾取の基本的手段として、かつての奴隷制度に代わる分益小作制度が出現した。この制度はプランターの大土地所有を解体する代わりにそれを温存し、その一部を黒人や貧しい白人に借地させ、彼らを昔ながらの隷属状態に押しとどめておくことを目的にした前近代的な制度であった。

南部のプランターと手を握った北部の独占資本家は、こうした搾取制度を最大限に利用することを通じて新しい支配形態を見出した。同時に、南部において黒人をそのような状態にしておくことが、また、彼らにとっては、北部において低廉な黒人労働力を確保する道であり、さらに白人労働者の労働条件改善闘争を押しとどめる方法でもあった。この点で、北部の独占資本家と南部のプランターとの利益は一致したばかりでなく、北部の独占資本自体が、種々のかたちで直接に南部の黒人搾取に乗り出し、北部の資本家の中から同時に南部の土地所有者になる者も現れた。

しかし、黒人は、そうした事態を黙って見ていたのではなかった。南部の黒人の間には、かつてのユニオン・リーグの中に示された戦闘精神が蘇った。それは、1870年代から80年代初めにかけて彷彿と沸き起こっていたグレンジャー運動や緑背（グリーンバック）紙幣運動のあとを受けて、いわゆる人民党（PP：

People's Party）運動が全国的な規模で展開されるに及んで、その運動の重要な一環として具体化した。

　後に「ポピュリズム」の語源ともなった人民党運動は、1880年代に中西部や南部の農民を主体とした反独占の農民闘争として闘われたが、やがて北部の労働運動とも結びついて政治運動として発展し、1891年にはその中から共和党や民主党に対抗するものとして、かれら自身の政党である人民党（PP）が結成された。1892年の大統領選挙では第3勢力に躍進するなど、人民党運動は民衆による最も大規模な反独占運動であり、同時に共和、民主両党にたいする第3党運動として革新主義の先駆をなすものだった。人民党運動にはゴンパース派のAFIは別として、北部農民同盟、南部農民同盟、労働騎士団、統一炭鉱夫労働組合その他さまざまな組織が参加した。

　人民党運動は北部では北部農民連盟、南部では南部農民連盟を中心にして、闘いを推し進めた。多くの黒人が南部農民連盟を支持し、全国黒人農民同盟＝協同組合同盟を組織して、みずから人民党運動の陣列に参加した。この黒人組織は1886年12月にテキサス州のヒューストンで結成されたが、たちまち全南部に広がり、最盛期には125万人の黒人がこれに加盟した。名称には農民の文字が用いられてはいるものの、この組織は農民のほかに労働者も参加した当時の黒人の統一組織だった。こうした闘争を通じて、そこに見られた顕著な特徴の一つは、民主的再建の挫折過程に黒人と貧しい白人との間に生じた亀裂が回復してきたことである。黒人と貧しい白人は、共通の圧迫者を目の前にして再び連携し始めた。

　しかし、こうした情勢は、逆に独占資本家とプランターの連合勢力に、人民党運動の真の力の根源がどこにあるかを教えるとともに、これを取り除くために全精力を傾けさせることになった。黒人をなんとしても白人民衆から切り離し、黒人を白人よりも一段と低い地位に押しとどめること、独占資本家とプランターの連合支配戦力は、単に人民党運動を押し潰すという当面の目的のためだけではなく、そうすることが彼らの支配力を強固にし、同時に黒人からは一層多くの超過利潤を引き出せる確かな道であることを学びとったのである。

　1890年から20世紀初頭にかけて、ミシシッピ州を皮切りに南部諸州を席巻した黒人選挙権の剥奪は、こうして起こった。そのミシシッピ州では、憲法修正第15条に抵触しないように、黒人選挙権の剥奪は州憲法の中に「人頭税」や「読み書き試験」を導入することによって行われた。すなわち、有権者登録をする者は誰でも選挙係官に人頭税納入の受取りを見せ、また指示された州憲法や州法などの一部を読解しなければならなかった。その他の南部諸州も、これに類似した方法で黒人選挙権の剥奪を行った。こうして憲法修正第15条は現実に踏みにじられ、

それを要として黒人の政治的諸権利は大幅に削減されて、政治的差別が広範に行われるようになった。

　だが、この選挙権の剥奪は、その他一切の黒人差別の集中的な表現にすぎない。例えば、黒人の市民的自由について言えば、1882年に連邦最高裁判所が、「米国国民に与えられた色々な特権（公民権）はそもそも州の市民に備わるものであるから、これらは黒人の市民権付与を規定した憲法修正第14条の適用を受けない」として1875年の公民権法を否定して以来、南部諸州では交通機関、学校、レストラン、娯楽施設などにおける人種差別と隔離が、州法や市条例その他の法律によって法制化されていった。そして、こうしたことにとりわけ大きな役割を果たしたのが、1896年５月18日に連邦最高裁判所がルイジアナ州の列車内の黒人隔離に関して下した判決（プレッシー対ファーガソン事件）で、それは「隔離はしても平等」なら差別ではないとする有名な原理を確立したことによって、あらゆる人種差別に法的支柱を与え、これを背後から助長したのである。[本田：137-144]

　民主的再建の挫折を画した「ヘイズ・ティルデンの妥協」は、米国独占資本の成立過程の重要な一環として、世紀転換期に南部諸州で黒人差別を広く法制化したことの中に実を結んだ。しかし、ここで注意しなければならないことは、黒人差別制度（もしくは黒人差別主義）とは、黒人差別の個々の州法や市条例などの単なる集積ではないということである。

　事実、それらの黒人差別法の成立とその実施の陰には、多くの黒人の血が流された。「見えない帝国」として再建時代に公然と猛威をふるったKKKは、組織としては往時ほどではなくなっていたが、南部の全体的風土の中に定着し、白人優越＝黒人蔑視の人種的偏見を大々的に宣伝したばかりか、絶えず暴力を煽動して黒人迫害の先頭に立った。

　「ジム・クロウ」として知られるアメリカの黒人差別制度とは、こうした合法・非合法のあらゆる手段をもって、黒人を白人からはっきりと区別して第二級市民の地位に押しとどめ、そこに固定化することによって、独占段階に達した米国資本主義が、単に黒人を搾取するためばかりでなく、労働者階級全体を搾取するために作り出された法制的、イデオロギー的な米国の特殊な収奪体系である。「ジム・クロウ」とは、肌の色の相違に根ざす単なる人種的偏見の所産というようなものではない。従って、黒人差別制度の根幹が南部にあったとしても、それは、事態の推移とともに他地域にもすぐに波及し、特に黒人が南部の農村を離脱して北部の諸都市に移住し始めると、たとえ法制的には黒人差別がない地域においても、ジム・クロウは事実上どこでも広く行き渡るようになる。その後、北部

の諸都市にみられる雇用、住宅をはじめとするさまざまな黒人差別は、こうしたことの現れであった。

（2）黒人人口の移動

　南北戦争後、特に19世紀末以降、南部からの黒人の移動が活発化した。黒人の「大移動」は、北部の工場労働者の需要に応えるかたちで、1915～25年に起こったとされる。しかし実際には、1890-1910年の間に、既にかなりの人口が南部から北部あるいは西部に移動しており、その大部分は北部の都市へと移動した。この黒人人口の移動について、米国黒人史の研究者であるヴァーダーマン（James M.Vardarman）は、概略次のように述べている。

　具体的には1900年の時点でマンハッタンの黒人人口は3万6246人であったが1910年には6万666人に倍増した。1910-20年の間の10年間に、ニューヨークの黒人人口は66.3％増加し、シカゴでは148.2％増、ピッツバーグでは117.1％増、フィラデルフィアでは58.9％増、デトロイトではなんと611％増になった。黒人の移動先として、ほかに顕著なのはオクラホマ準州であった。また、カンザス州も急増した。前者についてはホームステッド法（1862年に連邦議会で成立した法律で、米国西部の入植者に保有地160エーカーを5年間農業用地として与えた）の影響が大きく、同法は奴隷廃止論のルーツとなった。1880年頃にカンザス州に移住した黒人の数はかなりの数に上ったので、彼らは聖書の「出エジプト」から名を借りて"大脱出者"と言われた。

　このように、黒人の南部から他地域への移動は、1865年に南北戦争が終わり、南部再建期になって南部白人が黒人への圧倒的に優位な立場を回復しようとした時期から、徐々に増加していった。すなわち、短期間に一気に南部を離れたのではなく、その規模が非常に大きなものであったので、「大移動」という名称が冠されることになったのである。

　しかし、最も重要な要因は、第1次世界大戦の勃発であった。1850年代から、ヨーロッパから大量の移民が流入し、1900年までには、経済成長にあわせて100万人以上の移民が北部の工場、、造船所、缶詰工場などで職を見つけた。ヨーロッパからの移民が労働者需要を満たしたので、南部黒人の出番はなかった。しかし、1914年にヨーロッパで第1次世界大戦が勃発すると、事態は急変した。ヨーロッパからの人の移動が止まってしまった。米国は1917年まで戦争に参加せず、ヨーロッパの同盟国に商品と軍用品を供給していた。そのためにも労働力が必要であった。

　戦時期の労働需要は、劇的に黒人の労働パターンに変化を与えた。1910年に

5. 米国における黒人解放運動の開始

シカゴ在住の黒人男性の51％は非熟練労働に携わっていた。しかし、1920年までに、その数は半減した。1910年に缶詰工場で働いていた黒人は67人にすぎなかったが、1920年には約3000人までふくれ上がった。ヨーロッパからの移民労働者が完全にいなくなった訳ではなかったが、白人の労働者が徴兵されて職場を離れていったことも手伝って、黒人労働者がその代替として雇用されるようになっていった。ヨーロッパからの移民は、1910～14年には年間100万人を超えていたが、1915～20年には10万人台に低下した。その結果、黒人雇用が増加し、1916～18年の間だけでも、約40万人の黒人がデトロイト（自動車メーカー）、ピッツバーグ（鉄鋼産業）、ニューヨーク（多様な職種）、シカゴ（屠殺場と鉄道）へと吸収されていった。1920年代には、87万2000人が北部へ移動した。

しかし、新来者としての南部黒人は、北部に既に移り住んでいた黒人から諸手を挙げて歓迎された訳ではなかった。旧来黒人にとって、新来黒人は洗練されていない、無教育で迷信深い人間に思えた。かつてそう思われていたであろうステレオタイプを、彼らは必至の思いで変えようと努力してきた。そこに新来黒人がやってきて過去の自分たちの姿を鏡のように見せつけられ、なんともやりきれない気持ちになったのかもしれない。

一方で、新来の黒人移住者たちに支援の手をさしのべる団体もあった、ニューヨークには1911年に「全米都市連盟」が設立され、シカゴにも1917年に「シカゴ都市連盟」が設立された。[Vardarman：158-164]

南部農村からの黒人の離脱、北部の大都市への移住は、第1次世界大戦を通じて飛躍的に増大し、戦後経済の活況はこれに拍車をかけた。これらの黒人の数は正確にはつかみにくいが、ルイス・ハッカーは1914-17年の時期だけで40万人という数字をあげ、またジェームズ・アレンは1910-30年の時期に、南部のブラック・ベルトから流出した黒人だけで、100万人以上にのぼると推定している。同時に、この頃には南部内部においても黒人の都市への移住が始まって、ブラック・ベルトは今や大都市の工場に安価な労働力を補給する兵站基地としての役割を受け持つことになった。こうして、特に北部の大都市を中心に、ようやく黒人の中にも労働者階級が形成され始めた。

このような事態の推移は、都市の黒人たちに、これまで彼らが知らなかった問題を投げかけた。なによりも、かれらは都会の生活に慣れていなかった。買い物一つにしても、以前とは全く勝手がちがっていた。しかも、彼らを待っていたものは、南部と殆ど変わらない差別待遇である。賃金は安く、住居もゲットーと呼ばれる隔離された貧民街の一区域に押し込められた。激しい抵抗心と同時に、不安と焦燥の念が、彼らの間にみなぎっていた。しかも、彼らの中には、第1次世

界大戦で勇敢に戦い、戦場においてさえ自国の差別待遇の苦渋をいやというほど味わわされるとともに、他方ではフランスをはじめ同盟軍である他国の将兵から初めて人間としての扱いを受けて、ますます人種差別制度に対する反感を強めて復員してきた帰還兵士も数多く混じっていた。

1919年の夏を頂点として、その頃各地に頻発した大規模な人種暴動は、こうした社会的背景を持っていた。就中、この年の7月27日にシカゴで起こった人種暴動は最大のものであった。発端はミシガン湖に泳ぎにきていたユージン・ウィアムズという17歳の黒人の若者が、白人群衆から投石の雨を浴びて溺死させられたという事件であった。それが、たちまち全市を震撼させた13日間にもおよぶ人種戦争と化し、白人15人、黒人23人が殺され、ほかに白人178人、黒人342人が傷つき、数百軒の家屋（その大半が黒人家屋）が焼き払われるという結果になったのは、この事件が牛肉缶詰工場で新しく組織された労働組合弾圧に利用された。

このような人種暴動の発生の背景として、第1次世界大戦に従軍した黒人兵の帰国が影響した。彼らは帰国後、失業に直面しただけでなく、白人からのあらゆる種類の差別・迫害を受け、さらに1915年にKKKが再建され、白人からのリンチが増加したため、人種意識に覚醒した黒人側から、場合によっては白人社会に対して反撃が行われるようになり、事態を悪化させた面もある。これは黒人が米国社会の中で周縁化されていたという事態を反映していたと言える。1917年から19年までの間に人種暴動が多発したが、特に1919年には5月10日から10月1日までに、右記のような34件の人種暴動事件が発生した。リンチで殺害された黒人は、1917年に36人、1918年に60人、1919年に76人、1920年から22年の間は50人前後で推移した。

このように、7～8月には14州で21件も人種暴動事件が生じるなど、全国黒人地位向上協会（NAACP）の書記であった著作家のジェイムズ・ウェルドン・ジョンソン（James Weldon Johnson, 1871-1938）が「赤い夏」という言葉で表現した。

南部から北部への黒人人口の移動と都市化、そしてその結果としての諸現象を背景として、特に1910年代には米国のアフリカ系の人々の意識に大きな変化が生まれ、黒人意識の覚醒が生じた。その表現は政治的運動やハーレム・ルネッサンスのような文化面にも現れた。

（3）タスキーギ運動

米国における黒人解放運動の先駆となったのは、（次節で触れる）ナイアガラ運動であったが、それはこれまで述べてきたような黒人差別制度に対する抵抗運

5．米国における黒人解放運動の開始

〈1919年「赤い夏」に発生した人種暴動事件〉

日　付	発生場所
5月10日	サウスカロライナ州チャールストン
同　日	ジョージア州シルベスター
5月29日	ジョージア州パットナム郡
5月31日	ミシシッピ州モンティチェロ
6月13日	コネチカット州ニューロンドン
同　日	テネシー州メンフィス
同　日	ミシシッピ州メイコン
6月27日	メリーランド州メイコン
7月3日	アリゾナ州ビスビー
7月5日	ペンシルバニア州スクラントン
7月6日	ジョージア州ダブリン
7月7日	ペンシルバニア州フィラデルフィア
7月8日	ペンシルバニア州コーツヴィル
7月9日	アラバマ州タスカルーサ
7月10日	テキサス州ロングビュー
7月11日	メリーランド州バルチモア
7月15日	テキサス州ポートアーサー
7月19日	ワシントンD.C.
7月21日	ヴァージニア州ノーフォーク
7月23日	ルイジアナ州ニューオーリンズ
同　日	ペンシルバニア州ダービー
7月26日	アラバマ州ホブソンシティ
7月27日	イリノイ州シカゴ
7月28日	サウスカロライナ州ニューベリー
7月31日	イリノイ州ブルーミントン
同　日	ニューヨーク州シラキーズ
同　日	ペンシルバニア州フィラデルフィア
8月4日	ミシシッピ州ハッティズバーグ
8月6日	テキサス州デクサーカナ
8月21日	ニューヨーク州ニューヨーク市
8月29日	ジョージア州オクモルギー
8月30日	テネシー州ノックスビル
9月28日	ネブラスカ州オマハ
10月1日	アーカンソー州エレイン

(出典：New York Times Oct. 5, 1919)

動として、20世紀初頭の数年間に戦闘的な少数の黒人知識人によって開始された人種差別撤廃闘争である。しかし、この運動を引き起こした直接的契機は、この頃になってようやくその数を増してきていた黒人知識人の間にみられる黒人解放に関する基本的な考え方の相違であった。この相異なる考え方を代表する指導的人物として、ブッカー・T・ワシントン（Booker Taliaferro Washington, 1856-1915）とW・E・B・デュボイス（William Edward Burghardt Du Bois, 1868-1963）の二人を挙げることができる。

1881年にはアラバマ州のタスキーギに黒人の職業教育のための職能訓練学校を創設し、みずから学長になったブッカー・T・ワシントンは、黒人の地位や境遇の改善には黒人自身がまず腕を磨いて技能を身につけ、産業社会で白人と友情の絆を深めながら一歩一歩努力していくことが一番大切だと考えた。そこから、やがて徳性ある黒人の中産階層が生まれ出るであろう。そうすれば白人も黒人の立場を尊重しなければならなくなる。だから、彼は、こうした足元の努力を怠って、やたらに黒人差別の廃止を要求するやり方には反対だった。ブッカー・T・ワシントンのこの考えは彼の非政治主義となり、例えば前出の人民党運動に見られる黒人の闘いも、彼の目には白人の反黒人感情をいたずらに刺激するものとしか映らなかった。

Booker Taliaferro Washington

ブッカー・T・ワシントンは、1856年にバーヴァニア州西部で奴隷の子として生まれ、奴隷解放後は貧しい両親を助けて子供のうちから製塩所や炭坑で働いた。向学心やみがたく、夜間の初等教育を経て、初めて黒人のための職能教育を中心とする高等教育を始めたハンプトン学院に入学し、名家の給仕をして働きながら、抜群の成績で卒業した。彼は、黒人教育に布教活動の方法を用いて南部白人との友好を図っていたハンプトン学院で、人種の枠を越えた民主主義確立を試みた南部の再建が失敗した理由は、経済的な側面や自立よりも、政治的な側面や市民権諸法に力点が置かれた再建政策にあったことにあると学んだ。

故郷の学校で教鞭を執った後、ブッカー・T・ワシントンはバプティスト派の神学校と弁護士事務所で学んだが、黒人の選挙権剥奪と社会の世俗化が進む中で、弁護士や聖職者の職業に就くことが黒人指導者になる基盤としては脆弱になりつつあるを察して、これらの職を放棄した。その後、彼はハンプトン学

院に戻って2年間教鞭を執り、1881年にアラバマ州にタスキーギ学院（職能教育学校）を創設した。ハンプトン学院の教育方法を模倣しながらも、特に熟練を要する技術の習得を重視することによって、その後の四半世紀の間にタスキーギ学院をハンプトンに匹敵するほどの職能教育機関に築き上げた。[Franklin 1982=2005：15]

　タスキーギ学院の開校の日、学生はわずか30人であったが、彼は黒人たちに職能教育を与えて堅実な中間階層を育てることが、黒人の地位向上のための最良の方法であると信じ、全力をあげて学校発展に尽力した。彼は学生とともに校舎を新築し、農場を買い取って、食糧を作ったり、家畜を飼ったり、その他印刷、縫工、製靴、看護、家政など各方面に部門を広げた。頭と心と、特に手を教育することが主な目的であり、それを通して社会に奉仕するように希望した。この考え方は、たちまち各地の有識者の共感を呼んだ。彼自身も拡張資金調達のため北部各地に講演旅行を続けたが、全国からも資金、食糧、衣類などの援助が続々と寄せられた。

　さらにブッカー・T・ワシントンは、教育と学校建設の領域を超えて、指導者として権力を掌握しようとした。ブッカー・T・ワシントンは、1895年9月にアトランタで開かれた綿花博覧会の席上、何人かの白人知識人に混じって、黒人代表として講演する機会を与えられた。このとき、彼の心をとらえていたのは、「白人と黒人とのあいだの友情を固く結びつけ、心からの協力を生み出す何か重大なことを話したいという願い」だった。その「何か重大なこと」が、「現在位置でバケツを下ろせ」という教訓として語られたのである。「われわれ黒人の中には見知らぬ土地で自分たちの境遇がよくなることを当てにしている者や、隣近所の人達である南部の白人との間に友愛関係を培うことの重要性を軽視する者がいるが、私は彼らに現在の場所でバケツを下ろせと言いたい。農業、機械技術、商業、家政その他の専門職業に各自のバケツを下ろしなさい」。ブッカー・T・ワシントンは、黒人に向かってこう教えた。他方、白人に対しては、「ストライキもやらず、労働戦争も行わず、あなた方の田畑を耕し、森林を開拓し、あなた方の鉄道や都市を建設し、また大地の中から財宝を掘り出し、南部の進歩に大きな役割を果たしてきた黒人たちの中にバケツを下ろしなさい」と要請した。

　当時、人民党運動に悩まされていた支配階級が、この講演の中に大きな光明を見出した。講演が終わるとジョージア州のバロック知事が走るようにやってきて、ブッカー・T・ワシントンと固い握手を交わした。数日後、グローヴァー・クリーブランド（Stephen Grover Cleveland, 1837-1908）大統領も、この講演を称える親書を送り、一夕、彼をホワイトハウスに招いて食事をともにし

た。同大統領は、その後たびたびワシントンに会って援助を約束した。ウィリアム・マッキンレー大統領（William Mackinley, 1843-1901）はタスキーギ学院を訪問して激励し、セオドア・ローズベルト大統領（Theodore Roosevelt, 1858-1919）も同学院を訪問し、ホワイトハウスにブッカー・T・ワシントンを招待して食事をともにするという待遇で報いて、ブッカー・T・ワシントンの主張に賛意を表明した。またアンドルー・カーネギー（Andrew Carnegie, 1835-1919）が彼の教育事業に60万ドルの寄付金を出したのをはじめ、スタンダード石油のH・H・ロジャーズ（Henry Huttleston Rogers, 1840-1909）などの財界の巨頭たちも物心両面からブッカー・T・ワシントンの事業に支援の手を差し伸べた。こうして、ワシントンは1896年にはハーバード大学から、1901年にはダートマス大学から名誉教授を授けられ、「もっとも偉大な黒人」として白人社会から手厚い待遇を受けた。

しかし、デトロイトの一新聞さえ「アトランタの博物館にはテネシー州のリンチも南部の特産物として出品されるべきであった」と書いたほどで、デュボイスをはじめとする急進的な黒人知識人は、ブッカー・T・ワシントンの教義の中に黒人解放への大きな危険と障害とを見てとり、彼の講演を「アトランタの妥協」と決めつけ反発した。また、実際には、黒人の実業はブッカー・T・ワシントンの理想とははるかに遠く、レストラン、美容院、理髪店、葬儀屋など、白人との分離によって成功しているものに止まり、中産階層発展の基盤はあまりに脆弱であった。しかし、タスキーギ運動（ブッカー・T・ワシントンの教義とそれにもとづいた黒人解放運動）は黒人指導方式の一つとしてその後も長く継承された。ブッカー・T・ワシントンは、第1次世界大戦中の1915年11月14日に49歳で没した。

（4）ナイアガラ運動

W・E・B・デュボイスは、南部再建運動の最中の1868年にマサチュセッツ州のグレートバリントンで、アフリカ系だけでなく、フランス系、オランダ系の祖先ももつ自由黒人の子として生まれた。南部の黒人大学であるフィクス大学を経てハーバード大学を卒業、そしてベルリン大学にも2年間学び、アトランタ大学で歴史学と経済学を講義するかたわら、各種の論文を執筆し、1903年には黒人問題に関する社会学的研究書ともいうべき『黒人の魂』を発表して好評を得た。この書は、ブッカー・T・ワシントンの教義に対するアンチ・テーゼともいうべきものであった。

デュボイスはこの書の中で、黒人解放運動の中核は少数のすぐれた黒人知識人

によって推し進められるべきであるとする、いわゆる「才能ある十分の一」理論を展開した。この理論は、その後も、しばらくデュボイスの信条であったばかりでなく、彼の指導した黒人解放運動が中産階級的な急進主義として展開し、その枠をなかなか突き破ることができなかったことに大きく作用した。彼がこうした理論と訣別したのは、後年になってからのことである。

William Edward Burghardt Du Bois

ブッカー・T・ワシントンとデュボイスの対立により、黒人指導者が分裂することを恐れた人々によって、1904年にニューヨークのカーネギー・ホールで秘密裡に両者の和解のための会合が開かれた。2人は歩み寄って協力を約束しあい、「黒人向上12人会」が結成された。しかし、この和解は同年のうちに崩れ去った。その後数年間、両者は機会あるごとに激しく対立した。両者の対立は、黒人解放のための二つの戦術の対立であり、完全な市民権を求める戦闘的な抗議と闘争か、それとも宥和と退却か、という対立であった。

また、この時期は、黒人の南部での人種間対立の悪化や、黒人の南部から北部への移動の結果として、人種間抗争が激化した時期であった。1900年にはニューヨーク史上4番目といわれる大きな人種暴動が発生、1904年にはオハイオ州スプリングフィールドで1人の黒人が電柱に吊り上げられ小銃弾で穴だらけにされる事件が発生、同年ジョージア州ステイツボローでは2人の黒人がリンチにあい、さらに黒人女性2人が鞭打たれ、若い夫婦の夫が殺害される事件が発生、1906年9月にはジョージア州アトランタで黒人を追い回す暴徒が暴れて黒人12人が殺害され、780人が重軽傷を負うという米国人種暴動の中で最悪の一つとなる事件が勃発した。1908年にはインディアナ州のグリーンスバーグで多くの黒人が町を追われ、同年イリノイ州のスプリングフィールドでは両人種が衝突し、白人4人、黒人2人が殺害され、警察は200人以上を拘留したが、白人で処罰された者は1人もいなかった。特に、この事件は各方面に大きな衝撃を与え、新聞や雑誌に多くの批判が掲載され、黒人の完全平等を求める主張が強まった。

タスキーギ運動には、デュボイスばかりでなく、意識ある黒人の側からの強い反対が高まっていた。早くも1896年には全国黒人地位協会や全国黒人夫人協会が結成されたが、1899年にはアフロ・アメリカ会議が組織されて、リンチの撲滅ならびに憲法修正第13条、第14条、第15条の無条件実施を要求した。こうした組織

はいずれも短命に終わったが、その活動にはタスキーギ運動に対する反対と同時に、マッキンリー大統領やセオドア・ローズヴェルト大統領の帝国主義的対外政策にたいする反対がはっきりと表明されていた。

　これが、ナイアガラ運動を生み出した黒人側の事情であった。デュボイスをはじめ、ボストンの黒人新聞『ボストン・ガーディアン』によって黒人差別撤廃活動をつづけていたウィリアム・モンロー・トロッター（William Monroe Trotter, 1872-1934）、ジョージ・フォーブス（Goerge Forbes, 1869-1947）ら29人の急進的な黒人知識人が、1905年7月にナイアガラ瀑布付近のカナダ領フォートエリーに集まって第1回目の会合を開いた。この地は、かつての地下鉄道の終着駅として、多くの逃亡奴隷たちが安堵の息をついた歴史的な場所である。いわゆる『ナイアガラ宣言』は、この時、この場所で採択された。この宣言は、一切の黒人差別に反対し、「不屈の精神をもって絶えず世論を喚起することこそ解放への道である」と、黒人を差別撤廃闘争に立ち上がらせるよう呼びかけた黒人の権利宣言だった。続いて翌年、1906年8月には、かつて1859年にジョン・ブラウン（John Brown, 1800-1859）が蜂起したウェスト・ヴァージニア州ジェファーソン郡のハーパーズフェリーを集合地に選び、第2回目の会合が開催された。約100人の参会者は、夜明け方、ブラウンが最後まで踏みとどまった兵器庫まで行進し、その霊を慰めた後、次の決議を採択した。

一、われわれは完全なる人権を、今ただちに要求する。
一、公共施設における差別待遇の撤廃を要求する。
一、われわれと交際したいと希望する人と交際し得る権利を要求する。
一、われわれは貧者のみならず金持に対しても、労働者のみならず資本家に対しても、黒人のみならず白人に対しても、十分な効力のある法律の制定を要求する。
一、われわれの子供に教育を要求する。

　ナイアガラ運動の精神は、このように気高くかつ戦闘的だったが、この運動はこの時期のデュボイスの思想からもうかがえるように、ついに大衆運動に発展することなく僅か4年でその活動を停止した。資金の不足も災いしたが、現実の行動綱領と、それを具体化するための組織活動を欠いていたことが、最大の弱さだった。それにも拘わらず、この運動は黒人差別制度についての関心を黒人の間だけでなく、広く白人の間にも喚起し、続いて組織された全国黒人地位向上協会（NAACP：National Association for the Advancement of Colored People）の中に引き継がれることによって、近代黒人解放運動の先駆としての歴史的役割を果たした。

5．米国における黒人解放運動の開始

　NAACP の結成は、直接的には1908年にイリノイ州のスプリングフィールドで起こった大規模な人種暴動に端を発している。この人種暴動が当時、「全国を震撼させた」大きな理由は、白人の暴挙に対して黒人が同じく暴力に訴えて激しい抵抗を試みたことである。このときの模様は、その後まもなく、現地でこの暴動を取材したウィリアム・E・ウォーリング（William English Walling, 1877-1936）によって広く世間に報じられた。彼自身南部人だったが、ウォーリングは、その中で、その頃あちこちで盛んに行われていたリンチや人種暴動の悲劇をこれ以上繰り返させないためには、黒人に政治的、市民的自由を保障し、こうした悲劇の根源を取り除くために努力する組織がどうしても必要であることを強く訴えたのである。社会事業家のメリー・W・オヴィングトン（Mary White Ovington, 1865-1951）やヘンリー・モスコヴィッチ（Henry Moskowitz, 1879-1936）、それにかつての奴隷制廃止主義者ギャリソンの孫のオズワルド・ヴィラード（Oswald Garrison Villard, 1872-1949）などの知名人が、ただちにウォーリングの訴えに耳を傾けた。

　彼らは、リンカーン大統領の生誕100年にあたる翌年の1909年2月12日を期して、ウォーリングの訴えを具体化し、黒人の問題を討議する会議を開くことを決定して、著名な白人自由主義者と数名の黒人を含む53人からなる署名簿とともに、これを広く発表した。白人に懐疑的だった『ボストン・ガーディアン』紙編集長のトロッター（William Monroe Trotter, 1872-1934）は参加しなかったが、デュボイスは署名簿に名前を連ねただけでなく、積極的にこの組織活動に加わった。こうして、その年の5月にニューヨークで開かれた集まりで全国黒人委員会が結成され、続いて1年後の1910年5月にやはりニューヨークで開かれた第2回年次大会で、ナイアガラ運動のグループが合流し、NAACP の名称が決定された。

　NAACP は、かつての共和党急進派のチャールズ・サムナー（Charles Sumner, 1811-1874）のもとで秘書をつとめ、のちに米国弁護士協会の会長にもなったモアフィールド・ストーリー（Moorfield Storey, 1845-1929）を会長に、ウォーリングを執行委員会議長に、デュボイスを広報調査部長に選出し、さらに機関誌として『危機（Crisis）』を発行した。デュボイスは協会の役職についたただ一人の黒人だった。NAACP は、デュボイスをこの地位につけることによって、ナイアガラ運動が開始した政治経験と戦闘精神とを、多少とも承認する形をとった。NAACP は、この国の黒人たちに市民的諸権利、特に裁判の公正を保障し、あわせて経済的、社会的、政治的機会を確保して、彼らの地位を向上させることを基本目的にした。NAACP は、その具体的活動としてはリンチ

や人種暴動の反対闘争で大きな成果をおさめた。このため、1910年以降急速にリンチの数は減少し始めた。機関誌『危機』の発行部数も創刊以来毎号４万部に近くなり、種々の評論家や文学者を育てる母胎となった。

　しかしNAACPは、白人の自由主義的知識人を中核にしていたため、厳しい抵抗精神は次第に薄れて、紳士的漸進主義へと変わっていった。1934年にはついにデュボイス自身がこの協会から去らねばならないことになる。

　そうした軟化傾向にたいして、最初のうちはNAACPに敵意さえ示し、もっぱらブッカー・T・ワシントンの運動を支持してきた資本家の中からも、秋波を送る者が現れた。マコーミック夫人（Nancy Fowler McCormick, 1835-1923）やハーヴェイ・ファイヤストン（Harvey Samuel Firestone, 1868-1938）などが、そうであった。NAACPが結成当時の精神を再発見し、今度は広く黒人大衆とも手をとりあって黒人差別撤廃闘争で指導的役割を果たすようになるのは、第２次世界大戦になってからのことである。

　NAACPがリンチ反対運動や法廷での黒人差別撤廃闘争に精力を傾けていた頃も、南部農村からの黒人の離脱は進行し、とくに北部の大都市に多数の黒人が集まってくると、黒人の都市生活の問題に解決の手をさしのべなければならない状態が急速に現れてきた。NAACPに代わって、こうした要請に、多少ともこたえることができたのが、NAACPより少し遅れて結成された全国都市同盟（NUL：National Urban League）である。

　1911年にこのNULが結成されたのは、ひとつには成立当初のNAACPの政治路線に対する反発からだった。ブッカー・T・ワシントンに組みした黒人指導者たちと彼らを支持した人々は、NAACPよりもっと穏健な組織を欲していた。NULの初代議長に選ばれたボールドウィン夫人（Ruth Standish Baldwin, 鉄道家 William Henry Baldwin Jr. の妻、生没年不詳）は、結成大会の席上、この組織の目的について、こう語った、「私たちは、黒人として、また白人として、どちらかの仲間だけの狭い利益のために働くのではなく、米国市民として一緒に手をつなぎあって、私たちの共通の都市・共通の国の全体の福祉のために奉仕しようではありませんか」。２年後にはブッカー・T・ワシントンもNULに加わり、何年も経たないうちに全国に数十ヶ所の支部をもつほど発展した。「黒人のために仕事を、より多くの仕事を、そしてよりよき仕事を」をモットーとし、地味ではあるが、着実な効果を上げることに成功した。この同盟の機関誌『オポチュニティ（Opportunity）』は『危機』に劣らぬほどの役割を果たした。

　NAACPが黒人解放運動の系譜としてナイアガラ運動に属したとすれば、NULはタスキーギ運動に属した。NULは政治行動を排して、社会改良的な綱

領の下に、黒人の生活実績調査を行い、職業教育の振興や保健衛生思想の普及につとめた。NAACPもNULも、ともに白人の自由主義者と黒人との共同組織だったことに変わりはないが、後者にはどちらかといえば慈善団体的な色彩さえ見受けられた。

(5) ハーレム・ルネッサンス

　19世紀末から始まった南部から北部や北西部への黒人人口の移動や、タスキーギ運動やナイアガラ運動の発生のような黒人の政治的意識の高まりは、黒人の全般的な意識覚醒に次第に影響を与えていった。特に、1910年代末にニューヨーク市内の黒人集住地となったハーレムを中心に「ニュー・ニグロ運動」とも呼ばれる黒人の意識変革運動が生じ、文芸・音楽等の分野に「ハーレム・ルネッサンス」を発生させた。マンハッタンの北部にあるハーレムには19世紀末から米国国内のアフリカ系の人々やカリブ諸島から職を求めて到来したアフリカ系の人々が集住するようになり、20世紀の最初の10年間にニューヨークから電車と地下鉄が延長されたため、商業地域や住宅地域として急速な発展を遂げて黒人の集住地域となり、1920年にはその人口が17万5000人に達していた。

　ハーレムには黒人系の文化人が多く住むようになり、「ニグロ・ルネッサンス」とも呼ばれる「ハーレム・ルネッサンス」を生じさせた。「ハーレム・ルネッサンス」は、米国やカリブ諸島生まれの黒人の芸術家や知識人たちによる著述、音楽、社会批評が噴出した現象を指す。「ハーレム・ルネッサンス」は1920年代に最盛期を迎えたが、厳密には1917年から1935年まで継続した。1935年にハーレム暴動が発生した時期に、「ハーレム・ルネッサンス」は終焉した。

　「ハーレム・ルネッサンス」を精神的に象徴する著作はアラン・ロック (Alain Leroy Locke, 1885–1954) が1925年に出版したアンソロジー『ニュー・ニグロ (The New Negro)』であった。この中でロックは、服従と忍耐の古い殻に閉じ込められた黒人を、白人と対等な地位に引き上げ、自由を胸いっぱい吸い込んでいる逞しい姿として新しい黒人のタイプを表現した。

　1917年には、演劇面で「黒人演劇の3幕 (Three Plays for a Negro Theatre)」と題された白人劇作家リジニー・トレンス (Ridgely Torrence, 1874-1950) が執筆した黒人俳優による演劇が上演されたが、俳優は黒人であったとはいえ、白人劇作家の作品なので、「ハーレム・ルネッサンス」に含めるべきかに関しては両論がある。その意味では、「ハーレム急進主義の父」と呼ばれたヒューバート・ハリソン (Hubert Harrison, 1883-1927) が政治グループ「自由同盟 (Liverty League)」を結成し、機関誌『声 (The Voice)』を発行

し、「ニュー・ニグロ運動」の先端を切ったことを「ハーレム・ルネッサンス」の先駆と見るべきであろう。『声』は政治問題だけを取り上げたのではなく、詩の欄や書評欄を持っていた。

「ハーレム・ルネッサンス」に特徴的なことは、ミンストレル・ショー(注1)の克服であった。即ち、白人が黒人に扮して黒人をステレオタイプ的で見くびったやり方で風刺したミンストレル・ショーは、白人による黒人に対する侮蔑と差別を表現する典型的な黒人差別であり、これを克服していくことが、黒人の意識変革につながると考えられた。ミンストレル・ショーが1910年代に終焉したことには、「ハーレム・ルネッサンス」が果たした役割が大きかったと評価される。「ハーレム・ルネッサンス」こそが、ミンストレル・ショーの仮面の中に宿る否定的精神が米国の国民的精神を形作ることを阻止した。

従って、「ハーレム・ルネッサンス」に属するすべての作家は、仮面とともにミンストレル・ショーの重要要素であった方言の使用はタブーであるという一つの決まりに同意していた。彼らは、方言の伝統それ自体ではなく、そのような伝統が課すところの文学的および話題上の制限に反対していたのであった。彼らは、歯をむき出して笑うとか、しかめ面をするとかいうありふれた性格の持ち主で、その英語は、風変りでおもしろく、笑ったり、怒ったりするといったように黒人を漫画的に描く黒人表現の流儀を、黒人差別の典型であるとして葬り去るべきだと考えた。

また、「ハーレム・ルネッサンス」の作家たちは、経済的な報酬や白人の反応に無関心であった。さらに、何にもまして自分流で自分自身の感情を表現することに関心を示した。詩の世界では、3人の詩人が登場した。クロード・マッケイ（Claude McKay, 1889-1948）、ラングストン・ヒューズ（Languston Hughes, 1902-1967）、カウンティ・カレン（Countee Cullen, 1903-1946）の3人で、いずれも最高の白人現代詩人と比較された。

マッケイはジャマイカ生まれで、米国渡航後にブッカー・T・ワシントンのタスキーギ学院で学んだものの、同学院の穏健で妥協的な性格に飽き足らずに中退して社会主義者となり、1922年に「ハーレムの影法師（Harlem Shadows）」を出版、社会的抗議の詩、例えば「リンチ（Lynch）」、「もし死ななければならないなら（If I Must Die）」などで知られた。ヒューズは小説も書いたが、彼が1930年に執筆した長編小説「笑いなきにあらず（Not Without Laughter）」は、「ニグロ・ルネッサンス」の一つの集約として評され、1930年代以降に大きな影響を残した。カレンは、1925年に執筆した「カラー（Color）」や1929年に執筆した「黒いキリスト（Black Christ）」など、深い苦悩と焦燥を表して黒人たち

の共感を得た。

　小説の分野では、ジェシー・フォーセット（Jessie Faucet, 1882-1961）、ジーン・トゥーマー（Jean Toomer, 1894-1967）、ルドルフ・フィッシャー（Rudolph Fisher, 1897-1934）の3人が卓越していた。フォーセットは小説の中で人種差別を題材にし、教育を受けた中間層の尊敬すべき黒人を登場人物とした『混乱している（There is Confusion）』を処女作として登場した。トゥーマーの作品『さとうきび（Cane）』は多くの批評家によって「ニグロ・ルネッサンス」の中の最高傑作だと評価された。トゥーマーの散文は、彼の詩と同様、主題が黒人であったにも拘わらず、深く人間の心の琴線に触れた。フィッシャーは、ハーレムについて書いたが故に、「ニグロ・ルネッサンス」の典型であった。彼は『ジェリコの壁（The Walls of Jericho）』の中で、様々な角度から黒人のニューヨークを提示した。

　演劇では、ウィリス・リチャードソン（Willis Richardson, 1889-1977）が現われたが、方言を用いたため、黒人の聴衆には歓迎されなかった。寧ろ、ユージン・オニール（Eugene O'Neil, 1888-1953）やポール・グリーン（Paul Green）のような優れた白人劇作家による一連の黒人問題劇が評価を受けた。

　音楽の分野では、南北戦争後の数十年間に黒人は、船乗りのはやし歌、民衆歌謡、囚人労働歌、鉄道歌、ハンマー・ソングなどの音楽を生み出したが、世紀転換期に黒人の労働歌は主題が修正され、ラグタイムが生まれた。第1次世界大戦後の10年間に、その後「ジャズ」と呼ばれることになるラグタイムが確立された。ナイトクラブやキャバレーで、白人の音楽家は、黒人の「ジャズ」創始者の音楽を熱心に聞き、彼ら自身のバンドの結成に着手した。白人のこの新しい音楽への動きは、1924年に頂点に達した。同年、ポール・ホワイトマン（Paul Whiteman, 1890-1967）がクラシック・ジャズのコンサートを開いた。1925年には、「ジャズ」はレオポルド・ストコウスキー（Leopold Stokowski, 1882-1977）とセルゲー・コウセヴィッキー（Serge Koussevizky, 1874-1951）のようなクラシック音楽界の権威から高い称賛を得た。作曲家や演奏家としてはルイ・アームストロング（Louis Armstrong, 1901-1971）、L・ハンプトン（Lionel Hampton, 1908-2002）、C・クリスチャン（Chrlie Christian, 1916-1942）などが知られた。

　舞踊界でも、音楽界と同様に黒人の影響は顕著であった。19世紀のプランテーションでのダンスは、顔を黒く塗った芸人が、農耕奴隷が歌った歌を口ずさみ、一連の特殊な身体を揺らすダンスで、調子を合わせて踊る黒人ミンストレル・ショーの先駆であったが、第1次世界大戦後、黒人がダンス芸術に与えた影響

は、絶対的なものであり、チャールストンやブラックボトムなどのダンスを生み出した。チャールストンを流行させたのは、1923年に黒人だけのレビュー「ラニング・ワイルド（Running Wild）」の中で、ジェームス・P・ジョンソン（James P.Johnson, 1894-1955）作曲の「チャールストン、サウスカロライナ（Charleston, South Carolina）」に合わせて踊ったのが最初とされ、1924年にはジョセフィン・ベイカー（Josephine Baker, 1906-1975）が出演した「チョコレート・ダンディース（Chocolate Dandies）」や、フローレンス・ミルズ（Florence Mills, 1896-1927）が主演した「デキシー・トゥ・ブロードウェイ（Dixie to Broadway）」が大評判となった。

　文学や音楽ほど華やかではないが、1920年代を中心に黒人たちが学問の方面で果たした役割も大きかった。ハーバード大学で博士号を取得し、ソルボンヌ大学でも学んだカーター・G・ウッドソン（Carter G.Woodson, 1875-1950）は、1915年に「黒人生活と歴史研究協会」を設立し、翌1916年には機関誌『ジャーナル・オブ・ニグロ・ヒストリー(The Journal of Negro History)』を創刊した。同誌は、詳細な史料に基づいた論文を掲載し、歴史学者や人種関係研究者にとって有益な情報源となった。著者、編集者、発行者としてのウッドソンの業績は、黒人に新しい評価を与えた。

　「ハーレム・ルネッサンス」の最大の特色は、黒人自身の力の最初の爆発であったという点である。その点には積極的な意味を認められるが、やむを得ないことながら、圧迫されているマイノリティという立場から一歩も出ず、その担い手も一部のインテリに限定された。米国で厳格な人種差別のない唯一の分野が芸術であったが故に、彼らには芸術こそ頭角を現わすためのただ一つの手段のように見えた。しかし、「ハーレム・ルネッサンス」は結局のところ中間層のインテリ黒人たちの産物でしかなかったという見方もある。「ハーレム・ルネッサンス」の研究者であるデヴィッド・レヴェリング・ルウィス（David Levering Lewis, 1936-）は『ハーレムが流行したとき（When Harlem Was in Vogue)』(1981年) において、「ハーレム・ルネッサンスの計画立案者たちは、非凡な才能の持ち主たちを最大限まで拡大することによって最終的な勝利が得られると信じていた。彼ら才能ある十分の一のメンバーは、自己瞞着において、米国の人種関係もラテン諸国における同化統合のパターンをたどりうると考えたのである」と否定的な評価を下している。このような側面があったことは、事実であろうが、例え黒人の知識人層に限られたものであったとはいえ、黒人たちが、ミンストレル・ショーで表されてきたような白人による黒人像を克服して、自らのアイデンティティを表明し始めた発端として歴史的に評価すべきであ

ろう。

　1916年3月に米国に渡航したガーヴェイが、ハーレムにUNIAのニューヨーク支部を設置し、6000人を収容可能なリバティー・ホールに拠点を置いたことが、「ハーレム・レネッサンス」にも多大な影響を与えたことが推定される。何故なら、「ハーレム・ルネッサンス」において表現された黒人の究極的な正当性は、「世界的規模での共同体、つまりアフリカ大陸に住むアフリカ人と域外に離散しているアフリカ人、この両方の黒人大衆の世界に見出さなければならないということを示唆している」(Baker Jr. 1987=2006：134) と考えられ、これは正にガーヴェイが目指したものであったからである。

6. UNIA の勢力拡大

(1) 米国での UNIA の活動

　1916年3月のガーヴェイの米国への渡航は、ガーヴェイをジャマイカの改良主義的な運動の指導者から、国際的な急進的なブラック・ナショナリズムの指導者に脱皮させた。

　ニューヨークでガーヴェイはまず、ジョン・ブルース (John Bruce)、ウィリアム・フェリス (William Ferris) と会った。二人は、ともに『アフリカン・タイムズ・アンド・オリエント・レビュー』誌の協力者であったが、ガーヴェイはその事実を知っていたのであろう。ブルースは、ガーヴェイに米国で会っておくべき人物のリストを手渡した。フェリスはシカゴを基盤とする雑誌『チャンピオン・マガジン (Champion Magazine)』の副編集長であり、2巻本の『アフリカ人の対外進出あるいは西洋文明におけるその進化』の著者であった。ブルースとフェリスはともに、その後ガーヴェイが発行する『黒人世界 (Negro World)』の編集者となった。『黒人世界』の初代編集長はジャマイカ人のウィルフレッド・A・ドミンゴ (Wilfred Adolphus Domingo, 1889-1968) であったが、1919年7月にガーヴェイとの意見の相違から UNIA を離脱して左翼系ジャーナリズムに移ったため、フェリスが第2代目の編集長となった。

　また、ガーヴェイは1917年6月に実施された「反戦・アフリカ系米国人自由連盟」の大衆デモにガーヴェイを誘ったヒューバート・ハリソン (Hubert Harrison, 1883-1927) とハーレムで会っている。ハリソンは、左翼ジャーナリストのジョン・リード (John Reed, 1887-1920) やマックス・イーストマン (Max Eastman, 1883-1969) の友人であり、ガーヴェイの人脈を広げることになる。

　ガーヴェイはまた、この時期に全国48州のうち38州を歴訪し、これらの旅行を通じて UNIA の本部をニューヨークに移転しなければならないとの認識を強めた。ガーヴェイは、ジャマイカに帰国してジャマイカの組織を強化することよりも、今やハーレムだけでも800人から1000人の賛同者を得たことに励まされて、米国残留を優先することに決した。一方、ジャマイカではガーヴェイの不在により、AME 教会の S・M・ジョーンズ (S.M.Jones) 主教が UNIA 議長に、ブルース・フォーブス (Bruce Forbes) が書記に選出され、本部はウェスト通りに移転された。

　1917年夏に、ガーヴェイはハーレムに住むジャマイカ人家庭に同居し、印刷

6．UNIA の勢力拡大　73

工として働いた金を旅行や講演などの活動につぎ込んだ。しかし、米国での UNIA の活動は、白人社会から反発を受けたほか、黒人からも拒絶反応を受けた。特に、米国生まれのアフリカ系黒人の間にはカリブ諸島出身者に対する強い偏見と差別感情があったことも、ガーヴェイがジャマイカ出身であるために強く影響した。ガーヴェイの後妻であるエイミー・ジェイクスに拠れば、カリブ諸島出身者は「猿狩り」と蔑まれたという。[Jacques 21014b：14]

　ガーヴェイは次第に、黒人に対する迫害がリンチ事件の増加や、ジム・クロウ傾向のように悪化し、公民権も剥奪され、黒人が人種差別の犠牲者とされている状態では、タスキーギ運動のような路線は不適切であると感じるようになる。その一方で、ブッカー・T・ワシントンが推進しようとしていたような黒人に対する職能訓練や黒人による企業活動については、黒人の経済的自立を図る上で重要であるとして、後出のような、ブラック・スター汽船会社に見られるような企業活動を開始していく。

　同年の夏から秋に、ガーヴェイは日曜日毎に小規模な連続的な講演活動を行ったが、翌1918年1月にニューヨークのラファイエット・ホールで最初の大規模な集会を開催し、数百人の聴衆を前に講演して、直前にイースト・セント・ルイスで発生した暴行事件にも触れて次のように述べた。

　「イースト・セント・ルイスでの暴動は、寧ろ虐殺というべきだが、すべての人類が責任を有する人類に対する最も冷血な暴力行為の一つとして歴史に刻まれよう。イースト・セント・ルイスの黒人たちを虐殺した人々が、彼らが保護者であるべき民主主義のためにどんな意味を持っているのか私には分からない。しかし私は、これらの無法な人々によって使用され、適用されるような言葉の上での意味をもっていないことを知っている。世界の鐘を鳴らしてきた米国、諸国民や諸人民に、すべての、そして種々様々な人びとに与えることができる民主主義を持っている米国が、その1200万人の国民に満足を与えることができないでいる。黒人が与えることができるすべての奉仕をもってしても、白人の目から見て黒人は軽蔑すべき動物であり続けている。もし黒人が軽蔑されていないのなら、この国の9000万人の白人はイースト・セント・ルイスで起きたような暴力行為を決して許さないでしょう。」[Kallen：30]

　その直後の1918年3月にガーヴェイは肺炎を発病して入院したり、1919年10月14日には元従業員のジョージ・タイラー（George Tayler）に銃撃される事件が発生するなどの困難にも直面したが(注1)、ジャマイカからの出発直前にガーヴェイが、黒人に対して「自らが属する虐げられた人種の知的、社会的、商業的、工業的、ナショナルな利益を促進するするために何かを貢献するために世界

的な運動への参加を促した」呼びかけは好意的に受け入れられ、1910年代末から1920年代初頭にかけて、UNIAの支持者は確実に増加した。この時期にUNIAの会員は、600人から1万2000人に増加した。会員になるためには、アフリカ系であれば男女を問わず、35セント、顔写真、誓約書だけで入会できた。この入会の容易さも影響したのだろう。UNIAの影響は、ハーレムを越えて拡大し、特に戦中戦後に南部から黒人が流入した北部の大都市に多くの支部を開設した。1918年8月17日に発行し始めた機関誌『黒人世界』の発行部数は5万部に達した。[Kallen：33-34]

1920年8月には第1回世界大会をハーレムで開催するまでに勢力が拡大した。UNIAが最盛期に達したこの時期、1919年12月25日にガーヴェイは、ジャマイカ以来の協力者であったエイミー・アシュウッドと結婚した(注2)。[Lewis 1988a：60]

この第1回世界大会において、UNIAは前文と54か条から成る「世界黒人権利宣言(The Declaration of the Rights of the Negro Peoples of the World)」を発表した。これは1914年のUNIA創設当時の「諸目的」を整合化するとともに、対象範囲を拡大して、より完成した形にしたものであった。

「世界黒人権利宣言」は、まず前文で全世界で黒人が蒙っている12項目にわたる差別を列挙して告発した。

(イ) 世界のいかなる地でも同じ状況や同じ環境においても黒人は白人と同等の扱いを受けておらず、反対に差別され、人種や肌の色を越えて人類に保障されている共通の諸権利を否定されている。我々の人種と肌の色のため、世界の公共のホテルや宿泊所において客として歓迎されていない。

(ロ) 米国の一部においては、犯罪で告発されている他の人種には与えられる公共裁判の権利が黒人には否定されている。

(ハ) ヨーロッパの諸国家は、アフリカ大陸を分割し、ほぼすべてを占領しており、土着民は彼らの土地を外部者に譲渡するよう強要され、奴隷のように扱われている。

(ニ) 米国南部においては連邦憲法の下での市民であるにも拘わらず、また一部の州においては白人と同様に土地所有者であり納税者であるにも拘わらず、我々は、国防のための徴兵に応じているにも拘わらず、法律の策定や運用について発言する声を否定され、代表もなしに州政府によって徴税されている。

(ホ) 米国南部では、公共の輸送手段において、我々はジム・クロウ化されて分離され、劣等な座席を強要されるにも拘わらず、一等の座席の白人と同じ

料金を支払わせられており、我々の家族はしばしばジム・クロウ式に乗り込んできた酔っぱらいの白人に屈辱を与えられ侮蔑されている。
(ヘ) 我々の人種の医者は、彼らが居住している米国の一部の都市や州の公共の病院において患者を診療する権利を否定されている。我々の子供たちは、分離された学校で白人の子供たちより短期間しか勉強できないが、しかし公立学校の資金は白人と黒人の間で不平等に分けられている。
(ト) 我々は差別され、家族の生計維持のため平等な賃金を得る機会を否定されている。我々は労働組合に加盟することを拒否され、ほとんどどこにおいても白人より安い賃金を払われている。
(チ) 我々は、公共サービス及び諸官庁でのいずれにおいても差別されており、ヨーロッパ、米国、西インドにおいて、黒人がいかなる資質や才能を持っているかなどに関わりなく、浮浪者やレプラ患者のように感じさせられている。
(リ) イギリス領、その他の西インド諸島と植民地においては、黒人は秘密裡に、狡猾に差別されており、白人が任命され、指名され、選出されるが、我々は統治上のいなかる権利も否定されている。
(ヌ) 我々はそれらの地域で、白人の平均給与よりも低い賃金で労働することを強要され、文明的な好みや習慣と相いれない条件を強いられている。
(ル) それぞれの島や植民地において、我々の人種に対する多くの不正義の行為は、白人の正義感からも厭わしく無礼なものである。
(ヲ) このような非人間的で、非キリスト教的で、野蛮な扱いに対して、今や我々は断固として抗議し、全人類に非難を呼びかける。

また、本文の54項目は次の通りである。

第1項　全人類に知らしめよ。いかなる場所においても全人類は平等に創造され、生命、自由、幸福を追求する権利を付与されている。この理由から、世界の黒人大衆の正当な代表として選ばれた我々は、公明正大で全能の神の支援により、世界中の我が血統の男女および子供たちを市民として解放することを宣言し、黒人の父祖の地であるアフリカの市民を解放せよと要求する。

第2項　人種のあらゆる事物における我々の人種の至高の権威を信じて、あらゆる事物は人類に共通の所有物として創造され、与えられていること、すべてのこれらの事物は平等に分配と割り当てがなされるべきであり、これらの事実を考慮すれば、今我々は、道徳的にかつ法的に我々のものであるこれらの事物を人種として奪われている。我々は、これらの事物

を、可能ないかなる手段を使ってでも獲得し、維持しなければならないと信じる。

第3項　我々は、黒人は、他のいかなる人種と同様に、文明の倫理によって統治されねばならず、従って他の人類にも共通な諸権利と特権も奪われてはならないと信じる。

第4項　我々は、黒人は、いかなる場所であっても、彼らのコミュニティーを形成し、彼ら自身の代表を選出し、彼らを立法、司法、およびこのコミュニティーに支配を行使する諸機関において代表させる権利を与えられるべきであると信じる。

第5項　我々は、黒人は、いかなる国にいようとも、すべての法廷において十分な正義への資格を与えられており、彼の人種と肌の色によってこれが否定される時には、このような否定は人種全体に対する侮蔑であり、全黒人によって憤激されるものであることを力説する。

第6項　黒人が多数を占めているコミュニティーにおいて、完全に部外者から構成されている判事や陪審団によって裁かれることは、黒人の諸権利が不公平に扱われ侵害されていると宣言する。すべてのこれらの場合においても、黒人の構成員が陪審団に代表権を持つことが保障されるべきである。

第7項　我々は、アフリカ系が彼の国の中で自由市民の土地と資産を奪われる傾向にある法律とその実践は不当で不道徳であり、アフリカ系はそのような法律と実践を遵守すべきではないと信じる。

第8項　我々は、代表なき徴税は不当で専制的であり、黒人が排除されている、あるいは人種と肌の色によって代表性を否定されている法律の作成主体からの徴税に従うことを黒人側は義務付けられるべきではないと宣言する。

第9項　我々は、特に黒人に向けられたいかなる法律も、その人種あるいは色によって損害を与えられるような、特に黒人に向けられたいかなる法律も不当で不道徳的であり、遵守すべきではないと信じる。

第10項　我々は、共通の人間的尊敬と権利を与えられているすべての人間を信頼し、我々の肌の色に対する無礼と理解される侮蔑行為に対して寛容であってはならないと信じる。

第11項　我々は、黒人に対して向けられる"ニガー"という言葉の使用を非難し、黒人（Negro）は大文字の"N"で標記されるよう求める。

第12項　我々は、肌の色のために黒人に課せられる残忍な策略に対して、黒人は

自分を保護するためにあらゆる手段を講じるべきだと信じる。
第13項 我々は、全世界の黒人のためにアフリカの自由を信じる。ヨーロッパ人のためのヨーロッパ、アジア人のためのアジアの原則に基づき、アフリカ人のためのアフリカを要求する。
第14項 我々はアフリカを所有する本来の黒人の権利を確信し、その所有はいかなる人種や民族によっても要求や購入というような形で侵害されるべきでないと考える。
第15項 我々は、公然たる侵略であれ、秘密裡の策動であれ、アフリカの領土と無尽蔵の天然資源を収奪した世界のすべての諸国家の強欲さを強く非難し、我々の祖先の広大な大陸の宝庫と所有を要求する我々の最も尊厳ある決定を記録にとどめる。
第16項 我々はすべての人間が他者と平和に生きるべきと考えるが、しかし一部の人種や民族（nations）が他の人種や民族の諸権利を侵害して彼らの怒りを挑発する時、戦争は不可避であり、彼ら自身を解放し諸権利と財産を保護するために行われるあらゆる試みは正当化されると考える。
第17項 いかなる場所であろうと、人間に対する放火、絞首、いかなる方法であれリンチは残忍な行為であり、文明に恥ずべき不名誉な行為であるので、我々は文明の範囲外にあるこのような残虐行為をその国の有罪であると宣言する。
第18項 我々は、アフリカの土着種族およびすべての黒人の折檻、鞭打ち、過度の労働のような残虐な犯罪に対して抗議する。これらは、廃止されるべきであり、このような残虐行為の継続を予防するあらゆる手段が講じられるべきである。
第19項 我々は、アフリカ人の髪を剃るという残虐行為に対して、特にアフリカの女性や黒人系の諸個人が異人種による犯罪の罰として投獄された牢獄で処せられることに対して抗議する。
第20項 我々は、世界のいかなる地域においても、人種、肌の色、信教を理由にして行われる隔離された地区、分離された公共輸送手段、産業における差別、黒人系市民のリンチや政治的特権の制限に対して抗議する。我々は、すべてのこれらの行為に対して全力を尽くして反対する。
第21項 我々は、黒人に対して厳格に課せられるいかなる罰に対し、偏見と不当な行為として、異人種に対して軽微な犯罪で課せられる軽い罰と同様に抗議する。これらは全人類によって憤激されねばならない。
第22項 我々は、黒人が他人種と同様の特権と便宜を拒否されているいかなる国

の教育システムに対しても抗議する。
第23項 我々は、世界のいかなる場所においても黒人が産業および労働から排除されることは非人道的で不当であると宣言する。
第24項 我々は報道の自由の理念を信じ、それ故に世界の様々な地域で生じている黒人系の新聞や定期刊行物に対する抑圧に断固抗議する。黒人に対してこのような抑圧が予防するためにあらゆる手段を講じることを呼びかける。
第25項 我々はさらに、すべての人間の言論の自由を要求する。
第26項 我々は、人種紛争を生じさせるために向けられた異人種の報道機関によって行われるスキャンダラスで扇動的な記事の掲載、および黒人を食人種であるかのように示す画像の公開に対して抗議する。
第27項 我々は、すべての諸国民の自己決定を信じる。
第28項 我々は信仰の自由を宣言する。
第29項 全能の神の助けによって、我々は、我々の女性や子どもたちの名誉と徳の絶対的な保護者であることを宣言し、あらゆる状況下であろうと誤りと非道から彼らを保護し守るために我々の生命を供することを誓う。
第30項 我々は、我々自身と永遠の次代のために無制限で不偏の教育の権利を要求する。
第31項 我々は、外部の教員が我々の少年・少女たちに、他の人種が黒人よりも優越しているといかなる学校でも教えることは世界の黒人大衆に対する侮辱であると宣言する。
第32項 我々は、黒人がその国の市民の一部を形成しており、その国において公務員試験が実施されている所では、そのような公務員の任命をほかの市民と同様に配慮される権利を黒人に与えることを宣言する。
第33項 我々は、陸路と海路の黒人の旅行者が鉄道および汽船会社の要員や従業員によって受けている不正で不当な扱いが増加していることに強く抗議し、我々が他の人種の旅行者と同様の特権を公正に享受できるよう求める。
第34項 我々は、黒人の自由な移民を、その人種と肌の色によって妨害し妨げることに向ける法律を策定することは、いかなる国、国家、あるいは民族においても不当であると宣言する。
第35項 黒人が世界中を煩わされることなく旅行できる権利は、いかなる人およびあらゆる人々によって縮小されてはならず、仲間がこのような障害を受けている場合には、すべての黒人は援助を提供するように求められ

6．UNIAの勢力拡大

第36条　我々は、黒人が他の人たちと同様に世界中を旅行する権利を与えられていると宣言する。

第37項　我々は、世界の諸政府は、それらの諸政府の下で我が大衆の福祉に対処するために黒人によって選ばれた我々の指導者及び代表者を認めるよう要求する。

第38項　我々は、いかなる部外の人種や複数人種の干渉のない我々の諸機関の完全な統制を求める。

第39項　赤、黒、緑が黒人の色である。

第40項　「エチオピア、そなたは我が父祖の地」を黒人種の聖歌とすることが採択された。

＜世界エチオピア聖歌＞（ブーレルおよびフォード作詞）(注3)

I.
　エチオピア、そなたは我が父祖の地
　そなたの地は神々が住むことを好まれた地
　暗雲が夜中に突如として集まるごとく
　われらの軍はそなたのもとに馳せ向かう
　われらは勝利の戦いに向かわねばならない
　剣が抜かれきらめく時
　我々の勝利の栄光に輝く
　赤と黒と緑の旗に導かれて
　（合唱＊）
　進め、進め、勝利に向けて
　アフリカを解放せよ
　敵とまみえるために進め
　赤と黒と緑の旗の力で

　剣が抜かれきらめくとき
　われら戦いに勝利す
　赤、黒、緑の色のもと
　われら勝利の栄光に輝く
　（合唱＊）

II.
　エチオピアよ、そなたの膝を強打した

暴君たちが倒れゆく
はるか海のかなたより
そなたの子らが熱い声を送る
ヤハウェ、偉大なる神がわれらに耳を傾け
われらの嘆きわれらの涙に気づかれた
神の慈悲をもって目覚めたわれらは
来るべきときに一つにならん
（合唱＊）

III.

ヤハウェ、諸年代の神よ
われらの息子たちにあなたの知恵を与えたまえ
イスラエルが切に求められるとき
あなたの声がほの暗い中を伝えられる
エチオピアはその手を差し伸べる
そなたによって枷は壊される
そして天国の父祖の地を祝福する
（合唱＊）

第41項 市民的な諸権利と特権の一つを奪ういかなる制限された自由も奴隷の変形にすぎないことを確信する。

第42項 我々は、彼らの人種と肌の色という理由で、彼らが居住するコミュニティーの公立病院において免許を有する有能な黒人医者が実践する権利を否定することは、我が人種の健康に深刻な障害をもたらすものである宣言する。

第43項 我々は、世界の様々な諸政府に対し、世界の黒人大衆の総体的な福祉を代表するためにそれら諸政府に派遣される黒人代表を受け入れて認めることを求める。

第44項 我々は、牢獄に青年を成人とともに閉じ込めることを遺憾としてこれに抗議する。我々は、これら青年の収監者は人道的監視の下で有益な職業を教えられるべきであると勧告する。

第45項 我々は、大衆的な人種として黒人から彼らの自由を剥奪することを模索するのであれば、黒人に関する限り、国際連盟は無効であると宣言することを決議した。

第46項 我々はすべての人々に我々のためになすことを、我々も彼らのためになすことを求める。そして我々は、ここに我々自身のために我々が要求し

ているすべての諸権利がすべての人々に付与されることに喜んで同意する。

第47項　我々は、民族的な自衛の場合を除き、世界の黒人大衆の指導者の合意を取り付けることなしに外国の人種のための戦闘に黒人が巻き込まれることはないと宣言する。

第48項　我々は、黒人が固有の訓練なしに外国の諸勢力との戦争に黒人を引き込み、彼らを送ることに対して抗議し、あらゆる場合において、黒人兵士は外国人と同じ訓練を与えられることを要求する。

第49項　我々は、黒人の子供たちが学校で学ぶ教育は、彼らのためとなる"黒人の歴史"を含んでいることを要求する。

第50項　我々は、世界のあらゆる黒人大衆との自由で拘束のない交易を求める。

第51項　我々は、すべての人々の絶対的な海の自由を宣言する。

第52項　我々は、人権が議論されている所ではどこでも、あらゆる連盟、会議、大会、国際仲裁法廷において、我々の正式な信任状を得た代表が適切な信認を与えられることを求める。

第53項　我々は、毎年8月1日をすべての黒人に守られる国際的な休日とすることを宣言する。

第54項　我々は、我が人種のすべての男性、女性、子どもの自由と平等を我々が維持し、我々の生命と、将来と、聖なる誇りをもって、そのために闘うことをすべての人々が知ることを望む。

　これらの諸権利は、我々のものであり、全体として黒人種の保護のためのものであると信じ、それ故に世界の4億人の黒人のために、我が守られるべき人種の聖なる血を誓い、全能の神の前に真実と信義の保証者としてここに我らの名前を署名する。[Jacques 2014a：136-143]

　このように、「世界黒人権利宣言」ではアフリカ問題が重要視され、アフリカ諸国民の自決も主張された。また米国国内で黒人が蒙っている種々の差別・迫害が告発され、すべての黒人に対してあらゆる自由と平等を求められた。「世界黒人権利宣言」においては、アフリカだけでなく、ヨーロッパ植民地列強がカリブ諸島や新大陸にまでその爪先をのばしていったことに強い抗議を加えるとともに、特に米国国内で黒人が蒙っている種々の差別・迫害に激しい怒りが向けられた。そして、「聖歌」の歌詞に見られるように、エチオピアニズムが高らかに宣言された。

　本文の中で注目すべきは次の条項であろう。
　第16条には黒人の権利を主張する基本的立場が論じられた。

「我々はすべての人間が他者と平和に生きるべきと考えるが、しかし一部の人種や民族（nations）が他の人種や民族の諸権利を侵害して彼らの怒りを挑発する時、戦争は不可避であり、彼ら自身を解放し諸権利と財産を保護するために行われるあらゆる試みは正当化されると考える。」[Ibid. 138]

また、前出の通り、アフリカに対する侵略に対しては、前文（ハ）で次のように論じられた。

「ヨーロッパの諸国家は、アフリカ大陸を分割し、ほぼすべてを占領しており、土着民は彼らの土地を外部者に譲渡するよう強要され、奴隷のように扱われている。」[Ibid. 135]

また、第14条には次のように記載された。

「我々はアフリカを所有する本来の黒人の権利を確信し、その所有はいかなる人種や民族によっても要求も購入というような形で侵害されるべきでないと考える。」[Ibid. 138]

さらに、第27条には次のように宣言された。

「我々は諸国民の自決を確信する。」[ibid. 139]

アフリカ問題については、「アフリカをアフリカ人に返せ」という要求が表現されている。「我々は、世界の黒人のためにアフリカの自由があることを信じる。ヨーロッパ人のためのヨーロッパ、アジア人のためのアジアという信条に則って、我々も、また、国内でも国外でも、アフリカ人のためのアフリカを要求する。」[Ibid. 138] こうして、すべての黒人がアフリカの自由市民であり、民族自決権をもつべきであると強く主張された。

ここから、あの「アフリカへ帰れ」という、そのこと自体は歴史的にもそれほど珍しくないスローガンが、彼特有の空想的着想のもとに大きく打ち出され、ガーヴェイ主義運動はもっぱら「アフリカ帰還」運動という形をとって展開され、またそのように理解された。実際、ガーヴェイはUNIAの本部をリベリアに移転することを構想していた。

ガーヴェイは、UNIAの本部をニューヨークのリベティー・ホールに置き、機関紙として『黒人世界（Negro World）』を発行した。ガーヴェイの運動は、1910年代までに米国に生じた諸現象を背景に、たちまち多くの黒人の支持を集め、1919年までに国内各地に30の支部をもつようになった。また、米国以外でも、後述のように、ジャマイカ、キューバ、トリニダッド等のカリブ地域やアフリカ地域に多数の支部が設置された。UNIAの会員数については、1922年に、米国だけで200万人、全世界で400万人を数えるにいたったと、ガーヴェイ自身は述べている。しかし、デュボイスをはじめ、ガーヴェイの運動の批判者たちは一

様に、そんな数字は誇張だと批判している。

　ガーヴェイと同時代人であったウィリアム・ピッケンズ（William Pickens, 1881-1954）は、会員数はせいぜい100万人以下だと言い、UNIAの公式会計報告から会員数を割り出した元会員のW・A・ドミンゴ（Wilfred Adolphus Domingo, 1889-1968）は1920年の会費納入会員数は僅かに1万7784人だと述べ、デュボイスもこれとほぼ同じ人数をあげて、会員数については大きな開きを示している。しかし、いずれにしても、ガーヴェイ運動がごく短期間に驚くほど多くの黒人の心を捕らえたことだけは間違いない。そうした黒人の殆どが、米国においては比較的新しく南部を離れて大都市にやってきた黒人たちと、南部の黒人たち、さらにはカリブ諸島から渡米した黒人たちであったということは、特に留意しておかねばならない。

　会員数に関しては、スチュアート・A・カーレン（Stuart A.Kallen）は、『マーカス・ガーヴェイとアフリカ帰還運動』の中で、「ガーヴェイの挙げる数字は誇張されていると思われるが、研究者は8万人を超えることはなかっただろうと批判している」と述べている。[Kallen：34] 他方、その世界的な影響力は、後出（第4節）のように、世界各国・地域の支部数を考慮すれば、少なくとも100万人前後に達したものと推定される。

　機関誌の『黒人世界』の発行部数は、1920年の第1回世界大会の時点で5万部、最盛期には20万部に達した。[Lewis 1988a：81] 一部を数人の読者が読むこともある場合を想定すると、最盛期の読者数は100万人近くに達していたと推定される。これが大まかなUNIAの米国内外での影響力であったと判断される。

　『黒人世界』は10～16頁で構成され、「一つの目的、一人の神、一つの運命（One Aim, Ona God, One Destiny）」というUNIA結成以来の標語が掲げられた。第1面にはガーヴェイの論稿が掲載され、また彼は紙面の中で多くのテーマを扱い、特に歴史、現代政治、組織的問題等について多くの記事を執筆した。

　また、ガーヴェイは1922年から24年までの間にハーレムで『デイリー・ネグロ・タイムズ（Daily Negro Times）』を、発行したが、ジャマイカにおいても1928年から31年までの間に『ブラックマン・ニュースペーパー（Blackman Newspaper）』を発行した。

　1920年8月1日から31日までの1ヶ月間にわたってニューヨークで、UNIA第1回世界大会が開催された。UNIAは第1回大会に続いて、1921年に第2回、1922年に第3回、1924年に第4回、1926年にもガーヴェイは獄中で参加できなかったがニューヨークで第5回大会を開催し、1929年にはジャマイカで第6回大会、1934年にはジャマイカで第7回大会、1938年にカナダのトロントで第8回大会を

開催した。

　1920年8月に開催された第1回大会では、初日の8月1日には、ハーレムでUNIA本部のリバティー・ホールからマディソン・スクエア・ガーデンまで約5マイルにわたって、各種の制服に身を包んだ数千人の街頭デモが実施された。ガーヴェイは、街頭デモや集会場など、あらゆる機会を利用して、黒人が少数民族である白人の国では、どのようにしても正義を獲得することはできないから、黒人は母国アフリカに帰還し、自分たちの国を建設してこれを手に入れなければならないと、強く訴えた。1921年にニューヨークで開かれたUNIAの第2回大会には、国内各地はもとより、西インド諸島、南アメリカ、アフリカからも多くの黒人が集まり、その数は2万5000人にのぼったといわれる。ガーヴェイは、この大会で「アフリカ帝国」の樹立を宣言すると、みずからその臨時大統領に就任し、いつの日かアフリカから白人侵略者を追い出すために「アフリカ旅団」(注4)を編成した。また、黒、赤、緑の3色からなる国旗が制定され、黒色は人種、赤色は地、緑色は希望を、それぞれ象徴するとされた。彼は紫色と金色の征服に身をつつみ、頭には「ギアナ草ほども丈のある」鳥毛のついた帽子をかぶったが、「アフリカ自動車隊」や「黒鷲飛行隊」の隊員たちは、団体旗と同様、黒、赤、緑の3色の制服で身を固めた。彼らは、こうした服装で、第1回世界大会の時だけでなく、しばしばニューヨークその他の都市をラッパを吹き太鼓を打ち鳴らしながら大示威行進を行った。行進参加者は、支部ごとに「ガーヴェイは黒人のモーゼだ。彼は永年に生きよう」とか、「アフリカは解放されねばならない」とか、「黒人はヨーロッパで戦った。彼らはアフリカでも戦える」とか、「アフリカは分割できない一つのネイションである」とか、UNIAのスローガンであり、その日最も多く掲げられた「アフリカ人のためのアフリカ」といった団幕を掲げて行進した。この時期に、UNIAは「アフリカ帰還」を聖地への巡礼のように掲げるとともに、「アフリカ人のためのアフリカ」の達成を訴えて、3大陸にまたがって、100万人を超える大衆的な支持を獲得しつつあった。

　第1回大会ではハーレムで数千人規模の街頭デモが開会前に実施されたが、行進では「アフリカ旅団」が吹奏楽で行進曲を演奏し、約200人の「黒十字看護婦団」が制服で、少年聖歌隊員や「ガーヴェイ・チルドレン」とともに行進した。国外からの代表団も4大陸の25ヶ国から2000人が参加した。沿道の見学者も数千人規模に達し、尊厳や自立を訴えるUNIAメンバーの叫びに呼応した。行進はマディソン・スクエア・ガーデンに着き、そこでガーヴェイが演説を行った。彼は次のように述べた。

　「我々黒人はもはや苦しむことに耐えられない。(中略) 民主主義のために世界

の諸国家は4年間ヨーロッパにおいて無駄な血を流した。彼らは世界の黒人に闘うよう強要した。戦後我々は戦い取ったすべての民主主義を奪い取られている。南部諸州では、制服を着た黒人兵士がヨーロッパの戦場から帰国したが、殴られリンチを受けている。彼らは、この勇士の国で、悪魔視され暴徒から暴力を受けた。しかし、我々はあきらめない。我々は、アフリカにおいて民主主義の幟を掲げよう。4億人の仲間が、なぜ我々が真の自由、民主主義、友愛のために闘うアフリカの戦場に血で誓うかを神に報告するだろう。」[Jacques 2014b：53]

　UNIAは種々の大衆団体を組織して、影響力の拡大を図った。例えば、少年・少女のためにボーイ・スカウトやガール・スカウトも創設され、年長者のUNIAメンバーが指導した。また、ニューヨークや他の大都市に女性のための自動車隊が設置され、運転技術を習得するとともに軍事訓練も行われた。記念行事が開催される時には自動車隊はサポート業務として車を手配しタクシー業務や露天商活動も行った。男性は「アフリカ旅団」に結集し、軍事訓練を施され、彼らは行事が行われる際のUNIA幹部の護衛に従事した。また、彼らは多くの支部で黒人コミュニティや集会の防衛任務に就いてKKKに対抗する民兵として活動した。また、看護婦予備軍として「黒十字看護婦団」が結成され、看護婦資格を持ったUNIAメンバーによって指導された。彼ら／彼女らはアフリカ解放戦争において活躍することが期待された。

アフリカ旅団

　UNIAの活動はさらに、自給、教育、宗教生活においても機能した。多くのカップルがUNIAの活動を通じて知り合って結婚し（ガーヴェイの再婚もこのように生じた）、彼らの子どもは「UNIAチルドレン」とか「ガーヴェイ・チルドレン」と呼ばれ、ニューヨークでは州当局が発行する出生証明書に代えうる出生証明書をUNIAが交付した。またUNIAは就学前幼児の学習施設を運営し、パナマでは多文化の移民が共存する条件を勘案して初等・中等・職業教育の学校も運営した。

　「ガーヴェイ・チルドレン」たちは、マーカス・ガーヴェイやハリエット・トゥブマン（Harriet Tubman, 1822-1913）、ソジューナー・トゥルス

(Sojourner Truth, 1797–1883) について学び、週毎に一つのガーヴェイの詩を暗唱し、またアフリカ原理主義の理念を学んだ。彼らへの教育において、ガーヴェイは黒人の積極的な価値の象徴として敬われ、「導きの天使、守り人」とか、「ボギー（低い丈夫な荷車）・マン」と呼ばれた。

黒十字看護婦団

これらの組織的な諸活動は、黒人が他の人間たちと同様に、もし機会があれば実現できる能力で授けられるものであった。その意味で、ガーヴェイの運動は、黒人社会に、そのような機会を提供してそれらの技能の実現のための核を提供するために役立った。いわば、政治的運動だけではなく、社会的運動として、黒人の人間形成や職業人化のために大きな夢を与えるものであった。

ガーヴェイは、アフリカで戦うための「アフリカ旅団」をアフリカに輸送するには、どうしても船がいることを痛感し、1919年10月にブラック・スター汽船会社を設立して汽船の入手に努めていた。ガーヴェイは、黒人が経済的自立を達成するためには、実業教育を受けると同時に、企業活動も重視すべきだと考えた。その企業活動の構想が、「アフリカ帰還」のためにも使用を目論んだブラック・スター汽船会社や、貿易を含む種々の産業・商業活動であった。企業活動の事業本部はハーレムのリバティー・ホールに置かれた。これらの事業は、ガーヴェイの影響を受けた世界中の支持者によって支援された。会員や支援者から株式購入や募金によって資金が集められ、企業活動に投資された。企業活動は米国だけでなくジャマイカ等においても小規模ながら展開された。これらの企業の収益の一部は支部だけでなく UNIA 本部にも上納された。

UNIA の企業活動は、経営が順調に進められず、また差別や嫌がらせを受けることも多かった。ガーヴェイは企業活動の主体として、1919年に黒人製造会社（NFC：Negro Factories Corporation）と同時に、ブラック・スター汽船会社を設立した。NFC は協同組合的な菓子チェーン店、レストラン、クリーニング店、裁縫・洋品店、婦人帽子店、出版社など一連のビジネスを展開し、黒人を雇用した。NFC はデラウェイ州から100万ドルの援助も獲得して株式化するとともに1株5ドルで黒人に株式を提供した。ガーヴェイの企業活動は、植民地大衆の自決を求める闘いに対応した政治的動機を有するものであり、ガーヴェイ

に拠れば、アフリカ・ナショナリズムと黒人自立の合理性を象徴するためのものであった。これらはガーヴェイ個人の事業ではなく、彼はこれらの企業活動から給与を受けなかった。ここにブッカー・T・ワシントンの影響を見ることもできる。その社会的基盤は成長しつつあった黒人資本家階層であり、植民地主義と帝国主義によって抑圧されてきた黒人大衆の間に存在した産業・商業資本家的な社会意識を反映するものであった。いわば、ブラック・ナショナリズム的な民族資本主義的な発展モデルに応じるものであった。黒人資産家は政府の政治的支援を求めていたが、それが実現できない状況下で、UNIAに対してその代替を求めたのである。イギリス領ホンジュラス（現ベリーズ）の資本家イザイア・モーター（Isaiah Emmanuel Morter, 1860-1924）はUNIAに10万ドルの献金をした。ガーヴェイは、1923年に執筆した論稿「資本主義と国家」の中で、「資本主義は世界の進歩のためには必要であり、無分別に理由なくこれに反対し敵対する者は、人類の進歩の敵である。しかし、個人や会社がそれを統制するには限度があって然るべきである」[Jacques 2014a：72] と述べている。すなわち、ガーヴェイの考え方は「国家資本主義」的なものであったと言える。しかし同時に、現代的な戦争や帝国主義的な侵略が資本主義的な基盤の上で実施されていることも十分に認識していた。ガーヴェイは同じ論稿で次のように論じていた。

「現代的な戦争は、一般的には、外国や異国の人々や国民の間に存在する満足させられない資本主義的な利害の副産物である。（中略）モーガン、ロックフェラー、ファイアストーン、ドーニー、シンクレアやゲイリーのような人々が、戦争に導くことで、両国の罪のない大衆の負担で、個人的なあるいは企業の自分本位や貪欲さを満足させるためのために、国民を対外紛争に巻き込むことを許されるべきではない。」[Jacques 2014a：72]

また、ガーヴェイは黒人大衆のための福祉の充実を重視していたことを考慮すれば、彼が資本主義の単純な同調者ではなかったことは確実である。

他方、ガーヴェイはUNIAの本部をリベリアに移転することを提起したが、この「アフリカ帰還」のための「リベリア計画」について、ガーヴェイは1926年に『黒人世界』同年2月6日号の中で次のように語っていた。

「それは、すべての黒人が米国や西インドを離れて政府を建設するためにアフリカに行かなければならないとということを意味しない。それは、偉大な共和国の建設のためにすべてのヨーロッパの白人が米国に到来して支配する必要がないのと同様である。それ故に、偉大なアフリカ計画を軽蔑する者たちは、歴史に注意を払うことなしにそのようにふるまっているのである。我々は、すべての米国、西インド、およびそれ以外の地域の黒人に手が届くあらゆる機会を掴むよう

に勧める。しかし、教育的な、産業的な、政治的な我々の成功は、我々自身によって建設された国の保護を基盤としていることを忘れるべきではない。そして、その国はアフリカ以外のどこにも存在しえない。」[Lewis 1988a：71-72]

　この説明は、ガーヴェイの同時代の反対者が、また後世の批判者が、常にUNIAのアフリカ植民計画として描くような、ユートピア的な「アフリカ帰還」のイメージとは異なるものである。確かに、民族自決は「リベリア計画」の背後にあった基本的な考え方であった。ガーヴェイ主義者たちは、UNIAの本部をリベリアのモンロビアに移転し、独立した入植地をそこに設置することを考えていた。1920年、1923年、1924年にはUNIAから派遣された代表団がリベリア政府と交渉した。[Cronon：124-132] 当時のリベリアのキング（Charles Dundar Burgess King, 1875-1961）大統領もニューヨークでUNIA側と交渉するためのリベリア側委員会を指名し、500エーカーの土地の譲渡をオファーしたこともある。[Clarke：125]

　1920年にガーヴェイは、リベリアの復興再建のために300万ドルの募金を呼び掛けたし、同年に開催された第1回UNIA世界大会にはリベリアのモンロビア市長のガブリエル・ジョンソン（Gabriel Johnson, 生没年不詳）が出席し、UNIAの後見者に任命されたり、1921年1月にはジョンソン市長がリベリアでUNIA支部に同国法による法的地位を付与したりするなどの関係が見られた。

　しかし、この「リベリア計画」は暗礁に乗り上げた。一つの理由は、ガーヴェイ主義を危険視する米国政府、及びイギリスおよびフランスの植民地当局から圧力を受けたためであり、もう一つの理由は19世紀に帰来した米国黒人の子孫であるリベリアの支配的エリートたちが、ガーヴェイの反植民地主義的なナショナリズムではなく、米国の黒人資産家の資本だけを望んでいたに過ぎなかったためである。このようなリベリアの内外情勢が、UNIAの「リベリア計画」を挫折させた。1924年6月に派遣されたUNIA代表団は、モンロビア到着時に国外追放され、5万ドル相当の荷物が没収された。同年8月に在ボルチモアのリベリア総領事は、ガーヴェイ主義者はリベリアに上陸することは許されないと声明した。米国黒人はガーヴェイと関係がないと宣言しなければ、査証を発給されなくなった。こうして、UNIAとリベリア政府の交渉は終結した。リベリア政府にとって、UNIAは政治的組織であって、リベリア政府が経済支援を望みうるような経済組織ではないと判断したのであろう。リベリア政府を支配していた米国系リベリア人とガーヴェイ主義者の間の対立は不可避的であった。ガーヴェイが、リベリア国内に「リベリア計画」を擁護するような強力な政治的勢力を確保できなかったことが、「リベリア計画」の挫折に大きく影響した。また、1920年代初頭には、

植民地主義列強が国際社会で覇権を行使したために、これら植民地主義勢力のリベリア政府に対する圧力によって、ガーヴェイの反植民地主義的な「アフリカ帰還」計画は実現できなかったのである。米国政府もファイアストーン社の対リベリア投資のような民間プロジェクトは支援したものの、反植民地主義的な傾向が濃厚なUNIAの活動には冷淡であった。

　ガーヴェイは、1925年10月に『黒人世界』誌にアトランタの獄中から投稿し、ファイアストーン社の対リベリア投資はアフリカ天然資源に対する米国の独占的統制の始まりにすぎないと述べた。[Lewis：Op.cit.75]

　このような思想を展開したガーヴェイおよびUNIAに対する米国内外からの圧力は、逆にガーヴェイの運動、すなわちUNIAが持っていた反植民地主義的な政治的な潜在力に対する警戒が背景にあったことを証明するものと思われる。カリブ海のイギリス領のトリニダッド、バルバドス、(イギリス領) ギアナ、バミューダ、セント・ルシア、セント・ヴィンセント、(イギリス領) ホンジュラスの植民地当局、アフリカのフランス領のダホメーの植民地当局が、UNIAの機関誌『黒人世界』は治安妨害であるとして発禁したことや、また、米国内では、1923年にガーヴェイがブラック・スター汽船会社をめぐる紛争に巻き込まれて訴追され、裁判の結果、アトランタの刑務所に投獄されたことからもうかがわれる。各国がガーヴェイをいかに危険視していたかが想像される。1919年9月、イギリス政府の植民地当局はカリブ海のイギリス領植民地の総督たちに対し、報道を厳密に統制することを許可できるように法律を準備した。

(2) ブラック・スター汽船問題

　1919年2月、ガーヴェイとUNIAは資金獲得のための企業活動の第1弾としてハーレムにレストランを開設した。次に同年5月、ガーヴェイはUNIAの掲げる種々の諸目的を実現する有力な手段としてブラック・スター汽船会社の設立を発表した。ガーヴェイは、米国が交易活動の拡大と海軍の強化によって国力を増大させてきたとの認識から、領土は持たないが、大西洋を挟んで存在する民族（ネイション）として黒人を鼓舞するために、商船会社を持つことを重視した。ガーヴェイがモデルとしたのは、300隻の所属船舶を持っていた米国船舶会議（USSC）であった。

　黒人が独自の企業を持つべきであるとしたガーヴェイは、1920年5月にブラック・スター汽船会社の募金を呼びかけるために6000人を集めた集会において次のように述べた。

　「我々は新しい段階に生きている。我々は新しい時代に生きている。もし我々

が米国で、そしてアフリカで共和国を建設するなら、製粉所、工場を設立することができ、汽船会社を設立することができよう。我々は、この20世紀に、黒人は黒人の指導者ではなく、白人の指導者に従うべきだと言っている南部の貧乏白人に嘘を言っていると非難することができるだろう。我々は、黒人の指導とリーダーシップの下に黒人の計画、黒人の頭脳で考え、黒人の手で働いて策定した計画に従いながら、我々が他の人種の人々ができている商業世界においてできるあらゆることをなすことができると示したい。

あなた方は、もしニューヨークに商業的に立ち上がるなら、議会に黒人の代表がいるかどうかを心配する必要はないでしょう。もしフィラデルフィアやシカゴで商業活動において結果を生じさせることができるなら、議会に黒人の代表がいるかどうかについて心配する必要はなくなるでしょう。(中略) マーカス・ガーヴェイを通じて、黒人が実現に向けた新しい時代に入りつつあるということ、我々は世界の歴史に新しい頁を書いているということを示す2つの運動が開始されているためである。我々が常に何かを提供してきたが、今や我々は他の国や人種に乞い求める代わりに、我々が何かを提供することができるようになろう。彼らが我々に近づいて来るようになるだろう。」[Kallen：55]

このようにガーヴェイは、単に米国の黒人の経済的自立だけを目指したのではなく、全世界の黒人が経済的基盤と主体性を確立するための方途として、黒人が独自の企業を展開することの重要性を聴衆に訴えた。

この時期に、ガーヴェイがUNIAに企業活動を展開させようと考えた背景として、ガーヴェイが、第1次世界大戦の結果としてヨーロッパの経済力が低下する一方で、ラテンアメリカやアフリカが戦後世界で重要性を持つだろうという時代認識を有していたことがある。事実、米国のアフリカとの交易は1914年の4700万ドルから1920年には3億2500万ドルに増加していた。『アフリカン・タイムズ（African Times）』誌のデュゼ・モハメッド・アリ（Dusé Mohammed Ali）は、第1次大戦中に、パンアフリカ的な構想を復活させ、アフリカ系米国人に対して、「民族的な母国」であるアフリカへの関心を強めることを呼びかけ、アフリカ側の商船保有者や商人に資金、交易機会を提供して支援することを提案していた。そして、そのために黒人たちに対して、黒人たちによって所有され、運営される商船を後援するように呼びかけた。黒人所有の商船会社を設立することは、他の諸国と比較して、まず米国において可能性があると考えられた。[Stein：65-68] 米国各地の港湾に登録されていた小規模資本の商船会社の多くが、1910年代後半から高い収益率を記録していたという情勢もあった。年間の収益率増加が数百パーセントに達する場合も少なくなかった。

米国にとっても、特に、第一次原料の入手先としてのアフリカの重要性は増していた。米国の大戦中からの動向を冷静に見届ける一方で、パンアフリカ的な動向にも注視していたと思われるガーヴェイが、1919年に汽船会社の設立を計画したことは、米国の経済的発展の方向性を正確に認識していたことを示すものであり、正確な時代認識に基づいていたものと評価できよう。しかし、人種的偏見や差別が存在していたことが、交易活動や投資活動に支障をもたらすことが多々発生したし、また、米国側、アフリカ側の経済活動従事者の双方から詐欺行為も行われたために、双方の間を公平に取り持つ存在が必要とされた。そして、商船活動が軌道に乗って、UNIAや環大西洋にまたがる民族としての黒人に実際に裨益をもたらすことがまず求められた。また、白人資本家層が所有する企業との競合も、ブラック・スター汽船会社の成否に影響する大きな要素であった。

　まず、船舶の確保が必要であった。船舶購入のためには１隻あたり最低で数万ドルを要すると思われ、しかも黒人には金融機関からの資金調達は困難であるという事情もあった。ブラック・スター汽船会社はUNIAニューヨーク支部の活動として実施されたため、当初は既に開始していたレストラン営業活動を重視して、商船会社の設立に反対する幹部もいたり、ブラック・スター汽船会社の資金運用をめぐってガーヴェイに批判的姿勢をとる者も現れたため、彼らとの論争と彼らの追放を経るという、組織的危機も克服する必要性にも直面した。反対派はUNIAにおけるガーヴェイの指導性における民主性の有無を問題にした。最大の反対者は、ブラック・スター汽船会社の書記であったエドガー・M・グレイ (Edgar M.Grey) であった。グレイは特にガーヴェイによる資金着服を告発した。ガーヴェイはこの種の障害にも直面したが、資金調達のために50万ドルを同社の株式の販売によって賄うため、１株５ドルで株式を売り出した。

　同年９月、ガーヴェイはグレイ等の反対派をブラック・スター汽船会社から排除し、新たに後に妻となるエイミー・アシュウッド (Amy Ashwood) らを参画させて、同社執行部の一新を図った。会計担当のジョージ・トビアス (George Tobias、生没年不詳) は、グレナダ出身でパナマ運河地帯において働いた経験があり、1913年に米国に渡来してペンシルバニア鉄道の海上輸送部門に勤務しており、1918年にニューヨークでガーヴェイと知り合った。書記担当のエドワード・スミス＝グリーン (Edgard Smith-Green、生没年不詳) はイギリス領ギアナ出身で、米国に渡来し、大戦中まではニュージャージー州の弾薬工場に勤務していた。スミス＝グリーンは極めて献身的で、ブラック・スター会社に入れ込んで、同社の危機時にも無給で働いた人物である。副社長のジェレミー・サーテイン (Jeremiah Certain、生没年不詳) は、タバコ企業を経営し

ていたが、一時的に同企業を離れてブラック・スター社の経営に参加した。役員会メンバーのジョン・G・ベインズ（John G.Baynes, 生没年不詳）も2つの独自事業を有していた。役員会メンバーのヘンリエッタ・ヴィントン・デイビス（Henrietta Vinton Davis, 1860-1941）はバルチモア出身の女優で朗読専門家でもあった。彼女はUNIAの中では中間層の文化的分野を代表する人物であった。1919年6月15日にUNIAが開催した討論集会に参加し、1週間後の22日にUNIAに加盟した。同年9月にブラック・スター汽船会社の役員会に入り、以後UNIAとブラック・スター汽船会社の情宣活動の第一人者として活躍した。役員会の若手メンバーのシリル・ヘンリー（Cyril Henry, 生没年不詳）はジャマイカ生まれで、米国のボストン英語学校で学び、1913年にオンタリオ農業専門学校を卒業した後、「アフリカ帰還」運動に共鳴してUNIAに加盟した。新書記のフレッド・パウェル（Fred Powell, 生没年不詳）は、フィラデルフィアで公証人をする傍ら、法律学を学んでいた人物で、1920年2月に解雇され、1922年にはブラック・スター汽船離脱者が発足させていた別の汽船会社に移籍した。

ガーヴェイは、ナッソー出身のイギリス海軍の航海士出身で、アフリカ交易に従事していた船長のジョシュア・コックバーン（Joshua Cockburn, 生没年不詳）を仲介人として、綿花仲買人のW・L・ハリス（W.L.Harris, 生没年不詳）が所有していた「ヤーマス（Yarmath）号」の売買交渉を行い、16万5000ドルで購入した。同船は1887年にスコットランドで造船された貨物船で、第1次大戦中にハリスが35万ドルで購入していた。しかし、実際には、1919年9月末時点で、株券は5383株しか売れていなかった。9月15日にブラック・スター汽船会社は1万ドルだけ支払った。10月14日、ガーヴェイがニューヨークでUNIAが運営するレストランで黒人のジョージ・タイラー（George Tayler, 生没年不詳）によって銃撃されるという事件が発生した。ガーヴェイが死亡したという誤報も一時的に流れる事態となった。そのため、ガーヴェイが健在であることを、迅速に知らしめる必要も生じた。実行犯であるタイラーは逃走を企てたが、後に自殺した。また、この事件が契機となって、逆にUNIA支援の機運が強まって、株式の販売も急激に進み、10月だけで1万1182株が売却された。

1919年6月27日にブラック・スター汽船会社が正式に設立され、9月17日に最初の所属船になる「ヤーマス（Yarmouth）」号の購入契約を結んだ。そして、10月31日、ガーヴェイとUNIAが推進したブラック・スター汽船会社が最初の所属船「ヤーマス」号を就役させた。18世紀末から19世紀に、イギリスや米国から黒人の「アフリカ帰還」が行われたが、使用された船は船舶会社と契約された場合が多く、黒人側が主体的に汽船会社を運営して、汽船を保有するということ

はなかった。従って、ブラック・スター汽船会社は史上初めての黒人が所有した汽船会社であり、特に歴史的に重要なのは、汽船会社を運営したというだけでなく、実際に汽船を所有したという事実である。同社は黒人の「独立独歩（Self-Reliance）」の精神の象徴として大きく宣伝された。

　後に「フレデリック・ダグラス」号と改名される「ヤーマス」号は、10月31日に就役したにも拘わらず、実際のキューバへの出航は11月24日まで延期された。保険が手当されていなかったためであった。1919年半ばの時点では黒人の船長や船員を確保することは極めて困難な状況にあった。しかし、ガーヴェイは「ヤーマス」号のためにバハマ生まれのジョシュア・コックバーンという、前出の船長資格を持つ黒人を雇用した。コックバーンは長年にわたりナイジェリア往復などアフリカ航路に従事した経験があった。「ヤーマス」号は、19世紀の米国黒人の指導者であったフレデリック・ダグラス（Frederick Douglass）に因んで同名の船名に変更された。1919年11月24日、UNIAの会員やシンパの多くの人々がハーレムの135番埠頭に集まって、キューバ、ジャマイカ、パナマに向けて出航する「フレデリック・ダグラス」号を見送った。キューバへはセメントと若干の旅客を輸送した。第2航海、第3航海も、カリブ海、中米、米国の間に予定されていた。「フレデリック・ダグラス」号の就航によって、ブラック・スター汽船会社の評価は高まって、賛同者も増加した。

　同年6月に、初代編集長であったW・A・ドミンゴに代わって『黒人世界』の編集長となったW・フェリスは、以前にシカゴで『チャンピオン（Champion）』誌の編集長を務めていたが、1917年にフィラデルフィアに転住し、AMEの信者を対象とした『クリスチャン・リコーダー（Christian Recorder）』誌の編集長であった人物である。フェリスは、「フレデリック・ダグラス」号の就航に際し、「同船の就航は、両半球の黒人に感動を与え、黒人を文明世界の中で向上させることになろう」と讃えた。多くの黒人知識人が、フェリスの興奮に同調した。常にガーヴェイに対して批判的であったデュボイスも、「彼が語り行おうとしていることは、米国黒人が資本を蓄積して役立て、産業を組織し、交易企業によって南大西洋の黒人中心地と結合し、黒人のための本拠を解放することである。これは実現可能である。このような計画はガーヴェイのオリジナルではなく、彼が通俗化したものにすぎない」と、皮肉を込めて語った。また、デュボイスが指導するNAACPの書記であったウィリアム・ピッキンス（William Pickens, 1881-1954）はさらに積極的に、「まだ萌芽状態ではあるが、汽船会社の設立は20世紀における黒人の偉大な成功例の一つである」と述べた。社会主義であったジョージ・フレイザー・ミラー（George Frazier

Miller, 1864-1943)でさえ、「ガーヴェイは非常識と考えられていたことを現実に変えた」とまで述べた。[Stein：81-82]

　ガーヴェイとブラック・スター汽船会社の役員会は、黒人労働者層に株式購入を促進するために、黒人労働者層が多く居住する地域があるヴァージニア州、ペンシルバニア州、オハイオ州、インディアナ州、イリノイ州に事務所を設けた。「フレデリック・ダグラス」号の取得は、株式売却への大きな刺激となった。1919年11月20日には、役員のシリル・ヘンリーとヘンリエッタ・ヴィントン・デイビスがカリブ諸島、中米、南米に株式売却の宣伝活動のために派遣された。同年末までにブラック・スター汽船会社は、株式売却で18万8470ドルを取得した。しかし、支出も増大して資金に食い込んだ。「フレデリック・ダグラス」号の第1回航海での旅客および貨物輸送での収入は6333ドルであったのに対し、必要経費は3万589ドルと、大幅な赤字となった。ブラック・スター汽船会社は、この赤字を株式売却によって得た資金で補填したが、その後もこのような操業状態がパターン化し、常に赤字の経営状態となっていった。

　しかし、ガーヴェイらは同社への大衆的な熱狂が伝えられることで楽観的になり、赤字補填と次の所属船の購入のため、同年12月22日には株式を100万株にまで増加させた。黒人の人種・民族意識を高めて、彼らの支援と協力を拡大するために船名を「ヤーマス」号を「フレデリック・ダグラス」号に改名したのもこの時期であった。

　同年12月13日に「ブラック・ダグラス」号は帰港したが、船体の補修が必要であった。しかし、ガーヴェイはグリーン・リバー・ディスティリング社との間で、禁酒法が発効する1920年1月17日以前にウィスキー800トンをキューバに輸送する契約を交わしたため、寄港後も補修なしで出航することになった。契約は1トン当たり9.5ドルで署名された。コックバーン船長は、同船の船体はウィスキー運搬用にできていないことで反対したが、ガーヴェイは宣伝効果の大きさを強調して説得した。さらにコックバーン船長が反発したのは、アイバーン・エンジニアリング社に依頼する補修費は1万1000ドルを要するにも拘わらず、グリーン・リバー・ディスティリング社との契約額はそれを下回っていたことであった。ガーヴェイは補修費用を3400ドルに割り引かせようとした。「フレデリック・ダグラス」号は、ウィスキーと35人の乗客を乗せて出航した。アイバーン・エンジニアリング社の請求額が支払われなかった。このため、この問題は出航後も尾を引くことになる。同船はニュージャージー州のケイプ・メイ沖合で暴風に巻き込まれたため、沿岸警備隊が港に牽引した。荷主はコックバーン船長に2000ドル渡して荷の安全を確保させようとした。これがブラック・スター汽船会社と

同船長との間の紛争を拡大した。同船長は給与が遅配していることが荷主から2000ドルを受け取った理由であると抗弁して、会社側を非難した。この問題は会社側の給与不払い問題にまでに発展し、事態を紛糾させる原因となった。ブラック・スター汽船会社の雇用政策は極めて伝統的で、被雇用者側が犠牲とされることが多かった。一方、コックバーン船長はしたたかな人物で、出港後まもなく機関士と共謀して船の機関を故意に故障させ、船の故障を理由にウィスキー500箱を海に放り出させ、後に沿岸から仲間がやってきてそれらの箱を持ち去った。

「フレデリック・ダグラス」号は、3月3日にキューバに到着し、積荷である残りのウィスキーを下ろした後、ジャマイカを経由して、500人の乗客を乗せるためパナマ運河地帯に向かった。この時期に、パナマ運河地帯では大量解雇が発生し、失職したカリブ諸島出身の労働者は抗議ストライキを決行した後、キューバに渡航しようとしていた。しかし、同船は乗客を乗せた後も、ガーヴェイの要請で株式の売却促進とUNIAの会員増員の目的で、パナマのアルミランテとコスタリカのプエルト・リモンに立ち寄り、その後キューバのサンティアゴ・デ・クーバで乗客を降ろし、ジャマイカでボイラーの修理をした後、700トンのココナツを積み込んだ。その後、ガーヴェイの命令で、同船はフィラデルフィアとボストンに立ち寄って、UNIAの情宣活動を行ったため、時間を浪費し、同船がニューヨークに寄港した時点には、ココナツは腐敗してしまっていた。

第3回目の航海の途中で、同船は日本船籍の貨物船を救援し、日本船の積荷を代わって輸送することになったが、ブラック・スター汽船会社側は荷主のイギリスのロイド・オブ・ロンドン社に対して4万5000ドルを要求し、荷主側はそれに応じた。1920年6月30日、ブラック・スター汽船会社は、「フレデリック・ダグラス」号の買収の残額として17万1500ドルを支払った。さらに、修理、給油、賃金支払い、その他オペレーション経費として13万8470ドルを費やしたが、他方旅客・輸送からの収入は4万4780ドルであった。9万3690ドルの赤字が生じたことになる。「フレデリック・ダグラス」号の運用に関する収支は、ブラック・スター社の内部に経営方法の改善を求める声を生じさせた。

1920年4月10日、ブラック・スター汽船会社は2番目の所属船となる、1873年に建造された「シャディサイド（Shadyside）」号を取得した。購入額は3万5000ドルであった。この船はクルーズ船であり、株式売却の宣伝のために運航されたハドソン川を上下する川巡りのツアーに使用されたが、外洋航海には向いていなかった。同船は同年夏に数回のツアーを実施したが、1万952ドルの赤字を計上した。同船は、1920年から1921年の冬の間に、ニュージャージー州のフォート・リー沖合で暴風にあい、停泊したまま沈没してしまった。

ガーヴェイは政治的効果に重点を置いたため、事業の黒字経営を軽視する傾向があった。そして、株式市場に影響できなかったので、株式の売却によって資金を調達し続けた。しかし、株式の売却は「フレデリック・ダグラス」号が就役した1919年10月に1万1182株を売却した時期をピークとして、1920年以降は減少し続け、同年4月までは月間8000株〜1万株で推移したが、5月には6856株、6月には5146株に低下、7月には5690株に少し回復したが、12月には2971株まで減少した。株式売却の低下には、UNIAやブラック・スター汽船会社からの離脱者による言動が影響した。例えば、同年2月に解雇された前書記のフレッド・パウエルは、『ニューヨーク・ニュース』紙に、「フレデリック・ダグラス」号は未だカナダの汽船会社に所属しているはずであると言明した。事実、ブラック・スター汽船会社は同年1月17日に4万9000ドルを支払ったにすぎず、買収全額の支払いを終わっていないため、正確には同船は賃貸状態にあったにすぎないため、カナダ政府は船籍の移籍手続きを行っていなかった。この言明に対して、ガーヴェイは同年4月21日にマンハッタン・カジノで行われた示威行動において反論し、「ブラック・スター社はすでに2隻の船を所有しており、1週間以内に3隻目の船を取得する予定であると確約する。これが我々を批判する者たちに対して我々が行える回答である」と述べた。

　1920年6月、ブラック・スター汽船会社は3隻目の所属船となる木製の「カナワ（Kanahua）」号を取得し、キューバ独立戦争の英雄の一人の名に因んで「アントニオ・マセオ（Antonio Maceo）」号と命名した。購入額は6万5000ドルであった。「カナワ」号はヨットに分類される船であった。このような船の取得については会社内部に批判も存在した。4月23日、ガーヴェイは「カリブ諸島間の往復には諸島間の旅客および貨物の輸送には小型船舶が必要であり、"フレデリック・ダグラス"号はキューバ経由でジャマイカと米国を結ぶような長距離航行に適している」と説明した。ガーヴェイは「フレデリック・ダグラス」号を米州各地の間の定期航路に使用し、「カナワ」号を諸島間の旅客と貨物の随時の運送に使用しようとしたものと考えられる。しかし、「アントニオ・マセオ」号は動力機関の状態が悪く、後にキューバのアンティーリャで放棄された。

　4隻目の所属船の取得を目指して交渉がなされ、2万ドルが支払われたが、取得されるには至らなかった。ブラック・スター汽船会社はこの4隻目の所属船に、「フィリス・ウィートリー(Phillis Wheatley)」号と命名する予定であった。ウィートリーは1753年にアフリカに生まれ、少女の頃に奴隷として米国に連れて来られたが、後にアフリカ系米国人として先駆的な詩人となった女性である。ブラック・スター汽船会社は、「フィリス・ウィートリー」号にアフリカ系米国

人、カリブ諸国、アフリカの間の交易を促進するという大きな計画を策定していた。ガーヴェイはこの船の船長として、グラナディーン諸島のユニオン島出身のヒュー・マルザック（Hugh Mulzac, 1886-1971）を望んでいた。マルザックは以前に、コックバーン船長に代わって「フレデリック・ダグラス」号の船長として勤務した経験があった。その後、第２次世界大戦中には米国船籍の商船の最初のアフリカ系船長になった人物である。1921年にブラック・スター汽船会社は「フィリス・ウィートリー」号をニューヨークからキューバ、ドミニカ共和国、セント・キッツ、ドミニカ島、バルバドス、トリニダッド、イギリス領ギアナ経由で、リベリアのモンロビアに航行させることを計画していた。

　ブラック・スター汽船会社の船は、米国の内外を問わず、寄港先の至る所で盛大な歓迎を受けた。しかし、同社は初期の目ざましい成功にも拘わらず、失敗した。その原因の大半は、所属船の買収交渉にあたった関係者が、白人や黒人に拘わらず数万ドル規模の横領を働いたためであり、また操業２年目から収益が低下し始めたためであった。1919年10月から1920年８月までの収益は３万2210ドルであったが、1920年９月から1921年６月までの収益は8644ドルに低下した。「フレデリック・ダグラス」号の旅客輸送の収益も１万2578ドルから4696ドルに減少した。操業を開始した時点では、第１次大戦が終了した直後であったため、船舶売買価格が低下したので比較的低価格で船舶を取得できたが、その後経済情勢が低迷し始めたために輸送業務を内容とする営業は徐々に多難な状況になっていったのである。[Stein：133] ガーヴェイに拠れば、ブラック・スター汽船会社は、1921年12月に営業を停止した。[Garvey 2004：7]

　「フレデリック・ダグラス」号の船長を務めたこともある、前出のヒュー・マルザックは同社の失敗について次のように述べている。

　「ブラック・スター汽船会社の船員の誰もが海運ビジネスに関する初歩的な理解さえ持っていなかった。会社の執行部は、オポチュニストや海運業界以外のあらゆる職業の関係者であった。海運は、特に1920年代には世界で最も効率性の高い産業の一つであり……大規模で効率的な企業が貨物輸送に参入していた。これらの企業と有効に競合するためには、良好な船舶を持ち、資金力があり、優秀な代理人がおり、何よりも効率的な経営が必要であった。

　「フレデリック・ダグラス」号は、数十万ドルを失った。積むべき貨物もない港に入港し、実際に有する価値以下で用船契約された。

　こうして、黒人の壮大で大胆な夢は破局で終わった。つつましい男女の黒人の貴重な資産は、配当として人種的誇りの膨張だけを受け取った。

　私や他の数千人の人々にとって大きな冒険として始まったことが、喜劇と失望

で終わってしまった。理想主義の結果から損害を被ることを見積もることは難しい。数千人の人々がブラック・スター汽船会社の株を購入するために持ち家を抵当に入れ、他の人々は、決して港を出ることのなかった船に乗ってアフリカに行くための運賃を払うために家財道具を売ってしまった。ドルは、すべての人の夢と、個人の野望と、願いとともに蒸発してしまった。」[Kallen：59]

　ブラック・スター汽船会社は、マルザックが述べるように、海運会社の経営経験のない素人集団が夢だけを追って非現実的な運営に走ってしまったために、潰れるべくして潰れたと言える。同時に、ガーヴェイの一つの希望も挫折した。UNIAを世界に拡大し、アフリカを解放してアフリカに黒人の「国家」を作ろうとして考案した一つの方法、構想自体はある意味では現実的であったが、運営が現実的ではなかった。「フレデリック・ダグラス」号は、1920年12月に、未払いの修理費7万5000ドルの未決済を理由に連邦当局によって押収され、1625ドルで売却された。

　ブラック・スター汽船会社は破綻したものの、それ以外の産業を統括していた黒人製造会社（NFC：Negro Factories Corporation）は、比較的良好な経営状態を継続した。NFCは傘下にクリーニング店（複数）、軍用品店、レストラン（複数）、食料品店（複数）、ホテル、洋裁店（複数）、人形工場を経営していたが、UNIAはNFCの経営のため1株5ドルの株式を20万株売却して資金とした。これらの店舗は黒人だけでなく、白人も顧客として商業活動を行った。食料品店は、ハーレムでの小売りだけでなく、販路を拡大して南米、カリブ諸島、アフリカの一部にも商品を輸出した。NFCは、1924年までにハーレムを越えて事業を拡大し、米国内ではフィラデルフィア、シカゴ、デトロイト、ピッツバーグに、海外ではパナマのコロン、ジャマイカのキングストンに不動産を所有して店舗を構えた。米国内での雇用は全体で1000人を超え、海外での事業でも数百人を雇用した。また、米国国内では不動産3件と商用の大型トラック2台を所有した。このように、ガーヴェイとUNIAが実現しようとした企業活動は、ブラック・スター汽船会社を除くと、1920年代後半までは小規模ながら相対的には成功していたと言えよう。

　ブラック・スター汽船会社の営業活動の低迷に加えて、ガーヴェイは同社の株式売却に伴う募金に絡む詐欺罪で訴えられ、1922年1月に逮捕された。ブラック・スター汽船会社が財政破綻し始めた時期に、同社の株式を購入すると資産を増やせるという内容の宣伝文書を郵便を利用して送付したことが、郵便法に違反する詐欺行為であると告訴されたのである。裁判は1923年3月に始まり、裁判でガーヴェイは自ら弁護人の役を果たした。慣れない法廷で、判事と議論した

り、長々と演説することもあった。検察側は、ブラック・スター汽船会社の不正管理を追求した。確かに、ガーヴェイが同社の財政問題に十分留意しなかったことが、同社の破綻の一因であった。人事面においても、経験のない無能な者を重要な地位に配置するという誤りも犯した。裁判の結果、同年6月21日に有罪判決を受け、判決は5年間の禁固刑と1000ドルの罰金であった。裁判費用の負担も命じられた。同年夏、ガーヴェイはマンハッタン拘置所に留置されたが、同年9月に上告を理由に釈放された。1925年3月に、刑が確定して再び身柄を拘束され、アトランタ刑務所に収監された。釈放中の15ヶ月間、ガーヴェイは精力的に活動し、新たにブラック・クロス汽船会社を設立、また黒人政治連盟（NPU：Negro Political Union）を結成した。NPUは、政党を問わず黒人の候補者を支援することを目的として結成された組織であった。[Haugen：75-79]

　1922年にガーヴェイとUNIAに対する反対派であるNAACP幹部らの黒人統合主義者が「マーカス・ガーヴェイ、出ていけ（Marcus Garvey Must Go）」キャンペーンを開始し、翌1923年1月に黒人統合主義者8人が米国連邦検事総長に対してガーヴェイの逮捕と国外追放を求めた。米国政府は、ガーヴェイとUNIAを危険視して監視を強めていた時期でもあったため、ガーヴェイは詐欺容疑で逮捕され、訴追されたと考えられる。

　ガーヴェイが、獄中から『黒人世界』に敵対者を攻撃し、支持者を鼓舞するために、社説を執筆し送り続けた。ガーヴェイは1922年6月に先妻とエイミー・アシュウッドと離婚したが、その1ヶ月後の7月27日に私設秘書であったエイミー・ジェイクス（Amy Jacques, 1895-1973）と再婚した。エイミー・ジェイクスは、獄中にあったガーヴェイの支援のために奮闘した。1923年にはガーヴェイの著作や演説を集約した『マーカス・ガーヴェイの哲学と思想』を出版、1925年12月には自身が執筆した「マーカス・ガーヴェイ伝」である『ガーヴェイとガーヴェイ主義』を出版して、ガーヴェイを支援した。

　1927年11月に、それまで治安上の理由からガーヴェイの釈放に反対していた検事総長ジョン・サージェント（John Sargent）が姿勢を変えて、ガーヴェイの釈放をカルビン・クーリッジ（John Calvin Coolidge, Jr., 1872-1933）大統領に進言したこともあり、11月18日に同大統領の特赦によって、1928年10月14日までであった刑を減刑されて釈放された。しかし、米国滞在は認められず、国外追放処分に処せられた。ガーヴェイの服役中も、ガーヴェイの政治的影響力は、1919年から1920年の間の絶頂期ほどではなくなったものの、黒人大衆の間ではなお維持されていた。1926年に実施されたUNIAの第5回世界大会には数万人の人々が米国の内外からハーレムに結集した。ガーヴェイの国外追放は、米国政府

がガーヴェイによる米国国内での活動の継続を危険視したことを示すものであることは明白である。

ガーヴェイは自らの減刑恩赦について、次のように述べている。

「私は、UNIA、ブラック・スター汽船会社、ブラック・クロス航海・貿易会社の活動を強化することを目的にニューヨークに帰還する機会を得るために、アトランタからの釈放を望んでいた。しかし私の敵たちが私のニューヨークへの帰還を許さなかった。彼らは、私のニューヨーク帰還によってのみ動かすことができたはずの各社の資産を奪い取った。彼らは、私をジャマイカに追放するよう労働省と国務省に影響力を行使した。私はニューオーリンズに送られ、そこから母国であるジャマイカに追放された。」[Haugen：83-84]

ガーヴェイは、自分が国外追放措置を受けた背後には、デュボイスらの黒人側を含めた強力な敵対者の意向が介在したものと推測したのだろう。1927年12月3日、ガーヴェイは5000人の人々に見送られて、ニューオーリンズを後にした。ガーヴェイが再び米国の地を踏むことはなかった。

(3) 各国・地域支部の状況

UNIA は1926年時点で米国の38州に717支部を設置し、米国の国外では4大陸の41ヶ国・地域に266支部を設置した。合計で世界中に983支部が設置されていた。詳細は、米国国内、国外でそれぞれ右表の通りである。

〈表－1〉の通り、米国には、38州に支部が設置されたが、全国的には717支部が建設され、ニューヨークやシカゴのように大都市には規模の大きな支部も存在した。他方、米国の国外には、〈表－2〉の通り、3大陸1地域の41ヶ国・地域に266支部が設置された。地域別にみると、カリブ諸島に116支部、中米・メキシコに95支部、アフリカに18支部、南米に17支部、北米（カナダ）に15支部、イギリスに4支部、大洋州（オーストラリア）に1支部が設置されていた。特に、多くのカリブ諸島に UNIA の支部が設置されたことは、史上初めてパンカリブ的な運動が形成されたとの見方もできる。[Martin 1983c：59]

(イ) キューバ

キューバに UNIA 支部が多かったのは、在住するジャマイカ人が多かったためである。1935年までの半世紀の間に年間平均1万人のジャマイカ人がキューバに到着したが、そのピークに達したのは1919年、その1年間だけで2万1573人のジャマイカ人がキューバに移住した。1910年代から1920年代にかけてキューバは資本主義的な発展が顕著で、農業においても大土地所有が増加する一方

6．UNIA の勢力拡大

〈表－1：米国国内の州別支部数〉

州名・支部数		州名・支部数		州名・支部数	
ルイジアナ	74	イリノイ	23	マサチュセッツ	7
バージニア	48	ミズーリ	21	アリゾナ	4
ノースカロライナ	47	カリフォルニア	16	コロラド	3
ペンシルバニア	45	ニューヨーク	16	デラウェイ	3
ウェスト・ヴァージニア	44	ミシガン	14	ワシントン	3
ミシシッピ	44	インディアナ	13	コロンビア区	2
オハイオ	39	アラバマ	11	アイオワ	2
アーカンサス	38	コネチカット	10	ロードアイランド	2
フロリダ	32	メリーランド	10	ネブラスカ	1
ニュージャージー	31	テネシー	9	オレゴン	1
オクラホマ	28	テキサス	9	ユタ	1
ジョージア	26	ケンタッキー	8	ウィスコンシン	1
サウスカロライナ	24	カンサス	7		

(出典：Martin 1976：15)

〈表－2：米国以外の各国・地域別支部数〉

国／地域名・支部数		国／地域名・支部数		国／地域名・支部数	
キューバ	52	イギリス領ホンジュラス	4	ドミニカ	1
パナマ	47	メキシコ	4	オランダ領ギアナ	1
トリニダッド	30	シエラレオネ	4	エクアドル	1
コスタリカ	23	イングランド	2	グレナダ	1
カナダ	15	ゴールド・コースト	2	ハイチ	1
ジャマイカ	11	リベリア	2	ネーヴィス	1
ホンジュラス	8	バハマ	2	ナイジェリア	1
南アフリカ	8	パナマ運河地帯	2	プエルトリコ	1
イギリス領ギアナ	7	南西アフリカ	2	セント・キッツ	1
コロンビア	6	ウェールズ	2	セント・ルシア	1
ドミニカ共和国	5	アンティガ	1	セント・トマス	1
グアテマラ	5	オーストラリア	1	セント・ヴィンセント	1
ニカラグア	5	バーブーダ	1	ベネズエラ	1
バルバドス	4	ブラジル	1		

(出典：Martin：Ibid.16)

で、農民のプロレタリア化が進展した。これらのプロレタリア化した農民の大半は大土地所有制の砂糖生産プランテーションに吸収されたが、それでも労働者は不足し、そのため1913～1921年に権力の座にあったマリオ・ガルシア・メノカル（Mario García Menocal, 1866-1941）政権は、経済成長に伴って生じた労働力不足を補填するために、ジャマイカを含む各国政府と非熟練労働者（Braceros）の導入に関して協定を締結した。1913年から24年までの間にキューバは21万7000人の外国人労働者を受け入れたが、経営者層はスペイン語圏のプエルトリコ人はさておき、フランス語圏のハイチ人に比べると英語圏のジャマイカ人を好んだ。特に米国資本の企業が多かったため、これら企業の経営者層はジャマイカをはじめ、イギリス領のカリブ諸島の出身者を好んで雇用する傾向にあった。また、識字度においてもジャマイカ人はハイチ人よりも高く、職人としての熟練度も高かったことが原因している。ジャマイカ人はたとえ砂糖プランテーションでのサトウキビ刈りから始めたとしても、後には砂糖工場の労働者に昇進する者が多かった。また、西インド諸島出身の女性はキューバ人家庭で家政婦として雇用された。

　経済的には搾取されている労働者として、また文化的なマイノリティとして、キューバに移住したジャマイカ人などのカリブ諸島の出身者はガーヴェイの運動に惹き付けられる傾向があった。こうしてUNIAのキューバでの影響力拡大においては在住ジャマイカ人が果たした役割が多かった。一方、キューバの黒人は他のカリブ諸島出身者と同様の経済的、社会的、文化的な抑圧状態に置かれていたが、UNIAの運動にはあまり参加しなかった。集会には参加したが、運動に参加する者は少なかった。その最大の理由は、キューバの黒人は固有のアフロ・キューバ文化を有し、独特の語彙、料理、音楽、宗教的伝統（ヨルバ系のサンテリアやコンゴ系のパロ・マヨンベなど）を保持していたこともあり、ジャマイカ発の運動であるUNIAに対して違和感を強く持ったという要因があった。キューバはカリブ世界においても、極めて強いアフリカ的伝統を保持した国である。ジャマイカにおいては、前出の通り（第2章第1節）、18世紀末からの黒人バプティスト教会の影響力拡大によってアフリカ的な伝統的要素は吸収されてきた。キューバでは黒人の間でのアフリカ的伝統がUNIAを拒否させる傾向があった。しかしその一方で、キューバへのガーヴェイ主義の影響は寧ろハーレム・ルネッサンスの文化的影響を通してであったと指摘されている。

　キューバの黒人がガーヴェイ主義運動にあまり参加しなかった理由は、キューバでは1868年10月から1878年12月まで10年間続いた第1次独立戦争と、1895年から3年間続いた第2次独立戦争に多くの黒人が参加したという経緯もあり、黒人

層の中に差別意識が早い時点から形成されており、1920年前後の時点では黒人層は既に何らかの解放運動を知る機会を得ていたことが挙げられる。この点で、20世紀初頭に黒人解放運動が開始した米国とは異なる条件があった。これもキューバ人黒人がUNIAに対して関心が薄かった理由として指摘される。

1921年3月3日、ガーヴェイがブラック・スター汽船会社が所有する「フレデリック・ダグラス」号に乗船してキューバを訪問した。キューバ訪問の目的はUNIAの活動の宣伝も目的としていたのであろうが、寧ろそれよりもブラック・スター汽船会社のプロジェクトのためであったようである。到着当日にガーヴェイはキューバの日刊紙『エラルド・デ・クーバ (Herald de Cuba)』とのインタビューに応じ、翌日記事が第1面に掲載された。このインタビューの中でガーヴェイは、「キューバ国内にはすでに25の支部が設立されている。今回はそのうちモロン、ヌエビタス、サンティアゴ・デ・クーバ等の支部を訪問する予定である」と述べる一方で、キューバの国内政治に干渉するつもりはないと表明した。また、「アフリカ帰還」については次のように説明した。

「私が黒人をアフリカに連れて行こうとしていると思うことは誤りである。私は、米国の黒人は北米文明を確立することに協力すべきであり、それ故に米国に生き、機会と境遇における平等を切望する完全な権利を有している。一人一人の黒人は、彼が生まれ、彼が選択した国の市民となることができる。しかし私は、偉大な諸国民が協調を特徴としながら、アフリカに黒人をほかの諸人種と同様に尊敬させるような偉大な国が建設されることを予見する。キューバの黒人は、彼らを保護するに十分に強力な国の子孫として配慮され尊敬されるような、アフリカの国家が存在する故に、このアフリカの国家の建設に賛成するであろう。(中略)

すべてのアフリカがヨーロッパの諸国家によって分割されている。しかし、アフリカは我々の父祖の地であり、我々はアフリカに譲ることのできない権利を有している。"新しい黒人"は、彼らがアフリカについて考えないと言われるのは、アフリカが野蛮な人びとや食人種の地であるからではなく、ヨーロッパ人による権利侵害を容易にするためには父祖の地にいかなることもしたいとは思わないからである。(中略)

勿論、我々はヨーロッパ人をアフリカから蹴り出さねばならない。皆さんは、この任務を我々が進めるための方法について知りたいでしょう。しかし、それは組織の秘密です。我々の計画はアフリカの諸部族の文明化も含んでいます。この仕事はアフリカの救出への道を容易にするでしょう。」[Lewis：Op.cit.109-111]

インタビューを行った記者がガーヴェイに、「あなたの運動は武装闘争になると思いますか」と質問したのに対して、ガーヴェイ「我々の問題はアイルランド問題と同様です。時として闘いなくして権利を認めさせることは困難です。キューバの独立がその一例です」と答えている。このガーヴェイの発言が、その後キューバの当局者にガーヴェイ及びUNIAに対して警戒させるようになる。但し、その時のキューバ訪問ではキューバ国内各地で講演を行うことを許可されたし、ガルシア・メノカル大統領と会見することもできた。同大統領は、保守派の政治家であったが、政策として政治的基盤である米国系を含む大土地所有者層の利益を考慮して、砂糖プランテーションへのカリブ諸島からの労働者導入に積極的であったため、ガーヴェイの影響力を配慮して会見に応じたと思われる。その後、マチャド（Gerardo Machado y Morales, 1871 –1939）政権は1928年、29年にUNIAの機関誌『黒人世界』を発禁処分にしている。当時の内務相デルガード（Manuel Delgado, 生没年不詳）は「キューバには人種問題はなく、ガーヴェイの扇動はキューバ社会に対する偏見である」と発言した。このようなマチャド政権下で採られたガーヴェイに対する強硬な措置は、大恐慌の影響下で砂糖産業が低迷し、他方キューバ人労働者と他のカリブ諸島出身の労働者の間の競合が激化したこと、およびキューバ当局がカリブ諸島出身労働者の労働組合運動の急進化を警戒したという背景があった。キューバのハバナ支部、サンタ・クララ支部、カマグエイ支部はカリブ地域全体でも強力な支部であったが、マチャド政権下の抑圧的措置により1930年代半ばには消滅した。

(ロ) ジャマイカ

ジャマイカにはキングストン、ボグ・ウォーク、ケンシングトン、モンテゴ・ベイ、モラント・ベイ、ポート・アントニオ、リソース、セント・トマス、スパニッシュタウン、スウィフト・リバー、セント・アンドリューの11ヶ所にUNIA支部が設立された。キューバ、パナマ、コスタリカ、ニューヨークの各支部には多くのジャマイカ出身者がいた。他方、キングストン支部はクリーニング店や協同組合銀行を経営していた。キングストンにはブラック・スター汽船会社の「フレデリック・ダグラス」号が何度も寄港し、ガーヴェイ自身も1921年に数度訪問している。

(ハ) トリニダッド

トリニダッドにはポート・オブ・スペイン、サン・フェルナンド、バランドラ・ベイ、カラピチャイマ、カロニ、セドロス、チャグアナス、コウバ、ダバ

ディエ、エンタープライズ、ガスパリージョ、グァイコ、イエレ・ビレッジ、ラ・ブレア、リリー・オブ・ザ・ナイル、ロス・バホス、ムクラポ、セント・ジェイムズ、マラベージャ、マトゥーラ、モルネ・ディアブロ、パルミラ、ペナル、プリンスタウン、リオ・クラーロ、セント・メアリー、セント・マデレイヌ、シパリア、テーブルランド、ビクトリア・ビレッジ、ウィリアムズビルの30ヶ所にUNIA支部が設置された。支部数は、カリブ諸島ではキューバに次いで2位、世界的にも米国、キューバ、パナマに次いで4位であった。トリニダッドでは、UNIAは強力なトリニダッド労働者組合（TWA）と協力関係にあった。同島では、TWAの指導下で1919年に港湾労働者を中心とする労働条件の改善を求める大規模な労働争議が発生したが、TWAの指導者の多くがUNIA支部の会員であった。代表的な人物はジョン・シドニー（John Sidney, 生没年不詳）で、1919年の労働争議後、国外追放された。後にトリニダッドを代表する共産主義者になり、また1945年にエンクルマとともに第5回パンアフリカ会議の開催に尽力したジョージ・パドモアもこの労働争議に関与しており、1938年に世界的にも有名になる『ブラック・ジャコバン　トゥサン＝ルベルチュールとハイチ革命』を執筆したＣ・Ｌ・Ｒ・ジェイムズ（Cyril Lionel Robert James, 1901-1989）もこの労働争議に関与していたが、彼によれば、パドモアは労働運動を通じてガーヴェイの思想に馴染んでいたという。［Lewis / Warner Lewis：69］

　トリニダッド植民当局はUNIA機関誌『黒人世界』を流通禁止するなど、イギリス領カリブ諸島の植民地政府の中でもUNIAに対して最も敵対的な姿勢を示した。このため、UNIAが支部を全島に展開するには時間を要した。しかし、ガーヴェイに共鳴する植民地官吏もいた。ポート・オブ・スペイン副市長で植民地議会の議員でもあったＡ・Ａ・シプリアーニ（A.A.Cipiriani, 生没年不詳）である。シプリアーニはかつてTWA議長を務めた経験のある人物であり、マーチソン・フレッチャー総督（Sir Murchison Fletchar, 1878-1954）にガーヴェイの同島上陸を許可するよう説得した。ガーヴェイは、米国追放から10年を経た1937年になって漸く、政治的な演説をしないことを条件に上陸を許可された。

(二) バルバドス

　バルバドスには、ブリッジタウンのウェストバリー・ロードとバクスターズ・ロード、クラブ・ヒル、インディアン・グラウンドの4ヶ所にUNIA支部が設立された。これら4ヶ所以外に、セント・ルーシー教区のハーフ・ムーン・フォートとセント・ジョン教区のベンチャーにも支部が設立されていた可能性が

ある。[Worell：12] バルバドス支部幹部の一人はジョン・ベックルズ（John Beckles、生没年不詳）であった。他には、後にそれぞれの子息が首相や副首相になったレギナルド・バロー（Bishop Reginaldo Barrow、生没年不詳）やジェイムズ・A・チューダー（James A.Tudor、生没年不詳）もいた。1922年1月3日、ベックルズは同島を使節として訪問したUNIAのリチャード・ヒルトン（Richard Hilton、生没年不詳）牧師を自宅に夕食招待している。ガーヴェイ自身は、米国追放後の1928年11月15日にバルバドス島に到着したが、その際は上陸せず、1937年に2日間滞在している。ガーヴェイはクイーンズ公園で行われた大集会で演説した。それを組織したのがチューダーであった。

1924年にバルバドスにおいて、ガーヴェイに刺激されてチャールズ・ダンカン・オニール（Charles Duncan O'Neal、生没年不詳）、クレンネル・ウィックマハム（Clennel Wickham、生没年不詳）らの進歩的な人々によって、バルバドスで最初の政党である民主主義同盟（DL：Democratic League）が結成された。ガーヴェイ支持者の多くがDLを支持した。1926年にはこのDLの労働者組織として労働者協会（WMA：Workingmen's Association）が設立された。WMAは労働組合としてではなく、DLの産業・ビジネス界での活動組織として機能した。WMAの幹部であるモセス・スモール（Moses Small、生没年不詳）やエドウィン・タイット（Edwin Taitt、生没年不詳）らは、黒人の復権は文化的、政治的にエチオピアをアフリカ大陸のメッカとして再確保することが最大の課題となると述べており、パンアフリカ的でエチオピアニズム的な姿勢を表明していた。WMAでは、UNIAの「聖歌」である「エチオピアよ、そなたは我が父祖の地」が歌われていた。[Worell：23] 1920年代のバルバドスではUNIAとWMAの2組織が、社会的重要な組織として機能した。

(ホ) パナマ

パナマ地方では、1846年に米国が地峡横断鉄道の建設を提案し、1850～55年に同鉄道が建設された。地峡地帯は人口密度が低かったために、この時期から多くの外国人労働力が雇用されていた。ジャマイカからも約5000人がこの時期にパナマ地方に移住した。ジャマイカ人のパナマ渡航がピークに達したのはレセップス（Ferdinand de Lesseps、1805-1894）のパナマ運河会社が運河建設を開始した1880年代で、1882-84年の2年間に、当時人口58万人であったジャマイカから3万2958人がパナマに出国した。その後一部は帰国しており、1889年には1万4962人が帰国した。

パナマ地方は、1903年11月にパナマ運河建設の継続を目的として米国の主導に

6. UNIAの勢力拡大

よってコロンビアから分離されて独立し、米国はパナマとの二国間条約で運河の建設と完成後の管理権を認められた。米国は1904年に建設事業を再開し、1914年にパナマ運河は完成された。運河建設には多くのカリブ諸島出身の黒人労働者が従事した。1914年には建設工事に雇用されていた外国人労働者は4万4329人に達していた。1906年から1908年の2年間には、ヨーロッパ系の労働者が1万2000人であったのに対して、カリブ諸島出身の労働者が2万7000人も雇用されていた。出身別では、ジャマイカ、バルバドス、トリニダッド、グレナダ、イギリス領ギアナ等のイギリス領カリブ諸島だけでなく、マルチニークやグアダループのフランス領のカリブ諸島からも多数の労働者が雇用されていた。彼らは、運河完成後は労働力過剰状態になったが、横断道路建設に動員されたほか、運河のドック、鉄道保全のほか、バナナ・プランテーションで非熟練労働者として雇用された。スペイン語をある程度習得した者は、その後同じスペイン語圏であるキューバ、コスタリカ、グアテマラ、ホンジュラスや、さらにはブラジルに転住する場合も多く見られた。パナマでは、米国系のユナイテッド・フルーツ社がチリキやボカス・デル・トロ等に展開されていたバナナ・プランテーションに多額の投資をしていたために、バナナ・プランテーションにおいて多数の雇用があり、約1万人が雇用されていたため、ジャマイカ等のイギリス領カリブ諸島出身者を引きつけ続けた。

パナマには、1914年時点でスペイン植民地時代に連れてこられた黒人奴隷の子孫である約5万人のアフリカ系社会が存在した。彼らはスペイン語ができるために表面的には社会的上昇の機会があったものの、社会的差別は厳しく、混血化しない限り社会的上昇は多難であったため、黒人系は先住民系とともに社会の底辺に滞留する場合が多かった。混血（スペイン系のメスティソと黒人系のムラート）は約20万人、先住民、アジア系、ユダヤ人が約3万5000人であった。白人は5万1000人で、資本家の大半を占めていたが、特に数十家の名家がパナマ社会を支配していた。

カリブ諸島出身の黒人労働者は、このような階層化されたパナマ社会に投げ込まれたのであり、特にスペイン語ができない場合には、労働条件も悪く（ヨーロッパ系とカリブ系の賃金の差は約2倍あったが、移民労働者のために職能訓練の機会はほぼ存在しなかった）、社会的に周縁化されていた。カリブ諸島出身の移民労働者がこのような状態に置かれていたため、UNIAの支部が多数設置される等、1920年代前半にガーヴェイの指導下でUNIAの勢力が社会的に不満を抱く移民労働者の間で拡大した。

UNIAの支部はパナマ国内および運河地帯のパナマ市、コロン、アルミラ

ンテ、ボカス・デル・トロ、ガンボア、ボンゴラ、コレドラ、マルカチン等の49ヶ所に設置された。機関誌『黒人世界』は米国から送付され、組織的には「黒十字看護婦団」や家内労働者の団体が組織され、また会員の間の相互扶助組織も充実された。毎年8月1日には大規模な記念行事が実施された。1920年初めには「フレデリック・ダグラス号」がクリストバル港に入港しており、このようなブラック・スター汽船会社の活動が会員を増加させた面もあった。

　ガーヴェイは、1919年9月にパナマ訪問を計画したが、パナマ運河の米国当局の圧力によって査証発給を拒否された。同年5月2日と9月20日に運河地帯のストライキが発生するなど労働情勢が悪化していたためである。彼はようやく1920年初めにパナマを訪問し、カリブ諸島出身の労働者が多数居住するコロンを訪問し、広場で演説を行った。コロンでは、UNIA が英語系の小学校や技術学校を運営するなど活動を活発化していた。

（ヘ）コスタリカ

　ガーヴェイは1921年3月のキューバ訪問後に2回目のパナマ訪問を実施している。サンティアゴ・デ・クーバからキングストンに向かう途中で船体が不良となり、乗り換えた上でキングストンからコスタリカを訪問した。コスタリカには32の UNIA 支部が設置されていた。ポート・リモンで1万5000人の歓迎を受けたが、その大半はカリブ諸島出身の港湾労働者とユナイテッド・フルーツ社所有のバナナ・プランテーションの労働者であった。首都サンホセではフリオ・アコスタ（Julio Acosta García, 1872-1954）大統領にも会見した。その後、ガーヴェイは国境を越えてパナマを再度訪問した。ガーヴェイのコスタリカとパナマ訪問、そしてブラック・スター汽船会社の活動に、ユナイテッド・フルーツ社は不快感を持ったようである。1921年の第2回「世界大会」の席上、ボカス・デル・トロ支部の代表は、UNIA 支部とユナイテッド・フルーツ社との間に多くの問題が生じているとして、「彼らは、我々の組織化を妨害するためにできる限りのあらゆることを講じている」との報告を行っている。[Lewis 1988a：122] パナマ訪問後はジャマイカに戻って2ヶ月間を過ごし、その間に米国への再入国査証を取得するとともに、イギリス領ホンジュラスとグアテマラを訪問した。

　パナマやコスタリカでのガーヴェイと UNIA の活動を見ると、彼らの活動の多くが、米国系企業や、現地の寡頭支配、劣悪な労働条件に直面していた、現地で労働するカリブ諸島出身の労働者の組織化を重視していたことが読み取れる。

(ト) 南アフリカ

　19世紀末からAMEの伝道活動が活発に行われ、エチオピア教会が設立されていた南アフリカでは、ガーヴェイとUNIAの運動が受け入れられる環境がある程度整っていた。そのため、ケープタウン、クレアモント、ウッドストック、エバトン、グッドウッド、プレトリア、イーストロンドンなど8ヶ所の支部が設置された。また、産業・商業労働者組合（ICU）とアフリカ国民会議（ANC）の幹部多数がガーヴェイとUNIAの運動に同調していた。1924年から29年までICU議長であったJ・G・ガンブ（J.G.Gambs, 生没年不詳）はカリブ出身であり、UNIAのケープタウン支部の幹部でもあった。ケープ・ウェスターンのANC支部議長であったジェイムス・テール（James Thaele, 生没年不詳）など数人のANC指導者はガーヴェイの信奉者であった。現在レソトであるバストランドの支部はアフリカでも最大規模の支部になり、1926年時点で500人から600人の会員がいた。現在ナミビアである南西アフリカにも2ヶ所に支部が設立され、1980年代でも旧会員の老人がUNIAの「聖歌」を歌っていたという。現ボツアナのベチュアナランドとスワジランドには支部はなかったが、一部住民の間にUNIA支持者がいた。

(チ) リベリア

　リベリアは1821年に米国からの帰還黒人によって建国され、1847年に独立国となった国であるため、ガーヴェイは強い関心を持っており、UNIA本部を同国の首都モンロビアに数千人の支持者とともに移転する「リベリア計画」を企画したほどであった。1920年にガーヴェイはハイチ出身のエリー・ガルシアを使者としてリベリアに派遣し、計画の概要をリベリア政府側に説明し、1921年8月にニューヨークで開催された第2回「UNIA世界大会」にモンロビア市長のガブリエル・ジョンソン（Gabriel Johnson）が出席したりするような関係が一時的ながらも確立されたが、（前出の通り）リベリア政府の基盤である帰還黒人の子孫がガーヴェイとUNIAの運動を拒否したために、1924年に同国政府との関係は冷却した。リベリア国内にはUNIA支部はモンロビアの1ヶ所に設立されただけであったが、一部のガーヴェイ支持者がリベリアへの「帰還」を続け、支部は1970年代まで機能していた。

(リ) ナイジェリア／シエラレオネ

　ナイジェリアには1920年に数百人のUNIA支持者がおり、ラゴスに唯一の支部が設立された。後のナイジェリアの独立運動の指導で初代大統領となったンナ

ムディ・アジキウェ（Nnamdi Azikiwe, 1904-1996）はラゴス支部に属していた。自伝によれば、彼は若い頃に『黒人世界』を愛読しており、「一人の神、一つの目的、一つの運命」という標語に刺激されたという。[Martin 1983c : 92]

UNIA幹部の一人であったジョージ・O・マーク（George O.Marke）はシエラレオネ出身であった。シエラレオネ国内には、フリータウン、ニューホープ、ウェストワードの3ヶ所にUNIA支部が設立された。

（ヌ）米国国内の農村地帯

米国の黒人運動史の研究者であるメアリー・ロリンソン（Mary G.Rolinson）（『草の根ガーヴェイ主義　南部農村におけるUNIA　1920-27年』（2007年）の著者）が、ロバート・A・ヒル（Robert A.Hill）編集による『マーカス・ガーヴェイとUNIA関連資料』第7巻およびUNIA本部所蔵の記録に基づき算出調査した結果、南北戦争時の南軍に属した南部11州には423支部が設立されていたことが判明しており、1926年時点でのその概要は次の通りである。

アラバマ州は807人の会員を有したセルマ支部など11支部で合計会員数は4627人、アーカンサス州は829人の会員を有したレイク・ホール支部など38支部で合計会員数は2万2638人、フロリダ州は857人の会員を有したレイク・ランドなど32支部で合計会員数は9395人、ジョージア州は778人の会員を有した最大のライムリックなど26支部で合計会員数は9175人、ルイジアナ州は893人の会員を有したドナルドソンビルなど74支部で合計会員数は3万7648人、ミシシッピ州は896人の会員を有したウィギンスなど44支部で合計会員数は2万5741人、ノースカロライナは903人の会員を有したスペンサーなど47支部で合計会員数は1万7272人、サウス・カロライナ州は886人の会員を有したチャールストンほか24支部で合計会員数は7645人、テネシー州は584人の会員を有したのノックスビルなど9支部で合計会員数は2864人、テキサス州は845人の会員を有したレモンビルなど9支部で合計会員数は5492人、ヴァージニア州は856人の会員を有したノーフォークなど48支部で合計会員数は1万2372人であった。11州合計の会員数は15万4089人であった。[Rolinson : 197-199]　1支部平均の会員数は364.2人であった。南部11州におけるUNIAの影響力は1万人以上の会員を有したルイジアナ州、ミシシッピ州、アーカンサス州、ノースカロライナ州、ヴァージニア州と9000人台のフロリダ州、ジョージア州を中心に影響力が浸透したことが見て取れる。

数千人から万単位の会員数を持っていたニューヨークやシカゴなど北部の大都市に比べれば、支部ごとの規模は数百人単位であり、決して大きくはないが、支部が農村部の町村を含めて広範囲に分布していることから、米国においてガー

ヴェイとUNIAが培った影響力の大きさが確認される。FBIが早い時点から警戒していたことは当然であろう。

　上記の数字は各支部からの会員数の報告に基づいて記録されていたものであり、会員費の納入から算出されたものではないので、かなりの水増しもなされて報告されたと推測されることから、必ずしもUNIAの実態を示すものと評価できないが、UNIAが米国南部で持ったある程度の勢力を看取することはできよう。南部11州で数万人から10万人規模の運動を形成していたことは確実と見られる。

　南部農村部においてUNIAが達成した影響力の強さの理由について、ロリンソンは南部生まれの黒人の宗教関係者、教員、ジャーナリストなどの黒人知識人の間には、黒人の過去の歴史が生々しく記憶され、また19世紀から生じたAMEのターナー（Henry McNeal Turner）主教が推進したリベリアに向けたアフリカ帰還運動やブッカー・T・ワシントンが指導したタスキーギ学院の活動などの記憶もあり、また南部で布教活動をした諸派の黒人伝道士などが活発な活動を展開していたことから、ガーヴェーやUNIAの訴えが心に入りやすく、そのため大衆層もUNIAの運動に賛同し同調した知識人層の指導によってUNIAに大量に入会することになったのではないかと推測している。[Rolinson：24]

　UNIAの運動については米国内の最大の基盤がニューヨーク、シカゴ、フィラデルフィア、デトロイトなどの大都市に住む南部出身者であったことも事実であるが、ガーヴェイは大都市を重視する一方で、1917年初めにテネシー州のナッシュビルやジョージア州のアトランタを訪問して演説を行っており、このような早い時点から南部、特に農村部で情宣活動を開始するなど、南部も重視する姿勢を示していた。

　1921年夏、UNIAはジョージア州のアルバニー周辺の同州南西部の「黒人地帯」と呼ばれた農村部で活発な組織化に向けた運動を展開した。このような南部農村に重点を置いた組織活動は1921～22年に強力に実施され、大きな効果を生んだ。[Rolinson：96-98]　UNIAの各支部の会員となったのは、底辺層の黒人たちであった。既に社会的にある程度の職業的ステータスを有していた黒人は参加していない。ジョージア州では、1920年の国勢調査の結果と照合してみると、UNIA加盟者の4分の3が小農か農業労働者であった。また、指導層の平均年齢は42歳であり、男女いずれも、そのほとんどが家庭持ちであった。アーカンソー州のデータも同様の傾向を示している。[Rolinson：107]

（4）米国追放後の動向
（イ）ジャマイカ帰国

　1927年11月末にガーヴェイはアトランタ刑務所から釈放され、12月3日にニューオーリンズを出航した「サラマッカ」号に乗船した。「サラマッカ」号は、パナマに向かい、運河地帯のクリストバルに入港した。しかし、米国の管理下にある地帯であったため、ガーヴェイは上陸は許されず、UNIA のパナマとパナマ運河地帯の代表たち6人が乗船してガーヴェイに挨拶することだけが許された。代表6人はガーヴェイに花束と多少の現金を手渡した。

　その後、ガーヴェイは「サンタ・マルタ」号でジャマイカに向かい、12月10日にキングストンに到着し、ここではガーヴェイ支持者や UNIA 会員たちから盛大な出迎えを受けた。現地の保守系紙『デイリー・グリーナー（Daily Gleaner）』紙記者は、ガーヴェイの出迎え集会はキングストンで行われた史上最大の集会であり、その歓迎した大衆の熱狂ぶりも史上まれに見るものであったと報じている。まず UNIA 支部の正式代表が歓迎の意を示し、ガーヴェイの姪のルス・パート（Ruth Peart、生没年不詳）が駆け寄った。その後、ガーヴェイはキング・ストリートにある UNIA 支部の建物であるリバティー・ホールに向かったが、ホールに入りきれない数千人の人々が建物を取り巻いていたので、ガーヴェイは機転の判断でオープンカーの上から短いスピーチを行った。このスピーチの中で、ガーヴェイは次のように述べた。

　「親愛なる友人たち、生地であるジャマイカに戻ってきたことに満足しています。本日皆さんが私のために催してくれた素晴らしい歓迎は私の心を喜びで満たしてくれました。ジャマイカに帰国して、この島の黒人たちが彼らの向上のために私が努力してきたことを評価してくれていることを知り、深く感謝しています。あなたがたの行為は模範的なものであり、私は生きている限り、あなた方の向上のために最善を尽くすことを約束します。あなた方の向上のために設立された組織は、いつもあなたがたの支持を受けることを確信しています。」[Martin 1983c：120]

　その後、UNIA の「聖歌」である「世界エチオピア聖歌」が歌われて集会は終わった。同時夜にはプレスリリースが配られた。その中では、次のように記されていた。

　「ジャマイカに地に再び立つことができたことを喜んでいます。国はこれまで以上に私を歓迎してくれているようです。国を離れることは、自然との接触を失うことです。帰国することは、すべての世界が冷淡で心無いものではないことを確認することです。この島の自然の美しさから多くを見て、多くを学ぶことがで

きます。このような美しさの中で、人間の愛と友愛を訴えねばならないような苦難が存在することは想像するのも難しいことです。神と人間の間の関係から学ばなければならないことが多くあります。神は偉大で、国は美しい、そして人間はそれを仲間たちと分かち合わねばなりません。しかし、残念ながら一部の人たちが極度に幸せである一方、そのほかの人々は貧しい状態にあります。」[Martin：ibid. 121]

翌11日の夜にはワード劇場で歓迎会が行われ、その席上ガーヴェイはより本格的な演説を行った。ここでも数千人の人々が入場できずに建物を取り囲んだ。彼は次のように述べた。

「私の祖先、祖父母たち、両親たちは、私に教育を残してくれました。私は彼らの300年以上にわたる犠牲の上に教育を学びました。私はそれを世界の4億人の黒人のために使うでしょう。私が人々を見捨てることがあるとすれば、全能の神はあなたにはもはや光は射さないだろうと仰るでしょう。(中略) 私がこの国の人々を見るとき、裸で、汚く、病みがちな彼らを見るとき、神が存在する限り、私は黒人のように口を閉じ、心を引き締め、我が大衆が貧困の中で死ぬ一方で、外国人にこの国富を搾り取らせると思いますか。」[Martin：ibid. 122]

ガーヴェイは、神はすべての人に同じ程度の潜在力を与えていることを思い出させようとした。彼は、「神は人を造り、創造の主となり、彼に世界の所有権と保有権を与えました。(中略) 世界はあなた方に属し、それを奪い取ることはできないでしょう」と述べた。ガーヴェイは、人々に自信を与える目的で、黒人の歴史についても触れ、アフリカ人が世界に文明をもたらしたと語って、『旧約聖書』の詩篇68章31節の「王たちがエジプトから来たり、エチオピアはまもなく神に向かってその手を差し伸べる」を引用した。ガーヴェイは「これが証明されるなら、アフリカ人は立ち上がり、彼らの過去の栄光を回復するでしょう。私は誰に対しても黒人であることを謝罪する必要はない。何故なら、全能の神は、私を黒人にしたときに、自分が何をしたのかを知っている。(中略) ヨーロッパの白人が野蛮な状態で、洞窟に住み、死者を食し、死者の血を啜っていた時に、エチオピアでは神々は進歩的な文明を持っていた、ギリシャの歴史家が語っているのは、ギリシャ人は我々に神を見ていたからである。神話の中のギリシャ人は、ギリシャの神々はエチオピアに渡ったと言ってきた。もし黒人が、彼らの栄光の過去を知れば、彼らは自分自身をもっと尊敬するようになるだろう。すべての他の人種は自分自身に美しさを見てきたのであれば、アフリカ人もこのルールの例外ではない。私は、黒人に自分自身の美しさを見るように教えなければならない。そして、そうではないと言う人間を吊るさなければならない」という言葉で締め

くくった。[Martin：ibid. 122-123]

12月18日には再びワード劇場で、「私の友人たちの国、私の敵たちの国、米国における私の渡航、業績、追及、起訴、信念、控訴、投獄、釈放」と題する米国での経緯を語った。

その後、ガーヴェイはジャマイカ島の島内をめぐり、UNIAの新しい支部の設立に努めた。彼が帰国したことによって生じた興奮がまだ続いていた。しかし、彼の帰国を喜ばない人々もいた。ジャマイカの植民地政府自体は、米国にガーヴェイを国外追放しないように求めていた。それほどであるので、植民地当局がガーヴェイの帰国と滞在を警戒していたのは確実である。また、保守系の『デイリー・クリーナー』紙も、「極めて遺憾なことである」と、ガーヴェイの帰国に反対する記事を連続的に多数掲載した。

(ロ) イギリス滞在

1928年にガーヴェイは中米諸国を訪問しようとしたが、いずれの国も彼の入国を許可しなかったために、同年4月にガーヴェイは後妻のエイミー・ジェイクスとともにジャマイカを離れイギリスに向かった。二人はまずリバプールに到着したが、その途端にイギリスの人種差別に直面した。彼らは講演を行おうとしたセント・ジョージ・ホールの使用を拒否された。次にロンドンに到着したが、多くの2級ホテルでさえ宿泊を拒否された。最終的には、驚いたことに、最上級ホテルの一つであるセシル・ホテルに部屋を確保できた。受付がガーヴェイを知っていたことが理由であった。そのホテルでも問題がなかったわけではない。白人の米国人の客がガーヴェイの存在を好まなかった。また、宿泊代があまりに高すぎたために、彼らはホテルを出て借家を求めた。

1928年6月6日、ガーヴェイはロンドン市内のロイヤル・アルバート・ホールで講演を行った。会場の大きさに比べ観衆は少なかった。観衆の90%が黒人で、多くは人種的偏見のために失業状態にあった人々であった。

ロンドンでの滞在中にガーヴェイは、彼を崇拝するナイジェリアのラディポ・ソランケ（Ladipo Solanke, 1886-1958）を中心とする西アフリカ学生連盟（WASU：West African Students' Union）の学生たちとの絆を強化できた。WASUは1925年に設立され、イギリス在住のアフリカ出身の学生たちの世話をしてきた。主に西アフリカ出身の学生たちから構成されていたが、カリブ諸島や米国出身の学生たちもWASUの活動に参加していた。WASUに属した学生たちの多くが、後に出身国において影響力のある政治家や官僚になった。ガーヴェイはWASUのために、ロンドン市内のウェスト・ケンシントン区内に借

家を確保した。この建物に居住した学生の中に、ケニア独立後の初代大統領になった当時ロンドン大学の学生であったジョモ・ケニヤッタ (Jomo Kenyatta, 1891-1978) がいた。

その後、ガーヴェイはフランス、ベルギー、ドイツ、そしてスイスのジュネーブの国際連盟を訪問した。パリでは、フランス領植民地出身のアフリカ人たちと議論した。ジュネーブでは、「UNIA の国際連盟への最新要望」と題する文書を提出した。この文書は、全世界のアフリカ人種が直面している問題を概説していた。

同年9月に、ガーヴェイはカナダのモントリオールに向かった。カナダでは、実施した講演の中で近々予定されていた米国の大統領選挙について触れた直後に逮捕された。ガーヴェイは、カナダからバミューダに向かい、ハミルトンにおいてガーヴェイと妻のエイミー・ジェイクスが講演を行った。ガーヴェイ夫妻は、バミューダからバハマに向かった。

(八) ジャマイカ帰国

米国追放後の1年後に、ガーヴェイは再びジャマイカに戻った。1929年初頭、ガーヴェイは『ブラックマン (Blackman)』紙を発刊した。労働者たちは彼を訪問し始めた。1929年5月に、バナナ輸送労働者たちが、エーデルワイス・パークにガーヴェイが設置した本部に彼を訪問し、ユナイテッド・フルーツ社との交渉において代表になってくれるよう依頼した。ガーヴェイは受け入れた。彼は、労働者が襲撃されたことに抗議するとともに、女性労働者に強制している半裸の状態に抗議した。ユナイテッド・フルーツ社は、解雇をちらつかせて脅迫し、保守系の『デイリー・グリーナー』紙がこれを支持した。ガーヴェイは、『ブラックマン』紙上で『デイリー・グリーナー』紙の編集者に警告し、「ジャマイカ島の特権層の蛇口と冷血な資本は、その巨大な足を引っ込めようとしないが、『ブラックマン』紙がどこに下ろすべきかを教えてやる」と語った。[Martin 1983c : 127]

エーデルワイス・パークの建物はガーヴェイの本拠となった。文化的行事も行われた。しかし、この場所でも人種問題が発生し、黒人とムラート(白黒混血)との間の人種偏見が表面化した。ガーヴェイはムラートから同年6月3日までに殺害するとの脅迫を受け、蛇をドア近くに放置されたこともあった。ガーヴェイは、彼らを米国の KKK になぞらえて「有色クラン」と呼び、拳銃を用意して彼らの襲撃を待ち構えた。こうした間にも、ガーヴェイは活動を続け、ジャマイカや世界を騒がせる計画を進めた。その計画とは、同年8月1日から31日にニュー

ヨークや他の場所で同時に第6回UNIA大会を開催することであった。8月1日午前9時半にエーデルワイス・パークに1万2000人の代表が集まり、キングストンでは2万5000人が数マイルにわたって街頭行進を行う計画であった。街頭行進では、女性団員が白馬に乗って先頭を歩き、ガーヴェイは緋色の礼服を着て、紅白の羽毛がついた帽子を被って、UNIAの旗の色である赤黒緑で飾られたオープンカーに乗り、種々の制服を着たUNIAの系列団体の会員が行進した。楽団が音楽を演奏し、行進する者の中にはガーヴェイの大きな肖像を掲げて行進する者もいた。

8月1日はイギリスの西インド領における奴隷解放の記念日であるので、ガーヴェイは開会演説の中でこれについて言及した。彼は「イギリス領の黒人は1834年に解放されたにも拘わらず、また米国においては1865年に解放されたにも拘わらず、我々は不幸にも奴隷であり続けている。UNIAの活動は、第2の解放、精神の解放を達成することを目指している」と述べた。大会において、ガーヴェイが入獄中の1926年にUNIAから分離して別のUNIAを結成した一部の米国の会員たちとの間で亀裂が生じた。彼らもUNIAを名乗ってニューヨークを本部とし続けたが、ガーヴェイ派は「世界の黒人地位改善協会 (Universal Negro Improvement Association and African Communities League of the World)」と名乗って、ガーヴェイがジャマイカにいた間はジャマイカに本部を置いていた。2つのグループは1970年代に再合流することになる。

大会の間、イギリス植民地当局は警官のほかにジャマイカに駐留しているサザンランド連隊を動員して、干渉させた。ガーヴェイはこれに対して激高し、「我々は、兵士たちの一部がマーカス・ガーヴェイとすべての黒人を射殺する機会を待つよう命令を受けていると知っている。ここに、死んでも静かに死ぬことはない世界で唯一の黒人がいる。誰かがマーカス・ガーヴェイを殺害する用意があるなら、彼も死ぬ用意ができている」と叫んだ。

イギリス側はガーヴェイを殺害はしなかったが、訴追して王室侮辱罪で25ポンドの罰金を課し、キングストンのリバティー・ホールを売却するよう命じた。

ガーヴェイは米国追放直後には政治に介入するつもりはないと述べていたが、大会後姿勢を変え、イギリス領カリブ諸島では最初の近代的政党である人民政治党 (PPP: People's Political Party) の結成を宣言し、1930年1月に予定されている植民地議会議員選挙に参加することを目指した。PPPは一群の候補者を擁立し、ガーヴェイ自身はセント・アンドリュー選挙区に立候補した。PPPは立候補擁立に際して綱領を作成した。主要点は、ジャマイカの自治、イギリス議会への代表選出、現地生まれ労働者の保護、最低賃金の確立、勤労者の補償、8

時間労働制の確立、都市改革、農地改革、全島灌漑計画の策定、現地製造業の振興、大学と工業大学の設立、全教区における中等学校・夜間学校の設置、芸術振興機関の設立、汚職裁判官に関する罰則法の確立、刑務所改革、不正選挙防止法の確立、西インド諸島連邦の形成等であった。

　ガーヴェイは選挙運動として、この綱領を説明するために全選挙区において演説を行うことなどを計画した。しかし、植民地当局はその実現を阻んだため、ガーヴェイの綱領の普及は十分に行えなかった。ガーヴェイまず同年9月9日に、自分の選挙区のサント・アンドリュー教区で1500人の聴衆を前に演説を行おうとした。しかし、当局が直ちに介入し、検査官は綱領の中の、「汚職裁判官に関する罰則法の確立」が法廷侮辱に相当するとして演説を中止させた。これに対してガーヴェイは、このような干渉は政治的反対派に対する妨害行為であると批判した。しかし、この検査官の介入は、ガーヴェイの選挙運動を中断させ、混乱させた。ガイヴェイは告発され、裁判所における審議に時間を要したため、選挙運動のための期間の4分の3をこの対応に割かれた。その上に有罪判決によって、短期間であったが12月末まで投獄された。しかし、ガーヴァイは投獄中も獄中から選挙運動を行った。選挙は無効となり、補欠選挙が実施されて、ガーヴェイが当選した。しかし、植民地当局は、1930年9月に再びガーヴェイを投獄した。ガーヴェイは1931年に釈放され、植民地議会議員に復職した。ガーヴェイは選挙運動中に残された時間には全国をまわって他のPPP候補者の応援を行った。多くの聴衆が彼の演説を聞いたが、彼は演説の中ではいつも、自分はジャマイカの貧しく抑圧されたアフリカ系の人々のために闘っていると訴えた。また彼は、自分は白人に敵対しているわけではないが、アフリカ系として白人を助けることはできず、自分にとってまずアフリカ系の人々の利益を再優先することが重要なのだと強調した。

　ガーヴェイは補選では勝利したものの、本選挙では選挙前に同教区の町長であった白人の聖職者G・セイモア・セイモア（G.Seymoure Seymoure, 生没年不詳）に敗れた。ガーヴェイは、セイモアは黒人有権者にラム酒や砂糖水やパンを与えていたと非難した。彼はまた、保守系紙『デイリー・クリーナー』の編集長H・G・デリッサー（Herbert George.G.de Lisser, 1878-1944）が、ガーヴェイは1865年に発生したモラント・ベイ反乱のような騒擾を計画しているとの印象を与えていると非難した。敵対勢力は黒人の中にも存在した。セント・アン教区でPPP候補を破った黒人教師ダンバー・テオフィルス・ウィント（Dunbar Theophilus Wint, 1879-1938）は、「ガーヴェイ主義者は有毒なカルトである」と中傷した。ウィントは、PPPの選挙参加は、ガーヴェイが独裁者になるため

に、PPP候補者を植民地議会に満たすための策謀だと非難していた。

　本選挙での敗北によって、ガーヴェイが直面する問題が終わったわけではなかった。司法当局が今度は反乱罪でガーヴェイを裁こうとした。ガーヴェイは抗議し、植民地政府に対して怒りをぶつけた。この抗議は『ブラックマン』紙上で、ガーヴェイ自身によってではなく、一編集者によって展開された。ガーヴェイは禁固6ヶ月の判決を受けた。編集者も禁固3ヶ月の刑を受けた。

　補欠選挙で当選したガーヴェイは植民地議会で実りのない闘いを続けた。特に、最低賃金の確立、8時間労働制の確立のために特に力を入れた。また、上下水道の完備を目指して努力した。これらの実現のために、植民地議会に対して本国政府に50万ポンドの借款を要請するように提案した。また、大恐慌の影響で増加した失業問題に関して、イギリスでさえ失業手当が配布されているのに、ジャマイカでは貧者は放置されていると批判した。ガーヴェイは、ジャマイカでは富める者が慈善的な行為を行おうとさえしていないとして、彼らに失業対策経費を負担させるべきであると主張した。しかし、植民地議会は、ガーヴェイの提案や主張は、社会主義的であるとして却下した。

　ガーヴェイは植民地議会以外での活動も継続していた。エーデルワイス・パークは政治的・文化的センターであり続けた。1930年6月に、ガーヴェイは勤労者・労働者協会（Workers and Labourers Association）を組織した。その目的は、労働組合として活動することではなく、労働組合の組織化を援助することであった。この時期にガーヴィイの2人の息子が誕生している。1930年に長男のマーカス・ジュニアが、1933年に次男のジュリアスが誕生した。

　一方、UNIAの世界的な組織は分裂状態にあった。ガーヴェイがハーレムの本部に不在であることによって、世界中のUNIA支部の活動は低調になり、分裂した側のUNIAに加盟する傾向も増加した。また、UNIAを離脱して、より急進的な運動に参加する者も生じた。しかし、それらの組織も教義自体はUNIAと大きく異なるものではなく、ガーヴェイを精神的指導者、先駆者、予言者として見なし続けた。

　これらの問題が生じたとはいっても、UNIAは米国や他の地域において重要な組織であり続けた。『黒人世界』はガーヴェイに忠誠し続け、1933年まで発行された。ガーヴェイはジャマイカから、第1面に掲載する社説を送り続けた。ジャマイカでガーヴェイが発行した『ブラックマン』は、1931年に廃刊されたが、ガーヴェイは1932年に夕刊紙の『ニュー・ジャマイカン（New Jamaican）』紙を発行した。この新聞は1933年まで発行された。同年12月には雑誌『ザ・ブラック・マン（The Black Man）』が発行された。

1934年にキングストンで第7回UNIA世界大会が開催された。出席した代表たちは、5ヶ年計画を持ち寄って、UNIAのかつての輝きを回復しようとした。代表たちはまた、ガーヴェイのロンドンへの転住を承認した。ガーヴェイは、ロンドンにいた方が、世界に散らばる組織を統御しやすいと判断したのである。また、ジャマイカにおいては、法的あるいは財政的な妨害行為を受けやすかった。財政的には、1934年12月にエーデルワイス・パークの建物の抵当設定者から売却を迫られた。このような事情もあり、ガーヴェイは、1935年4月に最終的にジャマイカを離れた。後述の通り（第7章）、ガーヴェイがジャマイカを離れるまでの1930年代前半に、ジャマイカではガーヴェイの思想をも吸収し、継承する形でラスタファリズムの思想と運動が萌芽的に生まれていた。

(二) イギリス転住

　ジャマイカを離れたガーヴェイは、ロンドンに転住した。ガーヴェイはロンドンにおいて、再び世界的な舞台に復帰するための最後の努力を行おうとした。ガーヴェイは、世界中に存続しているUNIAの組織と連絡をとり、既存の支部の強化と、新しい支部の設立に尽力した。また、そのために資金を確保するため、かつてのように、米国、カリブ諸島、南アフリカ、その他の地域の支持者に呼びかけた。ガーヴェイは、人種横断的な聴衆にも語りかけた。また、ロンドンに本拠を置く、トリニダッド出身のジョージ・パドモア（George Padmore, 1903-1959）が指導する「国際アフリカ人奉仕局（IASB：International African Service Bureau）」と交流を持って、IASBに資金協力したりもした。[Martin 1983c：141]

　また、ガーヴェイはそれまで常に刊行物によって情宣活動を行ってきたこともあり、ロンドンにおいては雑誌『ザ・ブラック・マン』の発行を継続したが、同誌は資金不足や協力者不足のために、度々発行が中断された。『ザ・ブラック・マン』は、かつての『黒人世界』ほどの強力な影響力を行使できなかったが、世界中で読まれるように配慮された。

　他方、ガーヴェイはUNIAの活動のために新たな活動家を養成するために、「アフリカ哲学学校（School of African Philosophy）」を設立した。この学校は、ガーヴェイのこれまでの政治活動から得た経験と教訓を教えるコースから成っていた。後に、ガーヴェイはカナダに彼が講義を個人的に運営する常設コースを開設したが、生徒はたった11人に過ぎなかった。しかし、その卒業者から1980年代にUNIA議長となるチャールズ・L・ジェームズ（Charles L.James）らの幹部を輩出した。[Martin：ibid. 136-142]

(ホ) イタリアのエチオピア侵攻

　1935年10月、イタリアがエチオピア侵攻を開始した。ハイレ・セラシエ皇帝のエチオピア軍は近代的兵器を十分に装備しておらず、一方イタリア軍は戦争計画を準備していただけでなく、毒ガスまで用意していたこともあり、エチオピア軍が敗退した。

　世界中のアフリカ人がエチオピア防衛をために結集した。カリブ諸島にもエチオピア支持の運動が広がった。バルバドスでは祈祷会が実施された。トリニダッドでは港湾労働者が、イタリア船の操作を拒否し、ヨルバ協会はエチオピア支持の募金活動を行った。1935年11月、トリニダッドでハイレ・セラシエ皇帝の戴冠5周年を祝賀する街頭集会が開かれた。イギリス領植民地のギアナ、トリニダッド、セント・ルシア、ジャマイカンの青年たちはイギリス当局に対して、エチオピアに渡航して義勇兵として闘う許可を求めた。ジャマイカのUNIA支部からも1400人が義勇兵としての希望に署名した。1937年までロンドンに渡った夫のマーカス・ガーヴェイに同行していなかった妻のエイミー・ジェイクスは、キングストンのリバティー・ホールでの募金に応じている。セント・ヴィンセントでは、イタリアの侵略をきっかけに暴動も発生した。

　米国においても、多くの親エチオピア派の組織が立ち上がった。それらの組織はガーヴェイ主義者や元ガーヴェイ主義者によって指導されていた。イギリスではトリニダッド出身のＣ・Ｌ・Ｒ・ジェイムズ（C.L.R.James, 1901-1989）が国際アビシニア友好協会を結成した。

　ガーヴェイは『ザ・ブラック・マン』誌上からムッソリーニとイタリアを強く非難した。しかしながら、彼はハイレ・セラシエ皇帝に対しても批判した。

　ガーヴェイは、1930年11月2日にハイレ・セラシエ皇帝が即位した時には、同年11月8日付けの『黒人世界』に次のようなハイレ・セラシエに期待する原稿を寄稿し、その原稿は同日付けの『ブラックマン』にも掲載された。

　「この前の日曜日、アビシニアの首都アジス・アベバにおいて盛大な儀式が行われた。エチオピアの新しい皇帝、ラス・タファリの戴冠式である。種々の報道から、儀式は壮麗なもので、出席した者は決して忘れないことだろう。ヨーロッパの列強も、世界の未来史に重要な役割を果たすことが運命づけられた新興の黒人国家に敬意を払うため戴冠式に代表を送った。アビシニアは、黒人の地であるにも拘わらず、ヨーロッパ人たちがアビシニア人は黒人種には属さないと印象付けようとしてきたということを学ぶことは喜ばしいことである。

　ラス・タファリは、ヨーロッパや米国を旅した経験があるので、ヨーロッパの偽善性を知っているので、近代的な皇帝と見なされねばならないし、我々は彼

がエチオピアに近代的な方法やシステムを導入するだろうことを理解している。我々は、エチオピアが世界の他の国々の中に列することができるように発展させるため、彼が世界中から様々な分野の科学の人間を採用し始めていることを知っている。

　我々は、ラス・タファリが、彼の素晴らしい抱負を実現するために生きられることを希望する。聞き知ったことから、彼が王国に移住したい黒人に対して招待状を送ろうと準備し、そのような意思を有することを知っている。我々は多くのアビシニアを訪問した人を知っており、彼らがその国に大きな可能性があるという報告を行っている。

　『詩篇』は「王たちがエジプトから来たり、エチオピアは神に向かってその手を差し伸べると予言した。その時がきたことは疑いない。今やエチオピアが我々に手を差し伸べている。この偉大な王国は、数世紀の間隠れた存在であったが、徐々に世界の中で指導的な位置に上りつつあり、我々黒人はラス・タファリ皇帝の手をいただこう。」[Hill 1990：440-441]

　このように、ガーヴェイはハイレ・セラシエ皇帝の即位に際して、ジャマイカのラスタファリアンのようには皇帝を「生きる神」と崇めることはなかったものの、ディアスポラ状態にある黒人の悲願であった「アフリカ帰還」を進めてくれる人物として、敬意を表していた。

　しかし、ガーヴェイは、1936年5月にハイレ・セラシエ皇帝がエチオピアを脱出してイギリスに亡命した際には、エチオピアを政治的、社会的に弱体化させたことに責任があり、またイギリスに避難するのではなく、エチオピアにとどまって軍隊の再結集を図るべきであった、と考えた。ガーヴェイは次のように述べた。

　「誰もハイレ・セラシエに不公平であることを望んでいない。唯一悲しむべきことは、彼が自分自身に対して不公平であることである。（中略）他の諸国の支配者たちが、その平和と安全を確保する手段として、破壊的な武器を増強しているのに、ハイレ・セラシエは、歴史上2つの敵対的な政治勢力や諸権力の間でどちら側にも寄ることがなかった世界の創造者である全知全能の者にすべてを投げ出すという政策に依存してしまった。（中略）エチオピアが再び神に手を差し伸べるとき、それは進歩の手でなければならない。」[Martin 1983b：143-144]

　エチオピアに対する支援が広がる中で、ガーヴェイの批判は奇妙に受け取られ、多く者を混乱させた。ジャマイカや米国、その他の地域のかつてのガーヴェイの支持者たちは、今やこの点でガーヴェイを攻撃した。彼らから見れば、実際にはそうではなかったのだが、ガーヴェイがエチオピアの大義から支持を撤回し

たと見えた。この点は、次節で見るように、ガーヴェイの思想を継承して形成されたはずのラスタファリズムの思想の実践者たちの間にも、ガーヴェイに対する批判を噴出させ、彼のカリスマ性を低下させることになった。エチオピア侵攻によって生じたハイレ・セラシエ皇帝の去就をめぐって、国際的にも、またジャマイカ国内においても、ガーヴェイの影響力の低下をもたらすことになる。

(ヘ) ガーヴェイの死

　米国追放後10年以上が経過しても、ガーヴェイの不在やUNIAの分裂にも拘わらず、ガーヴェイの影響は一定程度は維持され、ガーヴェイも分裂問題等に関してロンドンから適宜指示を送り続けた。ガーヴェイを支持し続ける人びとは、彼を米国に再入国させる希望を捨てなかった。彼らは、もしガーヴェイが再入国できれば、彼の強力なカリスマ性によって、UNIAを再統合することもできようし、また新たに会員を増やすこともできるだろうと期待した。彼らは、大統領をはじめ、白人であろうと、黒人であろうと、あらゆる人々に、ガーヴェイの再入国を実現させるために請願書を送り続けた。

　しかし、米国再入国の許可が出ないため、ガーヴェイは1936年、1937年、1938年の3度にわたってカナダを訪問した。カナダでは、ノバスコシア、トロント、ウィンザー、オンタリオなどで講演を行った。特に、米国との国境沿いの都市で講演を行った。米国のガーヴェイ支持者は、これらの都市で行われた講演を聞きに越境した。一部の人々は、ガーヴェイが設立した「アフリカ哲学学校」の講義に出席し、また1934年にトロントで開催された最後のUNIA世界大会に参加した。ガーヴェイは、1937年にはノバスコシアのハリファックスからカリブ諸島に向かい、セント・キッツ、ネイヴィス、アンティグア、モントセラート、ドミニカ島、セント・ルシア、セント・ヴィンセント、グレナダ、バルバドス、トリニダッド、イギリス領ギアナを歴訪した。しかし、彼の乗船した船はジャマイカには立ち寄らなかった。ガーヴェイは各所で、熱狂的な聴衆を前に講演を行った。ガーヴェイに関して種々の事態が生じたとはいえ、彼の名は魔術的に人びとを吸い寄せた。一方、イギリス植民地当局は、ガーヴェイを植民地体制に対する脅威であると見続けた。トリニダッドでは当初上陸が拒否されたが、前出の通り、シプリアーニ副市長の尽力で、いかなる政治的な講演を行わず、いかなる屋内集会を実施せず、また直前にトリニダッドで発生した労働紛争についても触れないとの条件を付して上陸が許可された。

　この時期、イギリス領のカリブ諸島では、労働紛争に基づく暴動が多く発生した。トリニダッドでは1937年に発生したが、1938年にはジャマイカで暴動が発

生している。ジャマイカで発生した労働争議の指導者は、以前 UNIA のニューヨーク支部の幹部であったジャマイカ人のウィリアム・グラント（William Grant, 生没年不詳）であった。グラントは、1934年に第8回世界大会のために帰国し、その後も残留していた。グラントは急速に UNIA ジャマイカ支部の指導者となり、特に街頭演説で活躍した。1938年の労働争議では、中心的な指導者の役割を果たし、アレクサンダー・ブスタマンテ（Alexander Bustamante, 1884-1977）とともに投獄された。1938年にグラントは、争議問題を調査していた西インド王室委員会に覚書を提出し、その中で奴隷解放以来の歴史の中でアフリカ系ジャマイカ人が直面してきた差別の歴史を振り返り、これが暴動の原因であると論じた。

1940年1月、ガーヴェイは脳卒中を患い、右側が麻痺したため話すことが困難となった。ガーヴェイは、ジャマイカ出国後、2回ほど肺炎を患ったし、また慢性的な喘息の持病があった。ガーヴェイは、主治医の手当によって話す能力を回復し、ハイド・パークを乗馬で過ごすこともできるようになった。主治医は休養するように助言したが、彼は弱った体を酷使続けた。5月18日にガーヴェイに敵対的な米国の『ザ・シカゴ・ディフェンダー（The Chicago Defender）』紙がロンドン特派員の情報としてガーヴェイが死亡したという誤報を流したため、世界中に訃報が広がった。ガーヴェイの病状は、その後も短期間小康を保ったが、1940年6月10日に再び卒中を起こして死亡した。享年52歳であった。

ガーヴェイは生前、遺体がジャマイカに埋められることを希望していたが、妻のエイミー・ジェイクスは遺体をジャマイカに輸送する経費を負担できなかったため、ロンドンのセント・エアリー・カトリック教会の墓地に埋葬された。そして、ジャマイカの独立後、1964年11月にジャマイカ政府は遺体をロンドンからジャマイカに移して、正式な葬儀を執り行った。1969年には、ガーヴェイは国民的英雄と宣言された。

（5）共産主義運動との関係

ガーヴェイと UNIA の社会主義運動や共産主義運動との関係を整理しておく。基本的に、人種や国境を越えた労働者の団結を呼びかけるこれらの運動は、黒人が直面する貧困や差別の克服という点では、黒人に対する差別撤廃や地位の向上を目指したガーヴェイの思想や運動と軌を一にしていると言える。しかしながら、ガーヴェイが主張したのは、これらの目的を、黒人の黒人としての意識の覚醒と経済的自立、さらにはアフリカでの黒人の「国家」の建設と結びつけることであった。黒人が被抑圧的状態を強いられている状況の克服をまずもって優先し

た、言わば黒人優先主義であった、階級闘争を重視した社会主義運動や共産主義運動との接点も多かったが、優先度に違いがあった。

　1919年3月にソ連共産党が中心となって結成されたコミンテルン（共産主義インターナショナル）は、植民地解放闘争と資本主義先進諸国における階級闘争の連携を主張しており、1922年11月に開催された第4回世界大会で、資本主義を弱体化させる黒人運動に対する支援の必要性を訴え、白人と黒人の間の平等性を確立するための闘いを主張していた。また、1923年10月10日にモスクワで開催されたコミンテルン指導下の「農民インターナショナル（KRESINTERN）」大会は、労農政府の樹立に向けて農民運動との連携を掲げた。1925年11月に開催された第1回大会において、同年3月のガーヴェイの投獄に関して、KRESINTERN は UNIA に対する次のような連帯の声明を発出していた。

　「資本主義者たちは、ガーヴェイに率いられた運動、黒人の独立を希求する運動が、控えめな"アフリカへ帰れ"というスローガンの下でさえ、農民と労働者の同盟において、資本の支配を脅かす将来的な革命運動の萌芽を含んでいると理解した。そして、米国政府はガーヴェイを指導者として政治的に葬ることにより、中傷の泥の中で溺死させることで、ガーヴェイの運動を粉砕することを決定した。米国の資本主義者たちは、ガーヴェイを"重大な窃盗"で告訴することで、非道な法的喜劇を上演した。この裁判のすべてが、泥棒に対して手を挙げ、数百万人の植民地奴隷を組織することを大胆に敢行した人物を破壊しようとした執念深い資本主義のお祭り騒ぎであった。KRESINTERN は、政治的かつ人種的な復讐の犠牲者であるマーカス・ガーヴェイの解放のためのキャンペーンをただちに実施することを、すべての黒人組織に提案した。しかし、これだけでは十分ではない。我々は黒人大衆だけに訴えるのではなく、農民たちに、そして彼らの同盟者である全世界の労働者に、黒人運動に仕掛けられた卑劣な非道行為に対して、そしてガーヴェイの解放を求め、黒人が対象とされている侮辱を終わらせるように声を上げることを呼びかける。」[Lewis 1988a：130]

　UNIA は、この声明を『黒人世界』に転載した。しかし、1928年9月に開催されたコミンテルン第6回大会においては、ガーヴェイ主義はガンディー主義とともに批判されるようになる。

　「米国の小ブルと労働者のイデオロギーであり、今なお黒人大衆の一定の影響を有しているガーヴェイ主義は、黒人大衆の運動が革命的方向に向かうことを妨害している。最初は黒人の完全な社会的平等性を主張していたが、"アフリカに帰れ"というようなスローガンを掲げて、アメリカ帝国主義に対して戦う代わりに、一種の"ブラック・シオニズム"に転じてしまった。真の民主主義的性格も

なく、存在もしない"黒人王国"の貴族主義的な属性で戯れるこの危険なイデオロギーは、断固として排除されなければならない。そのためには、アメリカ帝国主義からの解放に向けた黒人大衆の闘争を促進するのではなく、それを妨害しなければならない。」[Lewis：ibid. 131]

このような1925年のコミンテルン指導下のKRESINTERN第1回大会から1928年の第6回コミンテルン大会までの変化は何を意味するのか。その背景には、第6回コミンテルン大会で採用され、1935年の第7回大会まで続いたコミンテルンの「左翼転回」路線があった。これはソ連共産党内の権力闘争の結果として、「社会ファシズム論」のような極左路線が採られた結果であった。コミンテルンにおいても、第6回大会以前は統一戦線戦術が重視され、「民族・植民地」問題においても、民族自決に基づく民族解放運動が支持されていた。中国においても、1927年4月に生じた蒋介石による上海クーデターの前には国民党との間に「第1次国共合作」路線が採用されたり、1927年7月にニカラグアのサンディーノが開始した反米闘争も評価されていた。

1925年11月に行われたKRESINTERNのガーヴェイとUNIAに対する連帯表明は、このような路線から生じたものであったと考えられる。他方、コミンテルン第6回大会におけるガーヴェイに対する否定的評価への変化は、コミンテルンの「左翼転回」を背景として現象であったと判断すべきであろう。

従って、共産主義の運動からは、その世界的な路線の変化を考慮すれば、ガーヴェイとUNIAを支持できる時期もあれば、批判し攻撃する時期もあったのであるから、ガーヴェイとUNIAに対して必ずしも一貫した原則的な姿勢はなかったと判断される。

他方、米国においては、1925年7月にガーヴェイが共産主義者たちとの関係について、獄中から次のように語っていた。

「1920～21年にはニューヨークにおいては黒人の間の共産主義は、シリル・グリッグスやW・A・ドミンゴによって代表されていた。私の彼らとの接触や経験や、彼らの方法論は、私の人生のバランスのためには、共産主義に用心深くさせるに十分であった。（中略）この国で教えられたように、米国の黒人は、共産主義から距離を置くよう警告されていた。私は、政府がこのような共産主義の代表たちの手に陥るような時が来ないことを、黒人と米国のために来ないことを祈る。」[Jacques 2014b：333-334]

このように、ガーヴェイの側からは、特に1919年6月にUNIAから離脱し、一貫してガーヴェイに対して敵対的な言動を繰り返した黒人運動の中では左派に位置したW・A・ドミンゴを敵視する姿勢から、共産主義運動に対して、否定的

な姿勢を有していたと見られる。しかし、これはW・A・ドミンゴに対する敵愾心から発したものであり、ガーヴェイは米国到来の直後には急進的な反戦運動と密接な関係を持っていたし、IWWのような直接行動を重視した急進的な労働運動にも接近していた。しかし、IWW側は、IWWに黒人を加盟させることは重視したものの、UNIAに対しては冷淡な反応しか示さなかった。この姿勢は、1919年に結成された米国共産党（CPUSA）においても同様である。

　CPUSAは、1920年代およびその後においても、ガーヴェイの運動は、十分な反植民地主義的、反帝国主義的な内容を持たない「ブルジョア的」な運動であるとみなした。また、UNIAは単なる米国の「民族的（国民的な）」な運動ではなく、様々な社会的、階級的な傾向を有する国際的な黒人の反植民地主義主義的な潮流であると判断した。それ故に、米国の共産主義者とガーヴェイ派の間の関係は極めて複雑であり、相互理解が困難なものであった。共産主義者たちにとっての基本的な難しさは、①米国の黒人社会が先進資本主義国の中で"国内植民地"を形成していたこと、②黒人が平等を求める闘争は、奴隷制の遺物とその心理的、文化的、知覚的な遺産を考慮にいれなければならないという２点を理解することに失敗したことにあった。歴史的に見て、まだ現代的な視点から見て、相互に結びあった２つの問題が存在した。黒人の民族的集団としての切望と、資本主義的な搾取に対する階級闘争、この２つの要素が絡んでいるのである。

　いずれにせよ、共産主義者側からも、ガーヴェイ派からも、互いに理解し、協力しあう際に、その協力が容易には達成されないという難しさが常に存在してきた。確認できることは、ガーヴェイの思想は人種的差別の中で社会の底辺に喘ぐ黒人を自己解放させることを目的とするものであったために、社会主義や共産主義の運動とも社会変革という意味では共通の社会的性格を有する一面もあった。しかし、それぞれの時代の環境の中で、連携しあったり反発しあったりする状況が生まれる事態が生じた。だが、本来は共同歩調がとれる関係にあったはずである。両者が連携できる背景としては、いずれもが、ヨーロッパの植民地主義支配の結果と、その結果の一面である資本主義社会における社会的矛盾の拡大を克服していこうとする変革運動が形を変えて噴出したという事情がある。

　そのため、次章において検証するように、ガーヴェイの死後、様々な地域に、ガーヴェイの思想を部分的に継承する運動、特に急進的な運動が登場することになる。ガーヴェイは、黒人が世界各地で差別と貧困の下に抑圧される事態をもたらした奴隷制を旧植民地に強要してきたヨーロッパ発の植民地主義支配の究極的な一掃を目指して、具体的な運動を提起した急進的な反植民地主義者であった。その意味合いにおいては、ガーヴェイは、共産主義者を含めた広い意味での社会

主義者の人々と共通の歴史観と時代認識を有していたと言える。ガーヴェイ以前にも、アフリカ系の人々に「アフリカ意識」を覚醒しようとした旧植民地出身の思想家はいたが、植民地主義体制の全般的な打倒を目指した思想家は、ガーヴェイが先駆者であったと言えるのではないだろうか。

(6) マーカス・ガーヴェイの思想的評価

前述の通り（第4章第1節）、ガーヴェイの思想は、ジャマイカ独自の黒人バプティスト教会の流れを引き、アフリカ的宗教を継承して発生した「大覚醒運動」出身のベドワードを通じて出現したエチオピアニズムと、ラブと「ナショナル・クラブ」を通じて習得したパンアフリカニズムを基盤に形成された。その後、コスタリカ、パナマ、イギリス滞在体験を経て、パンアフリカニズムの思想が強化され、アフリカ系の人々の生活条件の改善と黒人意識の覚醒を目指して、ジャマイカ帰国後の1914年にUNIAを結成した。

ガーヴェイのエチオピアニズムは、一般的には「アフリカ帰還」運動に還元されたように受け取られがちであるが、ガーヴェイにおいては「アフリカ帰還」はアフリカに離散したアフリカ系も含めて全世界のすべてのアフリカ人のアフリカ、即ち「アフリカ人のためのアフリカ」を建設しようという提案であり、実際にすべてのアフリカ系の人々はアフリカに帰還すべきであると主張したわけではない。寧ろ、ガーヴェイが強調したのは、アフリカ系の人々がアフリカ人であることに誇りを取り戻し、黒人としての意識を覚醒することにあった。ガーヴェイの「神は黒い」という表現にせよ、このように主張することで、ガーヴェイ自身をも含めたアフリカ系の人々に誇りを持たせることにあったと考えるべきであろう。

ガーヴェイは「神」のイメージについて1923年に次のように述べている。

「我々は黒人として、新たな手段を見出した。我々の神は無色なのだが、物事を先入観で見るというのが人間というものらしい。白人は白人の眼鏡で彼らの神を見てきた。我々は遅まきながら、漸く我々の神を自分自身の眼鏡で見はじめたばかりだ。イサクの神、ヤコブの神は、イサクの神、ヤコブの神を信じる人種のために存在する。我々黒人は、永遠の神であるエチオピアの神を信じる。神と子、神と聖霊、代々一つの神、これこそ、我々が信じる神である。しかし、我々はエチオピアの目を通して神を崇めるであろう。」[Jacques 2014a：34]

「神は黒い」という運動の大半は、ガーヴェイのこの表明から生まれた。ガーヴェイは、アフリカの歴史を擁護するにあたっては、ブライデンと同様に、アフリカ文明を他のすべての文明に先立つものと考えていた。ガーヴェイはまた、エ

チオピアについて古代史ではどのように触れられているのかに精通していた。同じく、1923年に次のように語っている。

「人間の歴史を考えてみるに、黒人が勢力をなしたことはなかったのか。かつて黒人が偉大であったことはなかったのか。こういえば、歴史に忠実な歴史学者なら、エジプトやエチオピア、さらにトンブクトゥが、ヨーロッパよりも、アジアよりも、高度な文明を築いていた頃を思い起こすだろう。ヨーロッパに食人種、野蛮人、裸体の人間、異教徒、無信仰者がいた頃、アフリカには文化的な黒人種がいたのだ。彼らは教養があり、また礼儀正しく、神のような人間だったと言われている。」[Jacques 1967 : 57]

ガーヴェイは、古代黒人種の優越性、優秀さというテーマを何度も繰り返した。彼の語る黒人種の優秀さは、かつてそうだったように、黒人こそが世界の真の指導者であると考える者を燃え立たせた。ガーヴェイには、白人の欧米世界はあまりにも堕落しているので、その良心に訴える必要はないという認識があった。この点について、次のように述べている。

「全世界の行為、あらゆる人種および国家の行為ではっきりしているように、彼らには正義感というもの、愛というもの、公平さ、慈悲のひとかけらもない。それらこそ、人間を幸せにし、神の意にかなうものであるというのに。こうした問題の解決は、黒人に任されていることがはっきりした。アングロ・サクソンを見ればわかる。彼らは貪欲さ、強欲さに満ちているではないか。慈悲や愛、寛大さのひとかけらもない。ここで白人から黄色人に目を移そう。やはり白人と同じく、どうしようもない日本人が目に映るではないか。そこで、我々はこう思わざるをえない。詩篇をつくったダビデ王には、わが人種の大いなる希望が分かっていたと。彼はこう予言したのだ。"エジプトから王が到来し、エチオピアは神に向かって手を伸べる"。」[Ibid. : 60-61]

この『詩篇68章31節』は、次章で検証するラスタファリズムにおいても、最も頻繁に引用される節である。ガーヴェイのメシア的な運動は、変革を目的とするだけではなく、倫理的規範を高く掲げていた。白人主導の欧米世界の堕落が強く訴えられた。そこには、白人支配の下で失墜した黒人種の再興が表明されている。

「かつての、我々の大きな勢力は消え失せてしまった。しかしながら、20世紀が終わるまでには、それを取り戻してアフリカが再興されるのを見ることができるだろう。その通り、新しい文明、新しい文化が、我が民から生まれることになるだろう。ナイルの流れる地は、再び科学と芸術、そして文学の地になるのだ。そこでは、高度な学識、高度な教養を備えた黒人が存在することになろう。」

[Jacques 1967 vol.2：19]

1924年3月16日、ガーヴェイはUNIAのリバティー・ホールで演説し、UNIAについて次のように述べた。

「UNIAは、目覚めた黒人の希望と目的を表明するものである。我々が望むものは、特定地域における土地である。他者の平安を妨げるものではない。我々はニジェール河畔で重荷を降ろし、疲れ切った背と足を休め、エチオピアの神に我々の讃歌を詠唱したいだけなのである。」[Ibid.：120]

ガーヴェイによって、エチオピアニズムという宗教的な願望がイデオロギー化され、そのイデオロギーがUNIAという一つの運動に体現された。

このようにガーヴェイは、急進的なパンアフリカニズムとブラック・ナショナリズムの傾向を示しながらも、その一方で米国のブッカー・T・ワシントンが主導したタスキーギ運動のような、黒人の職能教育による経済的自立化も重視して、ブッカー・T・ワシントンとの連携を強めようとして米国渡航を図ったものの、渡航が実現した1916年3月には既にブッカー・T・ワシントンは死亡していたため、米国でのUNIAの運動拡大は急進的な姿勢を展開する方向に転じた。

ガーヴェイが米国に渡航した時期は、第1次世界大戦に米国が参戦する直前であり、19世紀末から始まっていた南部黒人の北部への移動が加速化し、これにともなって黒人に対する人種差別が強化された時期であった。そのため、急進化したUNIAの姿勢は、穏健なタスキーギ運動や、白人主導でタスキーギ運動と同様に同化・統合主義的であったNAACPの路線に飽き足らない米国北部大都市や南部農村の黒人層に影響力を拡大した。タスキーギ運動とNAACPが掲げる進路と議題は、米国人として、当然に享受すべき米国の憲法が全国民に保障している政治的、社会的、経済的諸権利を完全に獲得することにあった。従って、UNIAが米国に登場した際、UNIAはアフリカの解放をも視野に入れた新たなもう一つの運動として提示することができた。

こうして、UNIAはタスキーギ運動やNAACPと競合しつつも、1910年代末から1920年代初頭には、これら2つの傾向を上回る影響力を米国内で確立する一方で、米国に留まらずイギリス領やフランス領のカリブ諸島や、さらにはアフリカ各地にも影響力を拡大して、各地に支部が設立されるようになる。その背景には、居住地を問わず、アフリカ現地のアフリカ人とディアスポラ化したアメリカ大陸やカリブ諸島のアフリカ系住民を網羅した世界的な黒人アイデンティティの確立を呼びかけたガーヴェイとUNIAの思想が3大陸のアフリカ系の人々の精神的空白を満たす作用をもたらしたことが挙げられる。アフリカ系の人々の地域を越えた人種的（民族的）覚醒と、アフリカに黒人の国を建設しようという

主体の確立を呼びかける思想は、1910年代から1920年代の全世界のアフリカ系の人々には大きな勇気を与えるものであった。ガーヴェイが、そのような方向性をUNIAによる企業経営活動、特にブラック・スター汽船会社の設立によって、黒人による企業活動を実現して、経済的自立の可能性を示したことが、ガーヴェイとUNIAに対する信頼を高める効果を持った。しかし、船舶企業の経営経験のない黒人たちによるブラック・スター汽船会社の運営は、悪意のある人々の自己中心的な行為が重なったり、ガーヴェイ自身が詐欺行為で告訴され有罪判決によって投獄されたことで挫折し、彼の投獄を契機として米国内の一部のUNIA支部の分裂が生じたりする過程で、UNIAの影響力を低下させていくことになった。こうして、ガーヴェイとUNIAの全盛時代が終焉してしまうことになる。

しかし、歴史的に認識しておかねばならないことは、居住する地域を問わず、アフリカ系の人々の精神的覚醒をもたらすものがガーヴェイの思想にはあったという事実である。ガーヴェイはUNIA本部をリベリアのモンロビアに移転する計画を有していたことは事実であり、ブラック・スター汽船会社も単にアフリカ系の人々の経済的自立を図る手段としてだけではなく、それと同時に、「アフリカ帰還」のための方途として設立されたことも考えれば、ガーヴェイが「アフリカ帰還」の理想を心の中に抱いていたことは事実であったと思われる。そして、このガーヴェイの「アフリカ帰還」が、他のエチオピアニズムの諸潮流とも相まって、次章で検証するような、1930年代に形成されるラスタファリズムや、それを思想的基盤として1960年代に登場するレゲエ音楽に影響を与えたことも歴史的事実である。

しかし、それ以上に重要であると思われるのは、ガーヴェイの思想がアフリカへの精神的同化を呼びかけ、全世界のアフリカ系の人々に植民地主義的支配の超越、植民地主義の克服、植民地主義への対抗、植民地主義との闘いを呼びかけて、すべてのアフリカ系の人々の共通意識の形成に果たした役割である。1900年にロンドンで開催されたパンアフリカ会議から始まったパンアフリカニズムが、1910〜1920年代にガーヴェイとUNIAを軸として一つの実現形態を見たという歴史的事実を認識しなければならない。

従って、ガーヴェイとUNIAが世界的な影響力を実現するのを可能にしたガーヴェイの米国渡航の意味をもう一度整理しておく必要がある。1910年末から1920年代初頭、すなわちガーヴェイとUNIAが米国において黒人の底辺層に影響力と勢力を拡大していた時期、黒人の専門家層にはデュボイスが影響力を持っていたNAACPの活動が強化されていた。しかし、デュボイスが影響力をもっていたとはいえ、NAACPの主導権を掌握していたのは白人の知識人層であった。

1915年12月にタスキーギ運動のブッカー・T・ワシントンが死亡した後、同年に KKK が再建されて黒人に対する暴力行為を拡大するというような状況の変化が生じたこともあり、1916年初頭に、対立していたタスキーギ派と NACCP の双方が連携を図ろうと協議したが、結果的には路線の違いから連携は実現せず、タスキーギ派はタスキーギ学院を中心に黒人の職業訓練を重視した活動を継続した。他方 NAACP は1917年から1922年にかけて単独で南部での組織化を強化していた。

　それ故に、それぞれの支持基盤は異なったが、UNIA と NAACP の組織化と活動は特に南部で競合することになった。日本語訳すれば、「世界黒人地位改善協会」と訳しうる UNIA と、「全国黒人地位向上協会」と訳しうる NAACP という、名称からは同じ目的をもっているかのような印象を与える２組織、黒人層の組織化によって運動の基盤を拡大しようとした２組織が競合したのである。最大の相違点は、NAACP の指導者層がデュボイス以外は白人であったのに対し、UNIA は黒人主体であった点と、NAACP の基盤が黒人の専門家層であったのに対して、UNIA は黒人の底辺層であった点である。

　タスキーギ運動を含めて考察すると、タスキーギ運動は白人や資本家層との融合を否定せず、黒人の経済的・職業的自立化を重視したのに対して、UNIA は黒人の経済的・職業的自立化を図りつつも、ブラック・ナショナリズムやアフリカの独立を強く主張して３大陸横断的な広範な支持層を獲得した。他方、NAACP は白人の知識人層を中心にしたパターナリスティックな活動形態を通じて黒人の地位向上を図ろうとした。いずれにせよ、大衆層に最も強い影響力をもったのは、ガーヴェイと UNIA であり、その影響力はタスキーギ派や NAACP と競合した米国においてだけでなく、カリブ地域およびアフリカにおいても同様であった。精神主義的なブラック・ナショナリズムが地理的にパンアフリカニズムとして広範な影響力が拡大したのであり、また歴史的にも射程の長い影響力を維持し続けることになった。

　1965年に公民権運動の指導者であったキング牧師（Martin Luther King Jr., 1929-1968）はガーヴェイについて次のように述べている。

　「マーカス・ガーヴェイは、米国史において大衆的な黒人運動を指導し発展させた最初の黒人である。彼は、大衆的規模と水準で、数百万の黒人に、尊厳と運命の意識を持たせ、黒人に自分が誰であるかを感じさせた最初の人物である。」[Haugen：95]

　このように、ガーヴェイは米国においては、最初の大衆的な黒人解放運動の先駆者として評価されている。しかし、それだけではなく、彼の思想は、世界的規

模で見ても、ジャマイカが発祥の地であるラスタファリズムだけでなく、さらに1950〜1960年代におけるアフリカ諸国の独立を領導した全世界的なパンアフリカニズムの思想的中心軸となるとともに、1960年代後半の米国における急進的な黒人解放運動にも影響力を残していくことになる。次章以下において、これらの点を検証していく。

7. ラスタファリズムとレゲエ・ミュージック

(1) ラスタファリズム

　ラスタファリズムは、定義が極めて困難な社会的、宗教的な現象であるが、本章では可能な限りラスタファリズムの定義や実態などその概要を検証した上で、ラスタファリズムの中にマーカス・ガーヴェイの思想がどのように、あるいはどの程度継承されているかを分析することに努める。従って、ラスタファリズムの理解に誤解があった場合には、本章で行う分析も意味をなさないことになるが、筆者なりのラスタファリズムの理解を示した上で、分析を試みてみたい。

　ガーヴェイが、最後にジャマイカを出国した後、1930年4月にエチオピアでショアのハイレ・セラシエ1世 (Haile Selassie I, 1892-1975, 在位1930-1974) 皇帝が即位し、同年11月2日に戴冠式が行われた。ハイレ・セラシエ皇帝は、エチオピア南部のショア地方の貴族の子として生まれた。血縁上はアドワの戦いで名を馳せた英雄メネリク2世の従兄弟の子にあたる。幼少の頃より聡明で、若くして各地の州知事を歴任した。タファリ侯（ラス・タファリ Ras Tafari）を称号とした。1916年のクーデター後、メネリク2世 (Menelik II, 1844-1913, 在位1889-1913) の娘で女帝として即位したザウディトゥ (Zaoditou, 1876-1930, 在位1916-1930) の皇太子・摂政となり、実権を掌握する。ザウディトゥの死後、1930年4月にエチオピア帝国皇帝に即位し、「三位一体の力」を意味するハイレ・セラシエを名乗った。さらに「王の中の王」、「主の中の主」、「ユダ族の獅子王」の名が加えられ、伝説のソロモン王の血統であると自称した。同年11月2日に首都アジス・アベバにある聖ジョージ大聖堂で戴冠式が行われた。(注1)

　このハイレ・セラシエ皇帝の即位に、離散状態にあった全世界のアフリカ系の人々は、アフリカ救済のメシアを見、また「アフリカ帰還」の希望を燃え立たせ、アフリカを理想視する傾向を強めた。ジャマイカの歴史における「アフリカの理想化」について、ラスタファリズムの研究者である同国の西インド大学のバリー・チェヴァンヌ (Barry Chevannes) は『ラスタファリ　そのルーツとイデオロギー』(1994年) において、次の4期に段階区分している。

Haile Selassie

第1期：1783年に米国からジョージ・ライル神父が到来するまでの時期。
第2期：1783年から1900年までのエチオピア・バプティスト教会が伝道活動を拡大した時期。
第3期：パンアフリカニズムが影響力を拡大した時期で、1901年にロバート・ラブがパンアフリカ協会を設立し、1914年のガーヴェイによるUNIAの設立を経て1930年まで。
第4期：1930年のハイレ・セラシエ皇帝の即位からラスタファリズムが影響力を拡大した時期。[Chevannes：34]

　この段階区分に従うなら、ハイレ・セラシエの即位によって、「アフリカの理想化」はガーヴェイやUNIAの時代から、次の時代へと移行したことになる。ジャマイカにラスタファリズムが生まれたのは、ハイレ・セラシエ皇帝の即位後、彼を「神」と崇める精神的傾向が生じたことが背景となった。ラスタファリアンは、ラス・タファリのジャマイカ的表現で、ラスタファリアン運動のメンバーへの呼称である。

　ハイレ・セラシエ皇帝の戴冠に刺激された、元々ガーヴェイ主義者であったレナード・P・ハウエル（Leonard Percival Howell, 1898-1981）、ジョセフ・ヒバート（Joseph Hibbert, 1894-1986）、アーチボールド・ダンクリー（Archibald Dunklei, 生没年不詳）、ロバート・ハインズ（Robert Hinds, 生没年不詳）の4人が、その直後からジャマイカにおいてハイレ・セラシエ皇帝を「神」と崇めるラスタファリズムの運動を開始した。

　レナード・ハウエルは、「最初のラスタ」と呼ばれる、ラスタファリアン運動の創始者である。ハウエルは、1898年6月16日にアッパー・クラレンドン地区のブルヘッド・マウンテンにある小村に生まれた。両親は小農民で、イギリス国教会の信者であった。彼は1912年に米国に渡航し、第1次世界大戦中には船員として働き、また1916年に入隊してイギリス領西インド連隊に配属されてキングストンのスワローフィールド・キャンプに入営したが、1918年5月パナマに派遣された。しかし、前線には出ていない。同年10月まで、パナマに一時的に滞在したが、その後米国とパナマの間を何度か往来し、1924年に米国に渡航し、UNIAの会員になった。ハーレムでは黒人としてのアイデンティティに目覚め、マーカス・ガーヴェイにも会う機会もあった。米国滞在中に厳しい人種差別を経験し、その経験が思想形成に大きく影響した。

　ハウエルは、米国渡航後、ホテルのドアマン等の職に就いたが、1929年にハーレムの136番通り113番地で喫茶店を開いた。しかし、民間治療師としても活動していたことが、UNIAの幹部の一部からハウエルの活動が宗教的で「オビア」

的な黒魔術であるとして告発され、、UNIA と摩擦を起こすようになった。そして、治安当局から身柄を拘束され、1932年11月に米国を追放されてジャマイカに帰国した。追放の理由は今なお定かではない。このハウエルの帰国を、ジャマイカにおけるラスタファリズム運動の出発点となったと見る向きもある。

ハウエルは、ジャマイカ帰国後、家族と仲たがいして、西キングストンのスラム街で布教を始め、直ぐに信者を増やしていき、初期ラスタファリアン運動のリーダー的存在となっていった。ロバート・ハインズは、ハウエルの代理人で、ガーヴェイ主義と同時にベドワード主義の信奉者でもあった。

ジョセフ・ヒバートは、1894年に生まれた。1911年、コスタリカに転住し、約20年間にわたり農業労働者として働き、1931年に帰国した。彼は、若い頃にエチオピア・バプティスト教会の信者となったが、帰国後はセント・アンドリューのベノア地区で「エチオピア・コプト教」と称する布教活動を開始した。その後、キングストンに移り、そこでハウエルが似たような教義を広めていることを知った。ヒバートはハウエルの協力者になり、ハウエル不在の際にはキングストン本部を預かっていた。しかし、後にハウエルとヒバートは敵対し、ヒバートはアーチボールト・ダンクリーとともに「エチオピア・コプト教会」を設立する。アーチボールド・ダンクリーは、ユナイテッド・フルーツ会社の船員であったが、ポート・アントニオで布教した後、牧師としてキングストンにやって来ていた。

こうして、ラスタファリアン運動はキングストンで揺籃期を迎えて、その後徐々に全島に広まっていった。UNIA に参加していた多くのガーヴェイ主義者をメンバーに加えて、1934年頃にはラスタファリアン運動の中核がキングストンに登場していた。同年8月に、ハウエルはキングストンのエーデルワイス・パークにあった UNIA の本部において、全島に布教を拡大するために資金調達を目的としてハイレ・セラシエの写真をつくり、それをエチオピアへの旅券として1枚1シリングで売った。しかし、このハイレ・セラシエの写真を売ることに関して、ガーヴェイは反対したと言われている。

ガーヴェイは、「真の宗教の原理とは完全に矛盾するこれらの新しい信仰」に対して警戒することを聴衆に呼びかけた。[Lee：54] ガーヴェイは、ハイレ・セラシエを「神」と崇めて宗教的に崇拝する傾向に違和感を覚えていたようである。ハウエルは、ジャマイカにおいて再びガーヴェイと出会っている。ガーヴェイがレッド・ランズにあったハーヴェイの家を訪れたこともあったという。しかし、2人の間には、方向性の違いが生じていたようである。

ハウエルの教義が最も普及したところは、キングストンの東方にある、1865年に「モラント・ベイの反乱」が発生したセント・トマス教区であった。ハウエル

はロバート・ハインズらとともに、1933年12月16日にセント・トマス教区のトリニティニル村で行われた野外集会で唱えた6項目の行動方針が原因で、治安当局に逮捕された。

　6項目とは、①白人種への憎悪、②黒人種の優越性の絶対化、③白人の不正に対する復讐、④ジャマイカ政府と法を否定し、これを追い詰めて侮辱を与えること、⑤アフリカ帰還の態勢を整えること、⑥ハイレ・セラシエ皇帝は神であり、黒人の唯一の統治者であると認めること、であった。ハウエルを一目見ようと、多くの人々がモラント・ベイの裁判所前広場に集まった。ハウエルは、イギリスおよびジャマイカ植民地政府を侮辱した扇動的発言で告発された。イギリス国王と植民地政府の要人に対する憎悪と侮辱を煽って、国王の臣民に不満感を覚えさせることで、公共の治安を乱したとの理由である。ハウエルは無罪を申し立てたが、陪審員は有罪の評決を下した。セント・トマス教区の駐在代理判事のアンセル・O・トンプソン（Ansel O.Tompson）の下で審理され、同判事はハウエルが詐欺行為を働いたとして懲役2年の判決を下した。ハインズは懲役1年の判決を受けた。新種の危険な運動が起こっていることを察した植民地政府は、この運動の創始者の残りの二人、アーチボード・ダンクリーとジョセフ・ヒバートを逮捕した。ラスタファリアン運動の指導者が突然逮捕され収監されてしまったが、これはラスタファリアンたちにとっては一時的な後退に過ぎなかった。信頼のおける信奉者たちが活動を引き継いで、活動は秘密裡に続けられた。ハウエルとハインズが出所した後、ハウエルは「エチオピア救世協会」を組織して、密かに多くの信奉者を集めていった。ハウエルは1940年までに、キングストンを見下ろすセント・キャサリンの丘陵の奥地で、ラスタ・コミューンのリーダーとなったのである。

　治安当局の介入をたえず避けたハウエルは、私有地化できる丘陵を探した。そしてキングストンから約20マイル離れたスライゴヴィル付近の丘陵地の一画を確保した。信奉者の数は500人から600人であったと言われる。そこに入る道はメンバーにしか分からず、また非常に危険なところを歩いて行かねばならなかった。このピナクル・コミューンでの生活は、かつてのマルーンにならって厳格であった。ハウエルはアフリカ的な首長の役をつとめた。生活のためにメンバーは商品作物を栽培した。その中には、ガンジャ（マリファナ）葉があった。これはこの運動の儀礼として使用された。

　ピナクル・コミューンのその後の経緯について、レナード・E・バレット（Leonard E.Barrett）は『ラスタファリアンズ　レゲエを生んだ思想』の中で概略次のように記述している。

コミューンの近隣者が、コミューンの場所を警察に密告した。1941年7月に、警察は暴力行為と危険な麻薬栽培の容疑でコミューンを急襲して、70人のラスタを逮捕した。28人のラスタが刑務所に送られたが、ハウエルは逮捕を免れた。彼の威信は高まった。しかし、彼もついに逮捕されて、さらに2年の懲役刑を受けることになった。

ハウエルへの弾圧は、彼のひたむきさを強めるだけだった。1953年、以前と大差なく、だがさらに用心深くなってピナクルでの活動が再開されたことが公になった。このピナクルでの第2期で、メンバーの男たちは髪を縄編みにし始めた。彼らは「ロックスマン」と呼ばれ、今では「ドレッドロックス」あるいは「ナティ・ドレッド」として知られる。だが、初期の頃は、「エチオピア戦士」と言われていた。彼らは用心のために獰猛な犬を飼った。コミューンに入るためには、門にある銅鑼を叩いて、入って行くことを知らせることになっていた。

しかし、ピナクルの第2期は、第1期のように順調にはいかなかった。1954年の初めに、警察が再びラスタファリアンたちを急襲してメンバーの163人を逮捕した。ハウエルと、彼の補佐達も逮捕されて、裁判にかけられた。だがこの時、治安当局の方では、彼らを刑務所に送ることにうんざりしていた。判事は彼らをただの厄介者として無罪にした。警察はコミューンを破壊した上で、メンバーとリーダーたちをキングストンのスラム街に放免したのである。

警察との長い闘争で老年となっていたハウエルは弱りきったようだった。ところが、自分の威信を利用しようとしたのか、あるいは耄碌してしまったのか、今度は自らの神性を主張し始めた。その主張を聞いた信奉者たちは、彼を見捨ててしまった。ハウエルは1960年にキングストンの精神病院に収容されたと言われる。その後、病院から出されたハウエルは、1981年にセント・アンドリューで亡くなった。

ピナクル・コミューンは、初期のラスタファリアン運動の発展から見れば重要な時期にあった。そこでラスタファリアン運動の特質が確立されたからである。ここでコミューンとしての生活様式が生まれ、ラスタファリアンの多くのグループではそれがその後も続けられた。また、丘陵の奥地ではガンジャの使用が儀礼の一つとして採り入れられた。そこでは、ガンジャをいくらでも容易に栽培することができ、誰の干渉も受けずに使用できた。つまり、かつてのピナクルでの体験が「後に引かない覚悟の行為」となって、その後のラスタファリアンの運動を特徴づける儀礼と慣行を強化していった。[Barrett：144-145]

ラスタファリアン運動を開始した1930年代前半のハウエルは、米国滞在期間中にUNIAに属していてガーヴェイと会合していたことや、その後も1934年に

ジャマイカ帰国後に米国から追放されてジャマイカにいたガーヴェイと会合したことから、ハウエルがガーヴェイの影響を受けたことは考えられる。しかし、ハウエルの宗教的な傾向は決してガーヴェイから継承したものではない。ラスタファリズムの研究者であるヘレネ・リー（Helene Lee）は、両者の間にはイギリス領アンギーラ島生まれのアスリィ・ロジャーズ（Robert Athlyi Rogers, 生年不詳 –1931）が介在していた可能性があると論じている。[Lee 2003=2003：46]

ロジャーズが、支持者の宗教的願望を無視していたマーカス・ガーヴェイの欠落部分を補填する役割を果たし、ハウエルはロジャーズの影響を受けたと推定される。ガーヴェイは、ジャマイカ時代からベドワード主義への関心を持っていたし、UNIAにはAMEの牧師が重要な役割を果たしていたことから、宗教的問題にも関心があったと思われる。そして、1921年にはUNIAの牧師ジョージ・アレクサンダー・マクガイア（George Alexander McGuire、1866–1934）にキリスト教の独立教会であるアフリカ正教会を設立することを許可したこともあった。しかし、この教会は信者の文化的・感情的要請を満たすことはできなかった。信者が求めていたのは、黒い肌の救世主であり、「生ける神」であったと考えられ、キリストそのものではなかった。しかし、ガーヴェイは、救世主の役割を演ずることを避けていた。UNIAの協力者であった黒人インテリたちがこれを受け入れなかったからである。その一方で、この役割を引き受けようとしたのがアスリィ・ロジャーズであった。

マクガイアは、1866年3月にイギリス領アンティグア島に生まれ、小学校終了後、師範学校およびデンマーク領ヴァージン諸島（現米国領）セント・トマス島のモラヴィア兄弟団のセミナーでキリスト教学を学び、1888年から1896年までモラヴィア教会で牧師を務めた。1894年に米国に渡航し、当初AMEに入会したが、翌1895年にはエピスコパル教会に入信し、2年後に説教師となった。1898年から1913年までバージニア州リッチモンドのセント・フィリップス教会などで教区牧師を務めたが、1913年にアンティグア島に帰り、労働争議が拡大した時に労働者を支援して植民地当局と対立し、1918年に米国に戻り、UNIAに加盟した。

1920年8月に開催されたUNIAの第1回世界大会の際、UNIAの主任牧師に任命され、UNIAの『世界黒人儀礼』や『世界黒人教理問答』を執筆した。1921年9月にニューヨークでアフリカ正教会（当初は独立エピスコパル教会と命名したが、1924年9月に改称）を設立した。同教会は、教義はカトリック教に基づいたものの、黒人が指導する教会と位置づけられた。マクガイアは、「あなた方は白人の神を忘れなければならない。我々は、我々の真の神に、土着の教会に

帰らなければならない」と説教した。正教会という名称をつけたのは、東方正教会が植民地主義や人種差別と関係していなかったこと、その布教活動がアフリカ人や米国のアフリカ系に及んでいなかったこと、米国の支配層に信者がいなかったことが根拠となったと考えられる。マクガイアは、植民地主義や人種差別と関わりのない黒人のためのキリスト教会の設立を目指し、特にイギリス領カリブ諸島出身者を対象に伝道活動を行った。

マクガイアはアフリカ正教会が UNIA の公式教会となることを望んだが、しかしガーヴェイは特定の名称を持つ宗派に特権的な地位を与えることに否定的であった。このため、マクガイアはガーヴェイと訣別し、UNIA から離脱した。マクガイアはロシア正教会への系列化を目指して協議を行うなど迷走したが、同年中に米国内のマイアミ、シカゴ、ハーレム、ボストン等、海外でもカナダ、バルバドス、キューバ、南アフリカ、ウガンダ、ケニア等に支部を設立、1925年にフロリダ州のウェスト・パーム・ビーチに「アフリカ正教会」名を有する教区を確立し、1934年にニューヨークで死亡するまでに 3 万人の信者を有する教団に発展させた。

一方、アスリィ・ロジャーズは、1891年 5 月にイギリス領アンギーラ島に生まれ、若い頃に米国に渡航、1922年にニュージャージー州のニューアークで開催された UNIA の集会でガーヴェイの演説を聞いて印象付けられ、自らを「神の使徒」と呼び、またガーヴェイを敬愛し、1924年に出版した『ホーリィ・パイビィ (Holy Piby)』の第 7 章をガーヴェイに捧げている。

1920年代前半、アスリィ・ロジャーズは米国内や、カリブ・中南米の各地、さらにアフリカを歴訪して説教を行ったが、1924年に南アフリカのキンバリーに「アフロ・アスリィ・建設的ガースリィ教会」を設立した。その後、米国に帰って、1925年にはニューアークに戻った。1925年11月には、ジャマイカのキングストンのスミス・ヴィレッジのエルギン街 7 番地に UNIA 幹部の出席の下、「アフロ・アスリィ・建設的ガースリィ教会」の建設を始めたが、植民地当局が『ホーリィ・パイビィ』の配布を禁止するなど干渉したため、キングストンの教会は完成しなかった。

アスリィ・ロジャーズは、『ホーリィ・パイビィ』の第 7 章をガーヴェイに捧げて次のように語っている。

「第 7 章　マーカス・ガーヴェイ

1919年 7 月30日、アスリィ信者は米国のニュージャージー州のニューアークで集会を催し、その 3 日後にニューヨークにおいてマーカス・ガーヴェイの説教がボンフィールド牧師によって読み上げられた。

そして、指導者はためらいがちであったが、私は、ガーヴェイが20世紀の使徒の一人であるとほぼ確信しているが、どこにもう一人の使徒がいるのだろうか、私は二人の使徒を探してみるが、生命の地図はそんな私をもう一人の使徒のところに導いてくれる、と話した。

マーカス・ガーヴェイにあなたの指を向けてはならない。彼に対して話してもならない。

1921年にガーヴェイは"私は宗教を教える時間がない"と話した。何故なら、アスリィがペンをとり、彼は20世紀の使徒ではないと宣言するにちがいない。神の言葉がアスリィに来たり、"この人間を聖なる神として非難するな、彼はエチオピアの諸世代の精神を準備するために送られた。彼は地図を整理するだろう"と語った。

しかしながら、1922年に使徒ガーヴェイは生命の地図に最後の項目を満たしたと世界中に宗教的な呼びかけを行った。

それ故、アスリィは、彼に地図の写しを渡し、マーカス・ガーヴェイは、エチオピアとその苦悩する子孫たちの救済のための「神」の使徒であると宣言した。

そして、神の言葉がアスリィに来たりて、私はエチオピアの「神」である、20世紀の3人の使徒が、エチオピアの諸世代を運命づける者たちの手中ではなく、彼らの救済のために命じた法と福音を執行するように私を送られた、と語った。」[Rogers：31]

『ホーリィ・パイビィ』には、預言者的な表現で種々の物語が乱雑に織り込まれており、単純な解釈は困難だが、第7章に関してはガーヴェイに対する全幅の敬愛が示されていると言えよう。ロジャーズの言説として、もう少し理解可能な内容を持つものがリーによって、引用されている。

「ほかの人種に追随するために自己を捨て去ってしまう人種は、恥を知るがいい。

ああ、エチオピアの子どもたちよ、あなた方に真実を語ろう。自分たちもそこに参与しているなどと考えながら、ほかの人種の発展を誇りにしたりしてはならない。何故なら、つねにあなた方は道端に棄てられ、魂と身体を滅ぼすことになるからである。

エチオピアの建設と未来の世代のために、団結して働くことを決して忘れるなかれ。

この世の諸国家だけがあなた方を敬い、彼らの生産物をあなた方の黄金と、あなた方の生産物を彼らの黄金と交換することを可能にし、誰も騙されず、奴隷とされることがないのである。

そして、あなた方の旗が諸国家の旗の間にはためき、あなた方の船が諸国家の船の間を航海し、あなた方の戦士が諸国家の戦士に交じって闘い、諸国家の中にあなた方の名が燦然と輝くであろう。

　主、エチオピアの父は、あなた方を誇りとし、天使たちはあなた方とともに喜び、天の王国であなた方は大きな報酬を得るであろう。

　あなた方の娘たちは手の汚れない仕事に就き、サテンの衣服を身に着け、あなた方の息子たちは勉学の果実を摘み取るのだ。」[Lee 2003=2003：48-49]

　この言説の中に、ガーヴェイ主義とラスタファリズム運動との間の具体的な継承性を見出すことができる。その意味で、アスリィ・ロジャーズは、先駆的ラスタファリアンであったと言える。

　先駆的ラスタファリアンと評価できる人物としてもう一人、フィッツ・バレンティン・ピーターズバーグ（Fitz Balentine Pettersburgh, 生没年不詳）が挙げられる。バレンティンは、1926年に『黒人の至上性の高貴なる文書（The Royal Parchment Scroll of Black Supremacy）』を発行した。この書は、ハイレ・セラシエ皇帝が即位する4年前、同皇帝が「ラス・タファリ」の称号を得る1年前に発行されたが、既に「エチオピアの王の中の王」の暗示を数ヶ所で行っている。この書は、詩の体裁をとりながら、アングロ・サクソンの支配の後にエチオピアの支配が続くという明確な政治的主張を展開するとともに、「棘のある永遠は私のもの」、「私は王女に、両極のまわりを飛ぶことを教えるであろう」というような詩が続けられている。リーは「バレンタインの〈妄想的〉文章から政治的要素だけを取り出してみると、アスリィのそれとは違い、象徴としてのエチオピアの支配に依拠しているのがわかる。」と評している。[Lee 2003=2004：55]

「我々はエチオピア王国復興の礎石である。

　アングロ゠サクソンの支配の後に、エチオピアの支配が続くのだ。

　我々はイギリス主義者たちとはなんの関係もない。

　黒人は白人と結婚してはならず、白人は黒人と結婚してはならない。なぜなら二つは敵対する人種であるからである。

　私は白人よりも蛇により信頼を向ける。

　アダム、アブラハム、アングロ゠サクソン、レプラの説教士たち。

　私はレプラ患者を受け入れる命は受けていない。

　黒人至上性の洗礼は、白人至上性と奴隷の首領に対する我々の勝利である」[Balentine：30, 49]

　バレンティンは、黒人から隷属の汚れを洗いおとすことを主張したのであり、

奴隷制は人類を創造主から引き離す汚れなのである。奴隷制を洗いおとしたなら、黒人は神から与えられた本質を取り戻すと考えられた。

「我と我が創造主はひとつなり……
我自身、王の中の王なり……」

バレンティンは、その目的のために「癒しの場」である「バーム・ヤード（Balm Yard）」を建設することを目指した。これは人々の身体と魂を治療するための一種の診療所であった。実際には、この「バーム・ヤード」の建設には至らなかったが、この「バーム・ヤード」は、後にジャマイカでハウエルが建設する「ピナクル・コミューン」とイメージが重なる。

ラスタファリズム研究者のチェバンヌは、ハウエルは1935年に『約束された鍵（Promised Key）』を発行した時、バレンタインを剽窃したと指摘している。[Chavannes：42] バレンティンの『黒人の至上性の高貴なる文書』も、ハウエルの『約束された鍵』のいずれもが難解な文書であるため、ハウエルが剽窃したかどうかの判断は容易ではないが、ハウエルがバレンティンから大きな影響を受けたことは確実である。バレンティンは、アスリィ・ロジャーズの支持者であったグレイス・ジェンキンス・ギャリソンと同じ時期の1924年9月にジャマイカに帰国したが、ジェンキンスが1925年11月にロジャーズがキングストンにUNIAの協力を得て、「アフロ・アスリィ建設的ガースリィ教会」の建設に協力していた頃に、バレンティンは『黒人の至上性の小粋なる文書』の執筆を行っており、またこの文書の中でジェンキンスやロジャーズのグループのメンバーに言及していることから、バレンタインとロジャーズのグループとの間に接触があったことが推定される。

このようにラスタファリズムの創始者とされるハウエルには、ガーヴェイと、ガーヴェイを経由してアスリィ・ロジャーズの、またロジャーズの影響を受けたフィッツ・バレンタインからの影響が重層的に見られるのである。

ハウエルは、1930年に『約束された鍵』と題するパンフレットを執筆した。しかしその発行された1935年には、ハウエルは獄中にいた。このパンフレットの中で、ハウエルはローマ法王を「悪魔」と呼び、白人優越主義と植民地主義に対して宣戦布告した。また、彼は「オビア」や大覚醒主義などのジャマイカの宗教傾向や民俗的実践にも反対した。このパンフレットは薄い小冊子であったが、黒人大衆層の間に広範囲に普及したため、植民地体制の維持を至上化する植民地当局から危険視された。

1937年にハウエルは、集団的な救済を目的として、「エチオピア救世協会（ESS：Ethiopian Salvation Society）」を設立したが、1940年に植民地当局は

ESSが国際的運動に連動する組織であるとして活動禁止にした。1938年には『約束された鍵』の中で表明したイギリス植民地主義に対する批判や、白人支配に対する過激な言説を理由に、ハウエルは精神治療施設に収監された。

　ラスタファリズムには、特定のイデオロギーが存在するわけではないが、1930年代から始まるラスタファリズムの形成期に、おおよその共通した傾向が形成された。それらの傾向は社会的、宗教的なもので、神学的な要素であるとも言えるものであるが、次のように整理できるであろう。

①黒人は「黒人性」に誇りを持たなければならない。黒人が受け継いできたアフリカ的なものの美しさを誇りとすること。
②ハイレ・セラシエ皇帝は「生きる神」であり、「黒いメシア」である。
③黒人の真の故郷であり救済の地であるエチオピアへの帰還、即ち「アフリカ帰還」は、預言されていたことであり、まもなく実現する。黒人は古代イスラエル人の化身であり、離散状態にあるが、まもなく「バビロン」を脱出して「シオン」へ向かう。
④白人の植民地主義的なやり方は、悪魔的であり、歴史的にも人道上許されない。ジャマイカは、光なき地獄であり、白人の堕落した世界である「バビロン」であり、終末に瀕していていずれ崩壊する。白人の世界が滅びると、主人=奴隷のパターンは逆転される。
⑤ジャー・ラスタファリが、現在の世界の秩序を打倒して破壊し、ラスタファリアンとその他の黒人たちが、その破壊の受益者になるだろう。彼らがジャー(注2)とともに、新しい王国を統治することになる。
⑥これらの神学的な教義の要は、「神の人間性」と同時に「人間の神性」を主張することにあり。「神の神性」は「神＝人」であるエチオピア皇帝ハイレ・セラシエの人間性を通じて具現される。「神は人間であり、人間は神である」。「神はすべての人間に見出される」が、それを最も完全に具現する「神＝人」が一人おり、それこそが至上の人間であるラス・タファリ、ハイレ・セラシエ皇帝である。神の働きを通じて具現される歴史的事実は、「神」の裁きと「神」の働きの光に見えなければならない。
⑦救世は死後になされるのはなく、救世は地上のものであり、生命の至上性ということである。人間は生命を考え保護するために呼び起された。
⑧話される「言葉」は神性の存在の現れであり、「力」は創造もするが破壊ももたらす。
⑨自然は神聖なものであり、人類はエネルギーを保存すること、汚染を縮小し、自然食品を食することで、環境を保護することを求められている。『旧約聖

書』に基づく食事と健康に関する厳しい戒律を遵守すること。
⑩ラスタファリアンは、世界に平和を促進するためにジャーが選ばれた人々である。

　ラスタファリアンは同質的な集団ではなく、種々のグループが存在したが、ハイレ・セラシエ1世は「生きる神」であるということが、最も重要な共通の教義であった。多くのラスタファリアンはハイレ・セラシエを、「黒いメシア」として崇めた。このような信仰にも近い教義は、1970年代の半ば、1974年9月にエチオピアで軍事クーデターが発生し、翌1975年8月にハイレ・セラシエ皇帝が逝去するまで維持された。後述するように、その後ラスタファリズムに変化が生じた。

　このラスタファリズムの形成期から発展期に形成された教義を深める一方で、ラスタファリアンたちは宗教的ともいえる実践を発展させていった。『ラスタファリアンズ　レゲエを生んだ思想』の著者であるL・E・バレット（Leonard E.Barrett）は、この書の第4章「ラスタ的信仰世界」の中でラスタファリアンの実践を紹介しているが、次のようにまとめることができよう。

　ラスタファリアンの儀礼には、霊感や訓戒、それに瞑想のための招集もしくは集会といわれるものが含まれる。時には行列祈祷会や集団儀式が行われることもある。これらは集団を維持するために欠かせない。儀礼では、祈り、経典の朗誦、音楽、供養、断食、そしてある種のタブーの確認なども盛り込まれている場合が多い。

　ラスタファリアンは様々な会合を持つ。必要に応じて、週1回ならびに月1回の集いが持たれる。中でも最も重要なのが、"ナイヤビンギ"といわれる集会である(注3)。ふつう審議会のようなものとされている。そこでは当面の予定が検討されたり、問題が解決されたりする。コミュニティの課題や、ラスタファリアンに影響する政府の動きに絡んだ問題などが話題となることが多い。議長、すなわち「指導力のある兄弟」が通常はグループの代弁者の役割をはたす。場合に応じて、儀式係、会計係、守衛官、さらに書記が必要となる。一般に、集会は祈りと詠唱から始まるが、週1回の集まりではそれらが不要になることもある。集会は序列制の構造をもっているが、その場の雰囲気は極めて民主的である。あらゆる問題について、全員の意見が一致するまで、各メンバーは自由にそして十分に討論する時間が与えられる。月1回の集会は、霊感を与える性質のものであり、音楽や祈り、訓戒などが盛り込まれる。週1回の集会は、たいてい指導力のある兄弟の家で行われる。一方、月1回の集会はメンバーの家で行われることが多い。

　月1回の集会の特徴は、宵のうちに始まり、ダンスやガンジャの吸引、食事な

どをともなって、時には一晩中続けられるという点にある。まず、みんなで詩篇133章から、「見よ、兄弟がともに集まっているのを。なんとすばらしいことか、なんと喜ばしいことか」などを朗誦する。そのあとに、ラスタファリアンの祈りや、さまざまな聖句とその注釈が続いて、ラスタファリアンの聖歌で終わる。このあとドラマーや歌手が加わって、お祭り騒ぎが長時間続く。

　ラスタファリアンの集会で最も重要なのは"ナイヤビンギ"だ。これには島中のメンバーが関わり、島の様々な地域で定期的に開かれる。これは運動の大会に相当するもので、1日から3日、もしくは1週間も続くときがある。

　儀礼としての祈りは、様々な形で行われる。集会は祈りによって始まり、祈りによって終わるのである。これは、ごく初期のものと変わらない。

　　エジプトより王が到来し、エチオピアに向かって手を伸べる。おお、汝、エチオピアの神、汝、天帝である神よ、正義に生きるため、汝の霊をわれらに与えたまえ。植えた者を満たし、病める者を癒し、老いたる者をいたわり、幼き者を守りたまえ。ザイオンでのごとく、我らに愛と忠義を与えたまえ。
　　敵の手から我らを救い出したまえ。最後の日に我らの敵が絶える時、深海や獣の腹の中で朽ち果てる時、我らの信仰を証すことができるように。おお。汝の王国の一部を我らにあたえたまえ、永遠に。それ故、我らの神セラシエ1世、ヤハウェの神、ラス・タファーライ、全能の神、ラス・タファーライ、偉大なる恐れ多き神ラス・タファーライを歓呼をもって迎える。汝、ザイオンに座し、男も女を統治す。我らの声を聞き祝福したまえ、我らを清めたまえ。汝の子である我らを救うため、我らに汝の親愛なる顔を輝かせたまえ。

　このような祈りは敬虔な礼拝体験によって、一般にも広まった。そのため、集会ではラスタファリアンではない人でもこれを朗誦するほどである。祈りの様子を見れば、それが古典的な祈祷儀礼の構造をもつことがわかる。まず、至高の存在"ラス・タファーライ"への礼拝がある。そのあと、飢える者、病める者、幼き者、そして敵の破滅への祈願が続く。最後に礼拝で終わりとなる。聖書が朗読される集会では、祈りの最後の説が何度も繰り返される。またラスタファリアンは礼拝の間じゅう、数詞の「I」（「1世」の意）を母音読みの「アイ」にして、「ジャー！　ラス・タファーライ！」と「ハイレ・セラシエ・アイ」というふうに韻を踏んで呼びかわす習慣がある。

　祈りのほかに、ラスタファリアン運動で経典に近い役割をもつのは、次のような10ケ条の道徳律である。運動のメンバーはこれを厳格に守っている。

一、我々は身体を汚すのに用いられる鋭利な道具に強い異議を唱える。例えば、髪を刈ったり、髭を剃ったり、入れ墨をしたり、身体を切りこんだりするものである。

二、我々は基本的には採食主義者である。ある種の動物の肉はほとんど食べない。ただし、どのような部分であれ、豚肉、甲殻類、うろこのない魚、巻き貝などは禁じられる。

三、我々は、ラス・タファリ以外の神を崇拝したり、認めたりしない。他のすべての異教崇拝を禁ずる。しかし、いかなる宗派の信者でも尊ぶものである。

四、我々は人類の兄弟愛を慈しみ尊ぶ。しかし、第一に、ハムの子孫に愛が注がれる。

五、我々は憎しみ、嫉妬、うらやみ、いかさま、背信、欺瞞などを認めないし、断固として忌むものである。

六、我々は現代社会の快楽および現代の悪を認めない。

七、我々は一つの兄弟愛の世界を創造することを明言する。

八、我々の義務は、窮境にいるあらゆる兄弟に慈しみの手をさし伸ばすことである。まず第一に、ラスタファリ・グループの兄弟に、それからあらゆる人間、動物、植物に伸べられる。

九、我々はエチオピアの古代律法に断固として従う。

十、恐怖のために敵が汝に与えんとする援助、権利、富に思いを寄せることなかれ。汝の目的に応える者は、ラス・タファリの愛である。

　生贄の儀礼については、プリンス・イマニュエルのエチオピア国民会議（後に「エチオピア国際会議」に改称）だけで実践されていたが、他の集団では行われてこなかった。

　ラスタファリアンが宗教儀礼でガンジャを使用することについて、論争の的となった時期があった。ガンジャの熱狂的な流行が大きな関心を呼び、ガンジャの本質と、ガンジャがラスタファリアン運動の社会的・宗教的未来にもたらす意味に関して論じられる中で、多大な混乱が生じた。ラスタファリアンは運動の初期、ピナクルのコミューン時期から宗教儀礼としてガンジャを使用し始めたようである。それ以来、ガンジャはラスタファリアン運動の礼拝と瞑想の儀式に欠かせない役割を担ってきた。ラスタファリアン出現の以前には、ガンジャは土地の薬草医によって民間療法に用いられていた。特に、お茶やパイプ用調合タバコとして使われた。しかしラスタファリアンの出現とともに、ガンジャは宗教上神聖なものとして、新しい意味をもつようになった。ガンジャの使用は、社会への反抗手段、体制から真に自由であることの指標となった。ジャマイカでは、かなり

以前からガンジャの使用は禁じられていたが、農民たちの大半はそれを知らなかった。しかし、ほとんどが都会人であるラスタファリアンは、それが非合法であることを知っていた。社会への抗議としてのガンジャの吸飲は、ラスタファリアン運動が目指す反抗の最初の手段であり、"バビロン"の法からの解放を示すものとなった。

ラスタファリアンには、数多くのタブーがある。そのうち最も厳しいのが、"ナイヤビンギ"儀礼において、アルコール類を飲用することや、タバコを吸うことである。酒が人間を暴力的にするのに比べて、ガンジャは人間を穏やかにするとも言われる。

ラスタファリアンのシンボルを示すものの一つは、髪型である。長髪ではないラスタファリアンもいるが、本来のカルトのシンボルは毛だらけの容貌である。ラスタファリアンは、このシンボルを、宗教上のものであり、聖書にもとづく慣習であると説明している。

「頭髪を剃り上げてはならない。また、両頬の髭を剃り落としたり、身を傷つけてはならない。」[レビ記：21章5節]

髭を剃らない人間は自然であり、その外観は誰にも妨げられることのない生活を象徴している。しかし、その髪型には、より深い社会的意味がある。ジャマイカでは、髪質が社会的差異の指標としてよく利用され、たえず問題にされてきた。例えば、まっすぐで艶のある髪は、「よい」と考えられてきたが、もじゃもじゃの縮れ毛は顔をしかめられた。まっすぐで艶のある髪の人間は、典型的な黒色人種の人間よりも優れていて、社会に受け入れ得られやすいと思われている。従って、ラスタファリアンの間で支配的な髪型は、社会的反抗のシンボルとなる。ラスタファリアンはこの社会の両義性を嘲笑しているのである。男が長髪にするということは、社会への挑発のシンボルなのである。ラスタファリアンのヘア・シンボルは、彼らがジャマイカ社会のアウトサイダーであり、どのようなことがあっても、貧者への社会的態度に根本的な変化が見られないかぎり、ラスタファリアンの居場所はないということを表明しているのである。

「ドレッド・ロックス」と呼ばれるラスタファリアンのグループもいる。このシンボルは、お互いに"ドレッド"と呼ぶラスタファリアンたちに一体感をもたせる役を果たしてきた。

ハウエルのピナクル・コミューンの第2期（1940～50年代）に、"ドレッド"の概念が、ジャマイカ社会で新しい意味をもつようになった。粗野で危険、また、不潔な外観を与える。しかしラスタファリアンにとっては、力、自由、そして反抗の意味を持つ。ドレッドとは、反逆、もしくは社会に属しないものの行

動様式なのである。ドレッドという言葉が1970年代頃から若者の間に定着し始めた。例えばある教師が厳しい場合には、その教師はドレッドと言われる。ドレッドという言葉が、社会の中で価値にとらわれなく定型化されてきた。ラスタファリアンのミュージシャンであるボブ・マーリー（後出）のベストセラー『ナッティ・ドレッド』によって、ジャマイカ人の会話の中でこの言葉がさらに用いられるようになった。

　社会集団を示す指標として、食事の象徴性を指摘する向きがある。ラスタファリアンにとっては、重要である。前出の「ラスタファリアン10ヶ条」の第2条には、「我々は基本的には採食主義者である。ある種の動物の肉はほとんど食べない。ただし、どのような部分であれ、豚肉、甲殻類、うろこのない魚、巻き貝などは禁じられる」とある。ラスタファリアンの食規定は厳格である。ふつう、肉類は有害とされる。肉を食べる場合も、豚肉は除く。空腹になり、もらった豚肉しか食べるものがない場合には、自分の名前を「ラスタに関係のない人間の名前に変えて、それを食べる」ことにしている。肉類を拒む理由の一つは、体内に虫がわいて、それが胃の中で排便すると気分が悪くなるからだとの説明もある。ラスタファリアンの主食の一つは魚だが、12インチに満たない小魚に限られている。彼らが好んで食べるのは、スプラットというニシンの小魚や、大きさの規定にあった鱗のある魚類である。規定より大きい魚はすべて略奪者であり、人間が人間を食べる「バビロン」を象徴する。ラスタファリアンにとって最も価値のある食物は野菜である。ガンジャも含め、大地がもたらしてくれたものはよしとされる。

　ラスタファリアンのシンボルで最も名高いのは、ユダ族の師子王、ハイレ・セラシエ皇帝を象徴するライオンである。ライオンは、ラスタファリアンのメンバーの家屋、旗、礼拝所、家庭内、さらに彼らと関係あるところならどこにでも見られる。ライオンは、「王の中の王」を象徴するだけではなく、運動の男性優位をも象徴する。ラスタファリアンは、その頭髪や歩き方でライオンの心を凝態する。

　ガーヴェイ運動のUNIAの色であった赤・黒・緑の黒に代えて、黄金色を中に入れる配色が、ラスラファリアン運動独特の色とされている。黒が同時に組み込まれて4色で表示される場合もある。この配色は、すべてのラスタファリアン・コミューンの所在を明らかにしている。[Barrett 1988=1996：169-230]

　ラスタファリアン運動が形成された1930年代には、内外でラスタファリズム関係の種々の出来事が生じた。最大の出来事は、1935年10月に発生したイタリアによるエチオピア侵攻であった。翌1936年5月にハイレ・セラシエ皇帝が国外に脱

7．ラスタファリズムとレゲエ・ミュージック　149

出してイギリスに亡命した。この出来事は、前出の通り（第6章第4節）、ガーヴェイが、エチオピアを脱出して植民地主義国であるイギリスに亡命したハイレ・セラシエ皇帝を批判し、このことが同皇帝を「生きる神」として崇めるラスタファリアンのガーヴェイ支持を低下させるという事態を生じさせ、その後のガーヴェイの孤立化を促進した。

　ジャマイカ国内のラスタファリアンは、実現こそしなかったが、イギリス植民地当局に対して義勇兵としてエチオピアに派遣されることを求める請願書を提出したが、本来ラスタファリアン運動の批判対象である植民地主義支配の元凶であるイギリスに対して近寄るという皮肉な現象を生じさせた。他方、エチオピアは、1937年に自決と正義を勝ちとり、黒人種の遺産であるエチオピアの保全を維持するために、世界の黒人を団結させることを目的として、ニューヨークに国際的なエチオピア支援のために「世界エチオピア連盟（EWF）」を設立し、1938年にはシカゴやデトロイトとともにキングストンにも支部が設置された。(注4) ハイレ・セラシエ皇帝は、1941年5月に連合軍がイタリア軍をエチオピアから駆逐した後にエチオピアに帰還し、帝位に復帰した。

　1940年にはハウエルのピナクル・コミューンが警察の急襲を受け、その後ハウエルも逮捕されて2年の懲役刑を科された。

　1950～60年代にも、種々のラスタファリアン運動に関連する出来事が起こり、内外で注目された。1953年にEWFがジャマイカでの活動を拡大して多数の分派が生まれ、それぞれが真のラスタファリアン集団であると主張した。1955年9月にハーレムからEWFの使者がジャマイカを訪れ、衰退気味であったラスタファリアン運動に活力を与えた。保守系紙『デイリー・グリーナー』が、「ハイレ・セラシエ皇帝が、米国やジャマイカに寄港してエチオピアに"帰還"する人々を運ぶために船の建造に専念しており、その船が米国に向かうのも、そう遠いことではないだろう。その船が、いずれ当地を訪れる可能性が大きい」と伝えた。その使者がニューヨークに戻るとすぐに、ニューヨークのEWFからジャマイカ支部に、皇帝が苦難の時期のエチオピアを支援したことに感謝するために「帰還」する人々に、皇帝の私有地である500エーカーの土地を実験的に提供する用意をしているという連絡が届いた（同皇帝はイタリアのエチオピア侵攻の際にエチオピアを支援したことに謝意を表するため、ゴバ渓谷のシェセマニ"Shesemani"に500エーカーの土地を用意していた）。この試みが成功すれば、さらに別の土地が提供される。土地を提供される最優先者は農夫、大工、鉛管工、石工、電気技師のほか、医師や看護婦などの専門職についている人たちとされた。

　この情報は、ラスタファリアンの間に信仰復興と呼びうる熱狂と期待を生み

出し、ラスタファリアン運動への加盟者が急増する効果を生んだ。1956年には、数百人のジャマイカ人が、彼らをエチオピアに運ぶはずの船を待ち望んで港に集まった。1959年には、数千人の黒人がクローディアス・ヘンリー（Claudius Henry）からエチオピア行きの切符を入手するためにすべての資産を売り払った。これらのラスタ絡みの事件はメディアの格好の報道対象となった。

　他方、1958年3月にキングストンにある「コプト神政寺院」でラスタファリアンの「世界大会」が開催された。この大会で、あまり知られていなかったラスタファリアンの儀礼があきらかになった。集会は、かがり火を囲んで、ドラム演奏、踊り、そしてガンジャ吸飲からなっていた。集会では、監視にあたる警察に対する罵りが多く発せられた。保守系紙の報道も、ラスタファリアンを憎悪して毒々しいものになり、警察の監視も強化された。こうした中で、戦闘的なラスタファリアンの一部がキングストン市街を占拠しようという行為に出た。3月23日に約300人のラスタファリアンが赤・黄金・緑の旗を靡かせながらビクトリア広場に集まって、市街の一部を占拠したが、警察によって排除された。同年の後半には、スパニッシュ・タウンの旧総督邸の占拠が試みられた。植民地政府は素早く反応し、危険薬物法を適用して、ガンジャ所持とその使用の容疑で逮捕した。

　「世界大会」が終わると、知識人と中間層から植民地政府に対して、民衆の不満を真剣に直視せよとする請願が行われた。ラスタファリアンの過激な行動の背景に民衆の不満があると警告したのである。1958年3月10日付けの保守系紙『デイリー・グリーナー』のコラムニストは、「いまこそラスタの問題を直視しなければ、ゆゆしい事態となることは必至である。そして民衆にとっても政府高官にとっても耐えられない問題になろう」と述べ、同紙に取材された西インド大学の社会学者も、「ある社会集団の願望は、その集団が独特の慣行をもつからといって、著しく侮蔑され無視されてはならない」と論評していた。[Barrett 1988=1996：153]

　1958年3月の「世界大会」の招集を提案したのはプリンス・エドワード・イマニュエル（Prince Edward Immanuel）とクローディアス・ヘンリー牧師であった。プリンス・イマニュエル（「エチオピア国民会議（The Ethiopian Nacional Congress）」ならびに「ラスタファリアン・メルキゼデク正教会（Rastafarian Melchizedek Orthodox Church）」の創設者）は、ハウエル時代からの最古参ラスタファリアンの指導者で、1953年以降は最も有名なラスタファリアンの一人で、「アフリカ帰還」運動に関連しておこった政府とのほとんどの衝突に関わっていた。彼は1915年にセント・エリザベス教区で生まれ、1930年にキングストンに転住し、マーカス・ガーヴェイと知り合い影響を受けたよう

である。エチオピア総主教の化身と言われた。1958年の「世界大会」の後、プリンスのキャンプは警察に吸収されて彼は逮捕され、その住居は焼き払われてしまった。プリンスとその支持者は裁判にかけられたものの、結局釈放された。

1958年の「世界大会」にプリンス・イマニュエルの招きによって、ジャマイカ人で「アフリカ帰還」計画の立案者であったクローディアス・ヘンリー牧師が米国からジャマイカを訪れた。ヘンリー牧師はEWFのメンバーで、ジャマイカへの帰郷は「アフリカ帰還」運動と関連していたが、指導権争いのためにEWFを脱退したのだという説もある。1959年、彼は西キングストンに「アフリカ改革教会」という団体を創設した。多くの元ラスタファリアンを含む種々雑多なメンバーを引きつけた。ヘンリー牧師には行動的な指導者の資質があったようで、すぐにラスタファリア運動の大部分を支配できるようになっていった。メンバーを約束の地に導く「黒いモーゼ」と自称した。

1959年3月にヘンリー牧師が、同年10月8日1日（奴隷解放の記念日）午前9時にアフリカ帰還を希望する者には旅券の代わりとなる証書を渡すとしてロザリー街78丁目の本部前に集まるように呼びかけたことが、大きな騒ぎを引き起こした。出発は10月5日とされ、証書は数千枚が販売された。10月5日にロザリー街の本部前にジャマイカの国中から人々が集まった。しかし、約束は実行されなかったために、多くの人々は故郷に帰って行ったが、土地家屋を売却してきたために帰れなくなった人々もいた。ヘンリー牧師は、10月5日は出発の日ではなく、政府がアフリカ系の人々の要求にどのように応じるかを見定める日だったと弁明した。いずれにせよ、自らが播いた種に追い詰められことは変わらない。帰還計画が頓挫した数日後、ヘンリーは逮捕された。裁判所は100ポンドの罰金と1年間の謹慎を命じて彼を釈放した。しかし、ヘンリー牧師は誇りを踏みにじられたと感じ、政府の寛大な処置を逆恨みして、政府に対する敵愾心を強めた。ヘンリー牧師のかつての宗教的姿勢は、過激で戦闘的なものになっていった。やがて、ヘンリー牧師が武装勢力を使って島を奪取しようとしているという情報が漏れてきた。警察が捜査したところ、多数の爆薬、銃器、自動起爆装置、刃物類が発見され押収された。マリファナも大量に押収された。ヘンリー牧師は、この件により反逆罪で起訴されて懲役6年の刑を受けた。

クラウディアス・ヘンリーの計画は、息子のロナルド・ヘンリー（Ronaldo Henry）に引き継がれた。ロナルドがキングストンを見下ろすレッド・ヒルズでラスタファリアンの武装集団を訓練しているとの情報が警察に伝わり、警察とイギリス軍のロイヤル・ハンプシャー連隊との合同部隊が結成され、レッド・ヒルズに向かった。イギリス兵2人が待ち伏せにあって殺害され、ロナルドとその

部下は逃亡した。非常事態が宣言され、犯人捜査が始まり、セント・キャサリンに潜伏しているところを急襲されて逮捕されてしまった。ロナルドとその部下4人が裁判にかけられ死刑となった。のちに潜伏場所を捜査すると、ロナルドの部下3人が浅い墓穴に埋められているのが発見された。この3人は背信行為のために粛清されたと考えられた。この事件はジャマイカ社会全般に大衆の不満が蓄積するとともに、それがラスタファリア運動とどのように関係しているかという研究の必要性を感じさせた。

西インド大学のアーサー・ルイス(Arthur Lewis, 1915-1991)(注5)学長が、3人の学者にラスタファリアンの教義とその特殊な境遇を調査して、首相に進言することを命じた。その結果、特別報告(『大学報告』)が作成された。その概要は、バレットに拠れば、次の通りであった。

1. ジャマイカ政府は、ジャマイカ人入植の準備を整えるために、アフリカ諸国に使節団を派遣すること。使節団にはラス・タファリのメンバーを含めること。
2. 使節団結成のため、速やかにラス・タファリのメンバーの代表と会合すること。
3. 一般社会では、大部分のラス・タファリのメンバーが善良なる国民であり、まっとうな暮らしを望んでいることを認識すべきであること。
4. 警察は治安維持のための尋問をすみやかに終えること、さらに、善良なるラス・タファリのメンバーを迫害しないこと。
5. 家賃の安い住宅を早急に建設すること。これを自治的な共同住宅にすること。
6. 政府は、現在不法に定住されている主要地を把握し、そこに水道、電気、下水、廃棄物処理場を整備すること。
7. 職業訓練教室、ユース・クラブ、児童診療所などの付属施設をもつ市民センターを設立すること。
8. エチオピア・コプト正教会の支部を西インド諸島に設立すること。
9. ラス・タファリのメンバーを援助するために共同作業の場を設立すること。
10. 新聞やラジオの報道機関は、ラスタ運動の指導的立場にある者と協調すること。

[Barrette 1988=1996:162-163]

1960年代のジャマイカ社会は、これらの提言を「象牙の塔」の知識人の空想的な夢と片付けようとしたが、ノーマン・マンリー(Norman Washington Monley, 1893-1969)首相は、この提言を受けとめ、それを実行しようとした。

7. ラスタファリズムとレゲエ・ミュージック　153

　10項目の提言のうち、第1項目は大論争となったが、政府はこれを最も重要なものと考えてすぐに実行に移した。周到な準備を経て、1961年にジャマイカの視察団がエチオピアを訪問した。ラスタファリアン運動からはマルティモ・プラノ (Mortimer St.George Planno, 1929-2006)(注6)、ダグラス・アイケン・マック (Douglas Aiken Mack, 生没年不詳)、フィルモア・アルバランガ (Fillmore Alvaranga, 生没年不詳) の3人が使節団に加わった。その後実現したジャマイカのアフリカ系の人々のアフリカへの移住は、大規模なものではなかったが、ラスタファリアンのリーダーも何人かアフリカへ送られたため、現実のアフリカに対するラスタファリアンたちの認識が高まった。その結果、ただちに「アフリカ帰還」を、という熱がラスタファリアンたちに広まっていった。提言のほとんどすべてが数年の間にある程度まで実行された。最後の問題はエチオピア正教会の支部をジャマイカに設立することだけとなった。多くの人たちがラスタファリアンたちを社会変革の前衛とみなすようになった。やがてラスタファリアンのイデオロギーは、政治、経済、社会関係、それに教育制度などに影響を与えるようになる。

　1960年代は、ラスタファリアン運動にとって、社会内部に定着する力学における最終段階を意味した。この時期には、「アフリカ帰還」が今にも実現するかもしれないという思いが最も高まった時期であり、猛烈に運動の組織化が進んだ。キングストン、スパニッシュ・タウン、モンテゴ・ベイの街々には20ものラスタファリアン集団が出現した。さらに島内の他の地域にもこれらの支部ができ、それぞれ独自の名称をもって、様々な指導者に率いられた。しかし、やがて即時の「アフリカ帰還」の夢が色褪せ始めると、多くの組織が解体するか、他の組織と合併することになる。それらの中には、プリンス・イマニュエルの「ラスタファリアン・メルキゼデク正教会」(前出)、サム・ブラウン (Samuel Brown) が率いた「ラスタファリアン・ムーブメント・リクルートセンター (Rastafarian Movement Recruitment Center)」、植民地政府の施設としてエチオピアを訪問した3人のラスタファリアンが指導した「ジャマイカ・ラスタファリアン帰還協会 (Rastafarian Repatriation Association of Jamaica)」、「ラスタファリアン連合戦線 (Rastafari United Front)」、「ラスタファリアン運動協会 (Rastafarian Movement Association)」などがあった。

　1960年代に起きたラスタファリアン運動に関係する出来事の中で重要なのは、ラス・ブラウンの政界進出の挫折、キングストン市内のスラム街であるシャンティ・タウンの中の、公共墓地の壁の裏にあったラスタファリアンたちが不法占拠していたバック・オー・ウォールが都市開発事業によって破壊されたこと、お

よび1966年4月に実現したハイレ・セラシエ皇帝のジャマイカ訪問であった。

1966年4月21日、ハイレ・セラシエ皇帝がジャマイカを訪問した。ハイレ・セラシエ皇帝が、当時のトリニダッド・トバコの首相であり、日本でも『コロンブスからカストロまで』の著作で知られるエリック・ウィリアムズ（Eric Williams, 1911-1981）の招きによって同国を訪問することを知った、「アフロ・カリビアン事情」のメンバーや、アフリカン・ナショナリスト団体の働きかけによって、皇帝の旅程にジャマイカが含まれることになった。報道機関に来訪の件が公表されると、目前に迫った「アフリカ帰還」への期待感で、ラスタファリアンたちの興奮は熱狂的なものとなった。

来訪の当日、空港には10万人の人々が雨の中で皇帝を出迎えようとしていた。しかし、飛行機が到着するとすぐに雨は止んだ。飛行機が停止したとたん、ラスタファリアンが歓喜の叫びをあげて滑走路に押し寄せた。皇帝が民衆に目を向けた時、ラスタファリアンが旗を振り、涙を流して歓呼の歌を歌った。飛行機に群がった数が多かったので、皇帝は30分ほどの間、機外へ出られなかった。警官が整理しようとしたが無駄だった。そこで、ラスタファリアンのマルティモ・プラノに群衆に語らせることになった。プラノは移動タラップを上って、皇帝と握手を交わした。そのあとふり返って、群衆に向かって皇帝が降りられるように道を開けるよう命じた。群衆はプラノの指示に従ったため、皇帝は漸く飛行機から降りることができた。しかし、このような事態が生じているうちに、空港での公式歓迎セレモニーの計画はすべてキャンセルされた。

ハイレ・セラシエ皇帝のジャマイカ滞在中、特別な催しがいくつか行われた。キングス・ハウス（総督邸）やシェラトン・ホテルで開催されたレセプションには、ラスタファリアンの主なメンバーのうち60人が正式に招待されていた。代表的なアフリカ人団体の代表が、皇帝に挨拶する機会を得た。ラスタファリアンの雑誌『エチオピア・コールズ』の第16巻第6号は、次のように報じていた。

「ジャマイカ史上初めて、ラスタファリ兄弟とアフリカ帰還運動に関わる者がキングス・ハウスに公式の招きを受けた。ハイレ・セラシエ1世の来訪を称えよ。我々はこの国に生まれたにも拘わらず、1966年4月21日まで、我々の権利が認められたことはなかった。キングス・ハウスは様々な人間の集いとなった。ラスたちがいた、貴族がいた、農民や浮浪者がいた。持てる者と持たざる者の真の出会いとなったのである。ラス・タファリ自らが、"あらゆる人間は生まれながらにして平等である"ということを実現されたのだ。王の中の王、主の中の主は、ご自身を貴ばれず、エチオピアの王座を離れ、キングス・ハウスの下僕の間にある椅子におかけになられたのである。」［Barrett 1988=1996：253］

7. ラスタファリズムとレゲエ・ミュージック

　ハイレ・セラシエ皇帝の来訪は、ラスタファリアンの威信を大いに高めた。それまでこの運動にほとんど関心を寄せなかった白人上流層の目の前で、まばゆいローブをまとったラスタファリアンのリーダーたちが歩き回り、彼ら以上に、キングス・ハウスの人々に注目されたのである。就中、1961年の使節団としてエチオピアを訪れた3人のラスタファリアンが注目された。

　皇帝の来訪から重要な変化が生じた。皇帝が主なラスタファリアンに、自ら特別な指針を送ったと言われている。これは、ラスタファリアンがジャマイカ大衆を解放するまで、エチオピア移住を控えるように、と書かれていた。「帰還の前に解放を」というこの新しいメッセージは、運動内の若いメンバーの間で運動の形を固定・定着化（＝定型化）する契機となった。また、ラスタファリアンがジャマイカ社会の現実に順応するのにも、効果的な役目を果たした。皇帝の訪問が、皇帝自身の言葉を通じて、逆説的に、「アフリカ帰還」、即ちエチオピア移住を抑える機会となったのである。エチオピアには、ジャマイカ等のアフリカ系の人々を大量に受け入れる社会的、経済的余裕がなかったということである。このことは、ラスタファリアン運動がジャマイカに定着し、ジャマイカの社会変革に向けた意識を強めていく契機となった。

　ラスタファリアンと政府の関係に変化が生じた。1959〜62年のノーマン・マンリー政権（人民国民党 PNP：People's National Party）及び1962〜72年の間に3代続いた労働党（JLP：Jamaica Labour Party）政権はラスタファリアンの「アフリカ帰還」、即ち「エチオピア渡航」を全力を挙げて支援しようとした。しかし、その試みは陽の目を見ずに頓挫した。その後の政府の姿勢は黙視に変わった。そして、ラスタファリアン運動に対する治安当局からの圧力もほとんどなくなり、些細なことで警察が嫌がらせをすることも減った。また、1962年に提示された西インド大学による『大学報告』にあった提言のいくつかは実現された。また、ラスタファリアンの独創性が徐々にジャマイカの芸術表現の主流に入っていった。まず、ラスタファリアン音楽がラスタファリアンの価値を高めるものの一つになった。他のカルト音楽とは全く異質の新しいドラム・ビートが生まれ、このビートの創始者が、レゲエ音楽の発生にも影響を与えることになる、（次節で詳説する）カウント・オジー（Count Ossie, 1926-1976：本名 Oswald Williams）である。

　1972年にノーマン・マンリーの子息であるPNPのマイケル・マンリー（Michael Manley, 1924-1997）政権が発足した際に、ラスタファリアンが全面的に支援し、政権発足後も支持基盤であり続けたことで、ラスタファリアンがジャマイカ社会の中での周縁的な存在から脱し、「ドレッド・ロック」さえ流行

となった。ラスタファリアンのスタイルが、ジャマイカだけでなくカリブ全域やイギリス、米国、カナダにおいても若者のファッション・トレンドになるまでに進出していった。場合によっては、レゲエ・ミューッジシャンなどにも一部に見られる傾向であるが、ラスタファリズムの教義や信仰を共有せずに、外見だけを模倣している「疑似ラスタファリアン」も出現するまでになった。

　1970年代初頭から、ラスタファリアンは、20世紀末期の、カリブ地域ではハイチのブードゥー以上にアフロ・カリビアンな最も大衆的な宗教運動になるとともに、世界的な大きな文化的流れとなり、周縁社会に生きる人々の宗教を研究する先進諸国の人々の関心を集めるようになった。ラスタファリアンの運動は急速にグレナダ、ドミニカ、セント・ルシア、ガイアナ、セント・キッツ、グレナディーン諸島、バルバドス、トリニダッド・トバゴなどのカリブ諸島に、またアフリカ諸国に、そして米国、カナダ、イギリスのような先進諸国においても影響力を拡大していった。

　このような流れは、1975年8月のハイレ・セラシエの死によって、ラスタファリアン運動の中で実際に「アフリカ帰還」を希求する傾向が低下し、社会不満から反体制的な社会変革を希求する傾向が強まっていくような変化が生じても、変わらずに続き、さらに強化されていくようになる。ハイレ・セラシエの死後、「アフリカ帰還」は　文化的、象徴的なアフリカ志向や、西欧的価値観の否定、アフリカにルーツを持つことや黒人であることを誇りとするような精神的方向に変化していった。また、「白人は悪魔である」という信念は増幅され、バビロンの意味が拡張されて、世界のすべての抑圧的で、堕落したシステムを意味するものに拡大されていった。世界的な意味での「反システム」の意味合いが強められたのである。

　ここで、ラスタファリズムの教義とキリスト教の関係を整理しておく必要がある。ラスタファリアンのエチオピアニズムは、18世紀にジャマイカで始まった黒人バプテスト教会や大覚醒運動による『旧約聖書』の読み替えの延長線上に位置づけられるとはいえ、キリスト教の教義は継承していないと判断すべきかと思われる。ラスタファリズムにおいては、白人中心のキリスト教に対して敵対的である一方で、キリスト教的な伝統的な宗教的実践に依拠する部分もないわけではない。この点は、特にラスタファリズムとエチオピア正教会との関係が微妙な影響を残している。エチオピア正教会は、1959年にエジプトのコプト正教会から独立して創設された。コプト正教会は、1世紀（西暦42年頃）にマルコがエジプトのアレクサンドリアに立てた教会（アレクサンドリア教会）であり、451年のカルケドン公会議の後、カルケドン派（現在のキリスト教多数派）から分かれ

た。エチオピア正教会とコプト正教会との間には教理上の相違はないと言われる。1968年にエチオピア正教会がジャマイカに進出した。エチオピア正教会がラスタファリアンの前に現れたことは、研究面に重要な問題点を生じさせた。ラスタファリアンたちが、境界線を越えてキリスト教の一派であるエチオピア正教会に改宗したのかという点である。

このエチオピア正教会はキリスト教の一派であるが、ラスタファリズムの場合には、ハイレ・セラシエ皇帝の生前には彼を「生きる神」と崇めたことから判断すれば、もはやキリスト教から逸脱した独自の宗教に転じていたと考えるべきであろう。ラスタファリアンはハイレ・セラシエの死後、現在においても、「ジャー、ラス・タファーライ（Jah Ras Tafari）」という祈りの言葉を叫ぶが、「ラス・タファーライ」がハイレ・セラシエ皇帝を指す言葉であることから、エチオピアニズム的発想はあるにせよ、キリストを「神」とするキリスト教からは乖離している。ラスタファリアンが実践する宗教的儀礼も、キリスト教的なものが残っていたとしても、それらはジャマイカの「大覚醒運動」系のカルトからの影響が確実に見られるものであり、エチオピア正教会からの影響は大きくはない。ラスタファリズムとエチオピア正教会との関係は、今後より詳細に検証されるべき課題である。

なお、ラスタファリアンの一部に、ラスタファリズムをキリスト教内部の改革運動と位置づける者もいることは事実である。しかし、おそらく、ラスタファリズムはキリスト教とは乖離した、社会的、宗教的、政治的な意味合いをも含む、ブラック・ナショナリズムを背景とする、一種の千年王国的なメシア主義的な、本質的には文化運動であると見ることも可能かと思われる。彼らの間には、「アフリカ帰還」は現実問題としてだけなく、精神的な覚醒意識として生き続けているのではなかろうか。特に、先進諸国と新興・途上諸国を問わず、ラスタファリアンの影響が見られるようになっている事実は、グローバル化が進行する中で生まれてきた「グローバル・サウス」に連携しうる国際的な潮流に属する運動として、世界的にも注目すべき重要な現象であると言える。

本節の最後に、ラスタファリアンにおけるマーカス・ガーヴェイの思想の継承性を整理しておきたい。ラスタファリズムの形成に重要な位置を占めた一人であるレナード・ハウエルは米国でUNIAの会員であったし、彼に影響を与えたアスリィ・ロジャーズと、フィッツ・バレンタイン・ピータースバーグのいずれもが、米国およびジャマイカで一時的にせよUNIAの会員になり、ガーヴェイと接触している事実は、ガーヴェイ、これら2人、およびハウエルの間に思想的な影響、あるいは思想の継続性ないし継承性が見られることは確実である。その上

で、両者の思想の比較を試みてみる。

　ジャマイカのガーヴェイ研究者であるルパート・ルイス（Lupert Lewis, 1947–）は、ネット上に公開している論稿「マーカス・ガーヴェイと初期ラスタファリアン：継続性と非継続性」において、ガーヴェイとラスタファリアンの思想の比較を次のように行っている。まず、両者の類似性について次のように指摘している。

① 両者はいずれもアフロ中心的であり、黒人と祖先の美しさと品位の高さを擁護する。ガーヴェイがアフリカの社会的・政治的救済を強調する一方で、ラスタファリアンはユダヤ＝キリスト教的な思想とそのアフリカ的概念を含ませる。

② 両者はともに、『聖書』を尊重するが、その一方で黒人の抑圧をもたらす『聖書』のヨーロッパ中心主義的な解釈を拒否する。しかし、両者の『聖書』解釈はアフロ中心的である点は共通するが、ガーヴェイはラスタファリアンほど神学的、宗教的解釈を重視しない。

③ ガーヴェイ主義とラスタファリズムのいずれもが、無名の人々によって普及され、海外に影響を拡大した。

④ 両者は黒人の政治的、経済的独立を支援するブラック・ナショナリズムを共有した。黒人の独立国家の独立後のあり様については解釈が異なったものの、いずれも強い反植民地主義的姿勢をもち、黒人種の民族的な国家としての独立を重視した。

　　　(http://www.druglibrary.org/olsen/rastafari/garvey/rupert.html)
他方、ルイスは両者の相違点について次の点を指摘している。

① 両者の最大の相違は、ラスタファリアンがハイレ・セラシエ皇帝を「生きる神」として崇め、「神性」を認めたのに対して、ガーヴェイは同皇帝を単なるアフリカ国家の長であり、パンアフリカ的なブラック・ナショナリズム運動の主役になりうる人物と考えた点である。ガーヴェイは、ハイレ・セラシエ皇帝を世俗的アプローチで優先したのに対して、ラスタファリアンは神学的アプローチで皇帝を優先した。ガーヴェイが、同皇帝がエチオピアを脱出してイギリスの亡命したことを批判したのも、統治者としての責任を問うたものであったと考えられる。ラスタファリアン運動がハイレ・セラシエ皇帝の即位後に発生したことは、この運動が『旧約聖書』的な預言とアフリカニズムを合体させたものであり、運動の存在自体が宗教的、神学的な意味を基盤としていた。他方、ガーヴェイのハイレ・セラシエ皇帝に対する批判には、同皇帝がソロモン王を祖先に有するとの主張への批判が見られる。

② ガーヴェイはイギリス植民地主義を代表する王室に対して敵対的であっただけでなく、エチオピアの帝政、君主制に対しても否定的であったのに対して、ラスタファリアンはイギリス植民地主義の元凶として王室を敵視することにおいてはガーヴェイと共通していたが、エチオピアに関しては帝政、君主制を受け入れた。
③ ガーヴェイのUNIAは主に、中間層の知識人を基盤としたのに対して、ラスタファリアンはジャマイカの下層民である黒人系の農民層を基盤としていた。UNIAは近代的な手段を利用することを志向したが、ラスタファリアンは西洋文化との決裂の方向性を選択した。
④ ガーヴェイは、UNIAの制度化、中央集権化を図ったが、ラスタファリアン運動は中心のないアメーバー状の運動であるなど運動論上の相違がある。

ルイスは、以上のような共通点と相違点を指摘している。ルイスの指摘も踏まえてガーヴェイとラスタファリアン運動の関係を整理しておく。基本的に、ラスタファリアンには、ガーヴェイからの直接の影響、およびアスリィ・ロジャーズやフィッツ・バレンタインを中継者とした間接的な影響から、明らかに「アフリカ志向」とブラック・ナショナリズムの面でガーヴェイの思想的影響が見られる。

しかし、共通点と相違点を指摘できる。共通点については、両者が、思想的にジャマイカの同じ思想潮流の中から生じたものであるために、エチオピアニズムを共有したし、大覚醒運動やベドワード主義からも影響を受けたことも共通している。また、黒人としての意識を覚醒させ、アフリカ系であることに誇りを持たせるというブラック・ナショナリズムも共有していたし、ここにガーヴェイのラスタファリアンに対する大きな影響を見ることができる。

他方、相違点としては、ガーヴェイ主義の場合には基盤は、黒人大衆層であったにせよ、指導者層は黒人の都市中間層が中心であったのに対して、ラスタファリズムはその初期の頃は、基盤が主にジャマイカの農村部の農民であったという支持基盤の相違があった。しかし、最大の相違点はハイレ・セラシエ皇帝の「神性」、すなわち同皇帝を「生きる神」として崇めるのかどうかという点にあったと言えよう。

(2) レゲエ・ミュージック

初期のラスタファリアン運動において使われた歌は、ほとんどが教会で用いられている『サンキィの讃美歌集 Sanky Hymnal』からの曲をラスタファリ賛歌に流用したものか、あるいはUNIAの作曲家で、バルバドス生まれで、後に

エチオピアで死亡したアーノルド・J・フォードの曲を使用していた。しかし、ジャマイカにはアフリカ伝来の音楽が存在していた。奴隷解放前のマルーン社会では東アフリカからもたらされた葬儀の歌がほとんど変形されることなく歌われていた。また、セント・トマス教区では奴隷解放後にアフリカから8000人の契約労働者が到着し、その直接的影響の下にクミナのスタイルが形成された。奴隷貿易が禁止されてから、不法奴隷船から救出されたアフリカ西海岸出身者や南部出身の生存者たちはセント・トマス教区でナゴやキコンゴとなり、彼らの言語と音楽を保持した。1940年代頃からハウエルが、セント・トマスからピナクルにクミナのミュージシャンを招いていたが、1950年代初めにピナクルが治安当局によって解体されてラスタファリアンたちがキングストンのスラム街に分散したとき、ラスタファリアンの信徒たちはクミナの太鼓をスラム街に持ち込んだ。その当時は、ラスタ音楽とクミナの間には違いがほとんど見られなかった。リーに拠れば、その後1958年3月に開催された「世界大会」までの間に、ブル（Burru）を基にしたオリジナルなラスタ音楽が形成された。

　ブルは年末の祭りに結びついたアフリカ的伝統の一つであり、奴隷の気晴らしというだけでなく、コード化されたメッセージによって社会批判を行うという二重の機能を担っていた。それがアフリカ的であるという事実に加え、反逆的な要素がラスタファリアンに好まれたのであろう。ブルは、西アフリカの年末の儀式と似ており、太鼓奏者の集団が冷やかしや批判をしながら、家々を巡って歩くものであった。このブルの太鼓奏者の集団は反社会的なカーストを形成していた。ラスタファリアンとブルの演奏者たちは、ともに社会から拒絶され迫害された犠牲者であったため、通じ合うのは容易であった。こうして、アフリカのルーツを探求するラスタファリアンたちと、ブルの太鼓奏者たちとの交流が生まれ、この動向の中で、ラスタファリアン音楽の代表者となったカウント・オジー（Count Ossie, 1926–1976。本名 Oswald Williams）とブル奏者のワトー・キングの出会いによってラスタファリアン音楽のリズムが生まれた。[Lee 2003=2003: 198-201]

　他方、異なる説もある。フランスのシンガーソング・ライターでレゲエ研究者でもあるブルーノ・ブルム（Bruno Blum, 1960–）は、リーとは異なって、ラスタファリアン音楽である「ナイヤビンギ」は東コンゴのバントゥーの伝統に由来するクミナの影響を受けていると主張している。本書では、リーの説に基づいて、ラスタファリアン音楽はブル奏者のワトー・キングから伝授されたものであり、従ってブルの影響を強く受けたとの説を重視する。

　カウント・オジーは「ミスティック・レヴェレーション・オブ・ラスタファ

リ」を結成し、特に代表曲「グラウネーション（Grounation）」を作曲してラスタファリアン音楽を完成させた。「グラウネーション」とは「大地（Ground）」を語源とする造語で、音楽を伴った瞑想のための集会を意味する。「ミスティック・レヴェレーション・オブ・ラスタファリ」が1973年に発表したアルバムは、「レゲエの精神的ルーツ」と題されている。

Count Ossie

　カウント・オジーは、ラスタファリアンで、東キングストンのアダストラ・ロードで結成された「ラスタファリアン帰還協会」の創設当初からのメンバーであった。

　「ミスティック・レヴェレーション・オブ・ラスタファリ」のメンバーはワトー・キングからドラム演奏の技術を学んだが、そのうちにカウント・オジーがブルの古いリズムに根ざした新しいアイデアを創造し、同グループは1960年代初頭にスカのリズムを作り出した。

　このスカから、1960年代後半にロックステディに音楽の流行が移り、短期間のうちに1960年代末にレゲエが登場することになる。スカは、1959年にシンガーソング・ライターのプリンス・バスター（Prince Buster, 1938-2016. 本名 Cecil Bustamante Campbell）がプロデュースしたフォークス・ブラザーズの「オー・キャロライナ」にカウント・オジーによるナイヤビンギ・ドラムが取り入れられ、ラスタファリ運動の影響がジャマイカ音楽に最初に反映された曲が登場した。カウント・オジーは、1976年10月に交通事故で亡くなった。

　スカの全盛期は4年間しか続かず、1966年にはロックステディが流行するようになる。ロックステディはスカよりもはるかにゆっくりとした新しいリズムを強調するドラム、シンコペーションの感覚のあるメロディアスなベースラインと、滑らかなサウンドを特徴とする。ロックステディ期には、ソウル・ミュージックに影響を受けたグループが流行した。後に、レゲエ・ミューシャンとして活躍するボブ・マーリーも参加した「ザ・ウェイラーズ（The Wailers）」は、この時期にはロックステディの曲を演奏していた。

　ロックステディの流行は短期間で終わり、1968年にはレゲエがとってかわった。「レゲエ」という言葉が最初に用いられた曲は、「トゥーツ・アンド・ザ・メイタルズ（Toots and The Maytals）」の「ドゥ・ザ・レゲエ（Do The Regae）」であるが、最初にレゲエの音楽的特徴が取り入れられた楽曲は、諸説があって

はっきりしていない。1967〜68年の間のロックステディからレゲエへの移行期には、トリニダッド起源のカリプソと同様に白人的な音楽であるメント風の曲や、ブルやクミナ風のパーカッションの曲が登場しており、カウント・オジーらの「ミスティック・レヴェレーション・オブ・ラスタファリ」などがブルやクミナ風のリズムをレゲエの中に組み込み、レゲエ特有のアンサンブルを完成したと見られる。

「メイタルズ」は、クレンドン教区生まれのシンガーソング・ライターであるトゥーツ・ヒバート（Toots Hibbert, 1942-）が1962年に結成したトリオであり、1966年にジャマイカ政府によって開催された「国民ポピュラー・ソング・コンテスト」において「バム・バム（Bam Bam）」を演奏して知名度をあげた。ロックステディからレゲエへの移行期を代表したグループである。

ロックステディからレゲエへの移行の要因として、スカやロックステディ期に活動したミュージシャンたちが国外に移住したことや、各種の音響効果装置や録音機器の進歩と、それに伴う新興プロデューサー達の台頭があった。また、同時に歌詞の内容も、1966年のハイレ・セラシエ皇帝のジャマイカ訪問や、西インド大学に在籍したガイアナ人講師のウォルター・ロドニー（Walter Rodney, 1942-1980）らの活動によって、勢力を拡大しつつあったラスタファリアン運動の影響もあり、アビシニアンズ（The Abyssinians）の「サタ・マサ・ガナ（Satta Massa Gana）」や、エチオピアンズ（The Ethiopians）の「エブリシング・クラッシュ（Everything Crash）」をはじめとする黒人としての誇りや社会問題について歌うものが多くなっていった。さらなる要因としては、同年に独立を記念してジャマイカ政府によって創始された「フェスティバル・ソング・コンテスト」による文化的ナショナリズムの高揚、さらにJLP政権による経済政策の失策による景気・治安の悪化や、米国で高まりを見せつつあった公民権運動や、後述する（第8章第3節）「ブラック・ムスリム（ネイション・オブ・イスラム）」の勢力拡大などブラック・ナショナリズムの高揚など様々な要因があった。

「エチオピアンズ」は1963年に結成され、「アビシニアンズ」は1968年に結成されたグループであり、いずれもその名称から明らかなように、ラスタファリアン系の「エチオピアニズム」を志向するグループである。

他方、ガーヴェイ主義を強く掲げるレゲエ・ミュージシャンやグループも登場した。典型的であるのがバーニング・スピア（Burning Spear, 1948-。本名Winston Rodney）である。バーニング・スピアは、本来グループ名であったが、その後ロドニーがアーティスト名として用いている。バーニング・

スピアは、1975年にタイトルそのものが「マーカス・ガーヴェイ」というアルバムを、翌1976年には「ガーヴェイの亡霊(Garvey's Ghost)」というアルバムを発表した。

「マーカス・ガーヴェイ」の歌詞の一部は次の通りである。

Marcus garvey's words come to pass,
Marcus garvey's words come to pass,

Can't get no food to eat,
Can't get no money to spend,
Wo-oo-oo can't get no food to eat,
Can't get no money to spend,
Woo-oo-oo
Come, little one and let me do what I can do for you
And you and you alone
Come, little one, wo-oo-oo
Let me do what I can do for you and you alone, woo-oo-oo

You know the right and do it not
shall be spanked with many stripes,
Weeping and wailing and moaning,
You've got yourself to blame, I tell you.

Do right do right do right do right do right, tell you to do right,
Beg you to do right,

　バーニング・スピアは、思想的にはガーヴェイから影響を強く受けたが、音楽活動面においては同年代のボブ・マーリー（Robert Nesta Marley Booker, 1945-1981）の支援を受けて活動した。そして、レゲエとラスタファリズムを世界的にも広げたのは、周知の通り、このボブ・マーリーである。
　ボブ・マーリーは、1945年2月にジャマイカ北部のセント・アン教区のナイ

ン・マイルズで、イギリス海軍軍人であったイングランド系のジャマイカ白人であるイギリス国籍の父親と、アフリカ系の母親との間に生まれた。父方の祖母が、人種差別から父親をボブから引き離そうとしたために、父親は経済的支援を続けたものの、ボブに会いに来ることは少なく、またボブが10歳の時に亡くなった。ボブは、ムラート（白黒混血）であることによって、黒人からも差別や偏見を受けた。このため、ガーヴェイとは逆の意味合いで、しかし同じように、「黒人種」を強調する傾向を強めた。彼は、ナイル・マイルズで、後にともに音楽活動を開始したバニー・ウェーラー（Bunny Wailer, 1947-）と知り合った。二人は両親の都合で義兄弟となり、家族とともにキングストンに転住し、歌手のジョー・ヒッグス（Joe Higgs）から音楽教育を受け、そのレッスンのクラスでピーター・トッシュ（本名Winston Hubert McIntosh, 1944-1987）と知り合って、3人で1963年に「ウェイリング・ウェイラーズ（Wiling Wailers）」を結成して音楽活動を開始した。同年末に他の3人を加えて、最初のシングルを発表した。

Bob Marley

　その頃、母が再々婚して、米国のデラウェイに転住したため、ボブも米国に渡航することになり、その前の1966年2月にリタ・アンダーソン（Alpharita Constancia Anderson, 1946-）と結婚した。米国では望むような職を見つけることができず、結局8ヶ月を滞在しただけで同年10月に帰国した。従って、ボブは、同年4月にハイレ・セラシエ皇帝がジャマイカを訪問した時にはジャマイカにいなかった。帰国後、ボブはピーター・トッシュとバニー・ウェイラーとともに「ウェイラーズ」を再結成して活動した。3人はこの頃（1960年代後半）にラスタファリアンになったが、それが原因でプロデューサーを変更し、リー・ペリー（Lee Perry, 1936-）と組むようになり、種々のヒット曲を生んだ。

　1972年にイギリスで最初のアルバムである歴史的な『キャッチ・ア・ファイア（Catch a Fire）』を発表し、好評を博した。その後、バニーが一時的に離脱したが、1973年にウェイラーズは2枚目のアルバム『バーニン（Burnin'）』を発表。この中にヒット曲となった「ゲット・アップ・スタンド・アップ（Get Up, Stand Up）」や「アイ・ショット・ザ・シェリフ（I Shot The Sheriff）」が

入っていた。後者は、米国でエリック・クラプトン（Eric Clapton, 1945-）が歌って世界的にヒットした。

　1974年には、次のアルバム『ナッティ・ドレッド（Natty Dread）』の創作に専念、このアルバムに、ヒット曲となった「ノー・ウーメン、ノー・クライ（No Women No Cry）」が収録されていた。1975年にバニーとピーターが最終的に離脱し、グループ名は「ボブ・マーリーとウェイラーズ（Bob Marley & The Wailers）」に変更された。この時点から、妻のリタ、マルシア・グリフィス（Marcia Griffiths）、ジュディ・モワット（Judy Mowatt）の3人の女性グループ「アイ・スリー（The I Three）」がバック・コーラスとして参加するようになった。

　同年2月、ボブは『ナッティ・ドレッド』を発売、1976年には『ラスタマン・バイブレーション（Rastaman Vibration）』を発表した。このアルバムのレコーディング中にハイレ・セラシエ皇帝が亡くなったことを知ったボブは、同皇帝が1968年2月28日にカリフォルニアで行った演説の中の言葉を挿入した「戦争（War）」をアルバムに収録した。

　1970年代、ジャマイカは政治的暴力が悪化し、与党PNPと野党JLPの間で市街戦が繰り返され、軍や警察が介入しても抑制できないほどに、内戦状態に近い状態に陥っていた。ボブ・マーリーはラスタファリアンで、非政治的な平和主義者であったが、友人である首相のマイケル・マンリー支援のために、1976年12月15日に予定されていた総選挙の直前の12月5日にキングストンの「国民英雄広場」で催される「ジャマイカに笑顔を」と題する国内融和を求めるコンサートに参加する予定であった。しかし、JLP側はそのコンサートはマンリー政権とPNPを支援するものであると見て、12月3日にボブとリタ夫人、およびマネージャー等関係者2人がボブの自宅で暴漢に銃撃され、4人とも負傷した。2日後、ボブは負傷の身を押してステージに上がって演奏した。壇上では、マンリーとJLPのエドワード・シアガ（Edward Philip George Seaga, 1930-）が和解の印として交わした握手にボブ・マーリーも手を重ねた。その後、事態の悪化を懸念して、ボブはロンドンに避難した。ボブは1977年、ロンドンで、彼の最高作と

アルバム：Exodus

なり、国際的な音楽界においても歴史に残ることになるアルバム『エクソダス(Exodus)』を制作して発表した。このアルバムには、「エクソダス（脱出）」や「ジャミング（Jammin）」が含まれていた。「エクソダス」は、ボブがエチオピアニズム的な「アフリカ帰還」意識を持っていたことを示す象徴的な曲である。

〈"エクソダス"の歌詞〉
Exodus, movement of Jah people!
Men and people will fight ya down
When ya see Jah light.
Let me tell you if you're not wrong
Everything is all right.
So we gonna walk - all right! - through de roads of creation:
We're the generation
Who trod through great tribulation.

Exodus, all right! movement of Jah people!
Uh! open your eyes and look within
Are you satisfied with the life you're living?
We know where we're going, uh!
We know where we're from.
We're leaving babylon,
We're going to our fathers land.
Exodus, movement of Jah people! oh, yeah!

（日本語訳）
脱出だ　Jahの民のムーブメント
人々は闘うだろう
神の光を見た時に
君にあやまちがないのなら　すべてOKさ
俺たちは歩んで行く　創造の道を
俺たちは生きている
大いなる苦難の道を歩む時代に

さあ脱出だ　Jahの民のムーブメント

7．ラスタファリズムとレゲエ・ミュージック　167

目を開け　そしてよく見るんだ
君は満足しているのかい　自分の生き方に

俺たちは知っている　どこへ行くのかを
俺たちは知っている　どこから来たかを
バビロンを離れ　父なる国を目指すんだ
さあ脱出だ　Jahの民のムーブメント

(Marley Ibid.：134-135)

　ボブ・マーリーは、1978年に新しいアルバム『カヤ（Kaya）』を発表し、同年4月に16ヶ月ぶりにジャマイカに帰国した。そして、マンリー政権とJLPのエドワード・シアガの間の和解を達成するために「ワン・ラブ・ピース・コンサート」を企画した。同年、この貢献を評価されて国連から平和賞を受賞するため、ニューヨークに赴いた。
　受賞後、初めてアフリカに演奏旅行を行って、ケニアとエチオピアを訪れた。帰国後、1979年に2枚目のライブ・アルバムの『バビロン・バイ・バス（Babylon By Bus）』と、9枚目のスタジオ・アルバム『サーバイバル（Survival）』を発表した。『サーバイバル』には、世界平和を希求する「世界中、問題だらけ（So Much Trouble In The World）」、人種差別国家のローデシアの打倒とジンバブエの解放を願う「ジンバブエ（Zimbabue）」、アフリカの統一を呼びかけた「アフリカを一つに（Africa Unite）」、現体制からの離脱を呼びかけた「バビロン・システム（Babylon System）」が含まれていた。1980年4月には、人種差別的なローデシアを倒して成立したジンバブエ政府から独立式典への招待を受け、同国を訪問している。
　ボブ・マーリーが、パンアフリカニストであると同時にラスタファリアンであることをうかがわせる「アフリカを一つに」は、次のような歌詞から成っていた。

〈"Africa Unite"の歌詞〉（日本語訳）
アフリカよ、一つになれ！
俺たちはバビロンを後にして
神と人の立ち合いの下
すべてのアフリカ人が一つになる
もう言葉は聞き飽きた　行動に移そう

だって俺たちはラスタマンの子ども
だって俺たちは創造主の子ども

だから　アフリカよ　一つになれ！
子どもたちは家に帰りたがっている
アフリカよ　一つになれ！
俺たちはバビロンを後にして
父なる地を目指すんだ

　そして、アフリカに帰還するために「バビロン」を離脱することを歌った「バビロン・システム」では、次のように歌われた。

〈"Babylon System"の歌詞〉（日本語訳）
俺たちは拒否する　あんた達の言いなりなんて
俺たちは俺たち　それがあるべき姿
まるめ込まれはしないのさ　この世に不公平がある限り
自由を語るんだ　自由と解放を
俺たちはこんなに長く束縛されてきた
立ち向かうんだ
バビロン・システムは吸血鬼　子どもの骨までしゃぶる
バビロン・システムは吸血鬼　悩める者たちの生き血を吸う
教会や大学を建てては人を欺き
泥棒と人殺しを世の中に送り出す
見ろよ　悩める子供たちの生き血を吸っている
子どもたちに真実を語ろう
子どもたちに真実を伝えよう

[Ibid.：186-187]

　この「バビロン・システム」において、ボブ・マーリーは「バビロン」を当時のジャマイカ社会だけでなく、植民地支配が開始され、アフリカの人々が離散させられてきた時代からの植民地主義に対する総論的な批判を表明していた。そして、ボブはそのバビロンからの脱出と「アフリカ帰還」を主張したのである。
　1980年5月に発表したアルバム『アップライジング（Uprising）』にも、バビロン脱出を歌った「冷たい世界から抜け出して（Coming In From The

Cold)」、列車でザイオンを目指そうと歌った「ザイオン・トレイン（Zion Train）」、そして人類の解放を歌った「救いの歌（Redemption Song）」が含まれていた。

〈"Redemption Song"の歌詞〉（日本語訳）
その昔　海賊たちは僕を捕らえ
商人たちに売り飛ばした
そして　奴らは俺を船底から引きずりだした。
でも　頑丈な俺のこの手は
全能なる神から授かったのさ
俺たちはこの時代を進んでいこう　誇りをもって
唄ってほしい　この自由の歌を
だって俺の歌ってきたのはすべて救いの歌なんだ

鎖に繋がれていた心を自ら解き放そう
自ら心を解き放すんだ
原子のエネルギーなど恐れるな
もう誰もこの流れを止められないのだから
いつまで奴らは導く者を葬り続けるのだろう
俺たちは手も出さないでいるのに
ある者は言う　これは聖書に記されている
ほんの一部の出来事なのだと

君にも唄ってほしい　この自由の歌を
だって俺の唄ってきたのはすべて救いの歌なんだ

[Ibid.：238-239]

　こうして、ボブ・マーリーは、生前最後に発表したアルバムの中で、彼がそれまで歌ってきた曲は、すべて「救いの歌」であったと強調したのである。
　1977年7月に、ボブ・マーリーは、サッカーを練習していた時に負傷した右脚の親指に悪性腫瘍が見つかり、癌に冒されている兆候が見られた。しかし、彼は癌を摘出することもなく、治療を受けることもせず、活動を続け、1980年に予定された世界公演ツアーにも参加した。ツアーでは、弟分的なグループである「インナー・サークル（Inner Circle）」が前座をつとめるはずであったが、同年3

月に「インナー・サークル」のボーカルであったジェイコブ・ミラー（Jacob Miller, 1952-1980）がジャマイカにおいて交通事故で死亡したため、「インナー・サークル」の協力は中止された。

　その直後の５月に、ボブは「救いの歌」を含むアルバム『アップライジング』を発表したため、彼が死を予期していたと見る向きもある。「ボブ・マーリーとウェイラーズ」はヨーロッパと米国での公演をこなした、他の予定はキャンセルされた。ボブは、ニューヨークのスローン・ケタリング癌センターに入院した。肝臓と肺と脳に癌が転移していたとのことだった。その後、専門医のドイツのジョゼフ・イッセルス博士の癌センターに入院し、８ヶ月間治療にあたったが完治せず、マイアミ経由でジャマイカに帰国した。キングストンに到着するや直ちに「レバノン杉病院」に移送されたが、５月11日に死亡した。

　ボブ・マーリーは、５月21日に国葬に付された。葬儀会場の祭壇の前にはフローリゼル・グラスポール（Sir Florizel Agustus Glasspole, 1909-2000）総督はじめエドワード・シアガ首相や閣僚たち、マイケル・マンリー前首相らの与野党の要人が座り、左側にはボブ・マーリーの家族、中央にはエチオピア正教会の関係者が、そして右側にはボブ・マーリーもそのメンバーであった「イスラエル十二支族（Twelve Tribes of Israel）」の関係者が正装して座っていた。

　ボブが「イスラエル十二支族」の信徒になったのは、妻リタが『回想録』の中で「アルバム『キャッチ・ア・ファイア』の発表でボブ・マーリーとウェイラーズが一躍スーパースターにのし上がって間もなくの頃、（中略）ボブと一緒に「イスラエル十二支族」というラスタファリアンの一派の集会に行った。」[Rita 2004=2005：140]と述べていることから、1972〜73年頃であったと考えられる。

　他方、ボブ・マーリーは、死の直前で既に不治の病状にあった1980年11月４日に、彼の意思でエチオピア正教会の洗礼を受けており、国葬にはエチオピア正教会の関係者も出席していた。葬儀は、リタや遺族が執り行った(注8)。「祈りは、ゲエズ語とアムハラ語、そして英語で唱えられた」。ボブは生前、エチオピア正教会の庇護者であり、資金援助していた（リタや子供たちはエチオピア正教会の洗礼を受けており、同年11月４日まで洗礼を受けていなかったのはボブだけであった）。国葬会場で警備には、警察と「イスラエル十二支族」の警備担当があたった。

　「イスラエル十二支族」は、EWFジャマイカ支部の第15支所の代表であったヴァーノン・キャリングトン（Vernon Carrington, 1934-2002）が1968年に創設したラスタファリアン運動で、他のラスタファリアン系の運動が都市下層を基盤としていたのに対して、「イスラエル十二支族」は、専門家・知識人・学生を

7．ラスタファリズムとレゲエ・ミュージック　171

含む中間層や政府関係者の子女など白人を含むきちんとした身なりの郊外居住者を基盤としたことに特徴がある。1973年に結成されたレゲエ・グループ『サード・ワールド (The Third World)』の創設メンバーであったキャット・コーア (Stephen "Cat" Coore, 1950-) は、デイヴィド・コーア (David Coore) 元副首相の子息であったが、「イスラエル十二支族」のリーダーの一人であった。

　バレットに依れば、「イスラエル十二支族」は次のような信条とその実践で有名であった。

　「1．各々の会員は、毎日聖書を一章読み、3年半で聖書全体を読み通すこと。

　2．12という数字がすべての中心となる。教団代表によれば、それは後世に深く関わるのみならず、系図学的、心霊的、形而上的な意味を持つものである。人間には12の才能と習性がある。聖書に言及されている12支族、12使徒がいる。また、黄道12宮が存在する。これらすべては、人間の精神および肉体の機能と形而上的に深く関わるものである。

　3．運動に加わる者は、それぞれ誕生にまつわる支族の名を授けられる。この方法は、その人の誕生時に月相に基づくもので、(中略) ほぼ黄道12宮に等しい。4月から始まる古代エジプト暦が用いられる。この暦は、いわゆるイスラエルの子、古代ヘブライ人が使っていたとメンバーは信じている。この暦の月と、支族およびその色は以下の通りである。(中略) 以上が十二支族の精妙な系図学の一例である。

　4．十二支族は、エホバの証人や統一教会と同様に、神の選民は14万4000人に限られていると信じている。

　5．イエス・キリストは、ジャー・ラスタファリ、ハイレ・セラシエ1世に化身して再生した。そのため、イエス・キリストとハイレ・セラシエ1世が併用される。

　6．旧来のラスタファリアン同様、アフリカの帰還を目標とするが、帰還の方法は異なる。

　7．また、旧来のラスタファリアン同様、運動の中心には"聖なる草"が存在する。

　8．統治者を否定する旧来のラスタファリアンと異なり、十二支族はキャリントン・ガドを予言者として崇拝することを公にしている。

　9．旧来のラスタファリアンと異なり、メンバー登録と会費納入が重要とされる。

　10．旧来のラスタファリアンとは異なり、レゲエ・ミュージックにあわせての月1回の踊りが儀式らしきものとなる。(中略) ボブ・マーリーが重要な歌い手

であり、演奏者である。

11．運動には人種の壁はない。メンバーはあらゆる人種で構成されている。これは旧来のラスタファリアンでも同じであるが、十二支族においてはこの方針が明確にされている。

12．旧来のラスタファリアンと異なり、男女は同じ役割を持つ。つまり彼らは、男女平等という新しい思潮の先駆けともなっている。」[Barrett 1988=1996：351-353]

「イスラエル十二支族」は、ボブ・マーリーがメンバーになったこともあって、ラスタファリ運動の中で、1970年代後半には最も勢力を拡大した。しかし、ボブ・マーリーは、死の直前にエチオピア正教会の洗礼を受け、彼の死後、エチオピア正教会が葬儀を執り行った。ボブは生前、エチオピア正教会の庇護者であり、資金援助もしていた。

ボブ・マーリーは、前掲の種々の曲に見られるように、「アフリカ帰還」を精神的に重視する新しいエチオピアニズムに根差したパンアフリカニストであり、ラスタファリアンであった。そのボブが、死の直前にエチオピア正教会の洗礼を受け、さらに同教会が彼の葬儀を取り仕切ったことは、ボブ・マーリーが死の直前になってキリスト教に改宗したと考えるべきなのであろうか。この点について、より適切に理解するためには、「イスラエル十二支族」の特徴について、さらに考察を進めておかねばなるまい。バレットが『ラスタファリアンズ　レゲエを生んだ思想』の中で提示している、情報提供者からの得た「イスラエル十二支族」に関する情報は傾聴に値するものである。それらの情報は次の点を指摘している。複数の情報源からの情報であるので、相矛盾するものもある。

①「イスラエル十二支族」はラスタファリアンというよりも、キリスト教のセクトに近い。

②「イスラエル十二支族」はラスタファリアンやジャマイカのキリスト教徒ともかけ離れている。

③すべてのラスタファリアン集団の中で最も異端的でキリスト教的なカルトであって、「ラスタファリアンとキリスト教の間の壁」を撤去した。

④旧来のラスタファリアンにおいては、ラスタファリアンになるためには「ドレッドロックス」の髪型が不可欠であったが、「イスラエル十二支族」ではこれを否定し、「ドレッドロックス」の髪型でなくてもラスタファリアンになれるとした。

これらの要約から、ラスタファリアンであったボブ・マーリーのエチオピア正教会による洗礼が持つ意味がある程度推測できよう。即ち、「イスラエル十二支

族」が「ラスタファリアンとキリスト教の間の壁」を撤去したのと同様に、ボブ・マーリーもまた「壁」を破り、一種の精神的融合をなしえていたと言えるのではないだろうか。ボブ・マーリーにとって重要であったのは、ラスタファリズムとキリスト教を二項対立的に見るよりも、「バビロン」を打ち破ること、即ち黒人のアフリカからの離散をもたらした奴隷制や奴隷貿易の背景にあった植民地主義とその遺産を打ち破ることであった。従ってラスタファリズムであろうが、キリスト教であろうが、植民地主義の遺産を粉砕するために戦うことを重視したのであろう。だから、ボブ・マーリーが、ラスタファリアンでありながら、死の直前にエチオピア正教会の洗礼を受けたことに矛盾はない。彼にとって重要なのは、「救い (Redemption)」であったのである。ボブ・マーリーの最後の曲が、それを物語っている。

ボブ・マーリーには、正妻であったリタをはじめ複数の女性との間に、養女のシャロン（リタの連れ子、Sharon Marley）、長女のセデーラ (Cedela Marley, 1967-)、長男のジギー (David Nesta "Ziggy" Marley, 1968-)、次男のスティーブン (Stephen Robert Nesta Marley, 1972-)、異腹の三男のジュリアン (Julian Ricardo Marley Pounden, 1975-)、異腹の四男のカイ・マニー (Kymani Manley, 1976-)、異腹の五男のダミアン (Damian Nesta Marley Breakspeare、1978-) がいるが、さらに異腹のファビアン (Fabian Marley, 1968-) ローハン (Rohan Marley, 1972-)、ロバート (Robert Manley, 1972-) など多数の子女がいる。ローハン（元フットボール選手、現在は「マーリー・コーヒー」の共同経営者）とロバートを除く上記の8人はいずれも音楽活動を行っており、音楽界ではラスタファリン系であるルーツ・レゲエ系（後出）に分類されている。ジギーの子息ダニエル (Daniel "Bambaata" Marley, 生年不詳) は、従兄弟であるステファンの長男ジョー・メルサ (Joseph Jo Mersa Marley, 生年不詳) と一緒に音楽活動を開始している。ジョー・メルサの場合には、ルーツ・レゲエ系に分類されているが、実質的にはその傾向はレゲトンに近い。

ボブ・マーリーの家族がボブの思想性を継承しているかについて確認するために、特に正妻のリタと長男のジギーについて見てみる。リタはキューバのサンティアゴ・デ・クーバ生まれであった。彼女は、2004年に回想録『ボブ・マーリーとともに』を出版しており、その中でも夫ボブに対する敬意を失っていないが、多数の女性との間に子どもをつくった夫ボブに対して批判的な表現を行っている。しかしリタは、ローハン、養女ステファニー (Stephanie Marley, 1974-)、末娘マケダ (Makeda Jah Nesta Marley, 1981-) などの異腹の子ど

もたちを、実子のセデーラ、ジギー、スティーブンとともに一緒に育てた「肝っ玉母さん」である。リタには、ボブの思想性を共有するものがあった。彼の死後、1986年にボブの生家に「ボブ・マーリー博物館」に建設した。また、ボブが創設してアフリカ諸国の人々に対する支援を行っていた「ボブ・マーリー財団」を引き継いで委員長を務めているほか、ガーナに「リタ・マーリー財団」を立ち上げて、アフリカの貧困・飢餓対策への支援活動を継続している。また、エチオピア人孤児35人を養子にしたり、ガーナのコンコヌル学校を支援してきた。2013年にはガーナ政府から名誉市民号を授与された。このようなリタの姿勢から、リタはボブと同様のパンアフリカニズムの思想を有していると評価しうる。

長男ジギーもまた、音楽活動と同時に、ジャマイカとアフリカの子どもたちを支援する「無限資源啓発財団（Unlimited Resources Givig Enlightenment）」を創設し、福祉活動を行っている。その対象が「ジャマイカとアフリカの子どもたち」となっていることからも、パンアフリカニズム的な傾向を有していると見ることができよう。

このように、ボブ・マーリーの思想的影響はその家族にも継続されている。ジギーが自ら作詞・作曲した代表曲である「Let Jah Will Be Done」をコンサートでの演奏で使い続けていること、またボブの「救いの歌」を繰り返し演奏していること、ルーツ・レゲエに分類されているからも、ジギーがラスタファリアンの思想性も継承していることは確実である。次男スティーブンも「Made In Africa」を繰り返し演奏していることや、ダミアンとの共演による「Jah Army」の曲があることからダミアンとともにラスタファリアンの思想性を継承している。ダミアンも、「More Justice」や「Road to Zion」などをレコーディングしていることからラスタファリアンの思想性の継承は明らかである。カイマニーも、「So Jah Say」、「Ghetto Soldier」などの曲をレコーディングしているし、ジュリアンも「Jah Works」、「Violence In The Street」などの曲をレコーディングしていることからラスタファリアンの思想性が見られる。

ボブ・マーリーと同世代のレゲエ・ミュージシャンとして取り上げておくべきは、ボブととともに「ウェイラーズ」のオリジナル・メンバーであったピーター・トッシュとジミー・クリフ（Jimmy Cliff, 1948–）であろう。ピーター・トッシュは、1944年10月にウェストモアランドという片田舎の農村で生まれた。ピーター・トッシュは明確にラスタファリアンであり、それは彼の「ウェイラーズ」離脱後に発表したアルバム『Legalize It』（1975年）、『Equal Rights』（1977年）、『Bush Doctor』（1978年）、『Mystic Man』（1979年）、『Eanted Derad And Alive』（1981年）、『Mama Africa』（1983年）、『No

Nuclear War』（1987年）などのアルバムを発表した音楽活動から見ても明らかである。1975年に発表した『Legalize It』は政府に対してガンジャの合法化を求めた作品である。1977年に発表した『Equal Rights』の中には、有名になった「俺は平和なんかいらない。欲しいのは平等と正義だ」という言葉が挿入されていた。

ピーター・トッシュは、1987年9月11日に、キングストン市内で、3人組の暴漢に襲撃されて頭部を撃たれて死亡した。遺族は、エチオピア正教会の儀式で葬儀を行った。ピーター・トッシュは、1975年8月のハイレ・セラシエ皇帝の死を信じず、ラスタファリアンとして「生きる神」としての生存を信じ続けため、エチオピア正教会とは異なる立場にあったので、遺族がエチオピア正教会の儀式で葬儀を行ったことは皮肉である。

レゲエの世界的なブームの開始時期を正確に見てみると、国際的な注目を集めたのは、ボブ・マーリーよりもジミー・クリフの方が早かった。ジミー・クリフは、1948年4月にセント・キャサリン教区で生まれ、1960年代には音楽活動を開始し、1968年に発表したアルバム『困難な道（Hard Road To Travel）』でその名を知られるようになったが、特に、1969年に作成した名曲「多くの越えるべき川（Many Rivers to Cross）」がヒットした。1972年にジャマイカン人映画監督のペリー・ヘンゼル（Perry Henzell, 1936-2006）がトレバー・D・ローンと共作し、国際的にもヒットした映画『ザ・ハーダー・ゼイ・カム（The Harder They Come）』に出演し、同名曲や、「もし欲しければ手に入れられる（You Can Get It If You Really Want）」を歌ってレゲエを世界的に知らしめるという業績を上げ、レゲエの認知度上昇に貢献した。

その後、ジミー・クリフは、アフリカに渡航しイスラム教に改宗した。2004年には『黒魔術（Black Magic）』と題するアルバムを発表するなどカルト化しているが、そのアルバムの中には「エルサレムの戦争（War in Jerusalem）」もあり、宗教を超えた人類愛を歌うようになっている。厳密な意味ではラスタファリアンの思想性から境界線を越えてきていると見ることができよう。

ジミー・クリフに見られるように、レゲエ・ミュージシャンの中に、ラスタファリアンの思想性から離脱するか、あるいは境界線を越えるような傾向も見られるようになった。特に、1981年5月のボブ・マーリーの死後、そのような傾向が顕著になり、ラスタファリアンの思想性を継承する傾向は「ルーツ・レゲエ」と呼ばれ、ラスタファリズムの思想性から離れ、内容的にも恋愛や日常生活をテーマにする傾向が見られる系統は「ダンスホール・レゲエ」と呼ばれるようになった。(注9) ただし、「ダンスホール」系のミュージシャンが「ルーツ・レゲエ」

系の曲を作曲したり、演奏したりするケースも見られ、必ずしも二項対立的なものではなく、境界線は不鮮明である。1990年代には「ダンスホール」系に、「ラスタ・ルネッサンス」と言われる現象が生じたこともあった。

ラスタファリアンおよび「ルーツ・レゲエ」系は、ボブ・マーリーの死後、ピーター・トッシュがリーダーとなったが、彼の死後、ガーネット・シルク（Garnett Silk, 1966-1994。本名 Garnet Damion Smith）が代表格となった。しかし、1994年12月にガーネット・シルクがキングストン市内で拳銃の誤射によって死亡して以後は、ルシアーノ（Luciano, 1964-。本名 Jepher McClymont）が代表格となったが、同時に多極化してきているのが実情である。ルシアーノは、2003年に『Serve, Jah』、2005年に『Jah Words』、2008年に『Jah Can Save Us』のアルバムを発表、さらに2009年には『ジャーは私の案内者（Jah Is My Navigator）』と題するアルバムを発表したが、その中には同名曲のほか、「Jah Live」、「African Liberty」、「Jah Canopy」などのラスタファリアン的なシングル曲が収録されている。

現在、「ルーツ・レゲエ」系としては、ラスタファリアンの傾向が強い1970年代から活躍しているミュージシャンと、ボブ・マーリーの子女や孫を含む主に1970年代以降に生まれた若手のミュージシャンがいる。前者の代表的な例としては、前出のバーニング・スピア、プリンス・バスター、メイタルズ、インナー・サークル、サード・ワールドのほか、イスラエル・バイブレーション（Israel Vibration, 1970年代に結成。「イスラエル十二支族」系）、ロビー・シェイクスピア（Robbie Shakespear, 1978-）、ブラック・ウフル（Black Uhuru, 1972年結成）、コンゴス（The Congos, 1970年代半ば結成）、デニス・ブラウン（Dennis Brown, 1957-）、マックス・ロメオ（Max Romeo, 1944-）等の大御所がいまだ活動している。

今後のレゲエの方向性としては、ラスタファリズムと同様に、ジャマイカからイギリスや米国だけでなく、カリブ諸国、ヨーロッパ、アフリカ諸国など世界に影響を拡大している現在の傾向が今後とも進んでいき、脱ジャマイカ化した音楽となる可能性が強い。しかしながら、本来1960年代末から1970年代前半に登場してきた時期の、ラスタファリズムに裏打ちされた反システム的な傾向を減じていくならば、単なる音楽現象に堕していくだろう。レゲエがグローバル・サウス的な世界の変革志向を継続していけるかどうかは、ラストファリズムの今後の動向にも影響されるであろう。

ラスタファリズムは、ボブ・マーリーが亡くなった1980年代前半から変容を見せてきている。ジャマイカ国内では二つの傾向に分裂している。一つは「イスラ

エル十二支族」に見られたように、キリスト教との境界線を曖昧にした、中間層など身なりのいい人々を基盤として、より現代的なラスタファリアン思想を模索していく傾向であり、もう一つは「アフリカ帰還」は理念化してより現実的になりながらも、現実的な方向で体制批判を強め、国内的、対外的にも歴史的な「反システム」を目指すグローバル・サウスと連携していく傾向を強める傾向である。

　他方、世界的にはラスタファリズムは「脱ジャマイカ化」を進めながらも、理念的なアフリカ志向を継続してブラック・ナショナリスト的な傾向を維持し、場合によっては（国際状況の環境によっては）グローバル・サウスと連携していく可能性を強めている。

　いずれにせよ、マーカス・ガーヴェイの思想は、これまでと比べると程度を減じるとはいえ、旧植民地諸国・地域において植民地主義的な遺産、即ちポストコロニアル的な状況が払拭されない限り、今後とも直接的ではなくても間接的な影響をラスタファリズムやレゲエ・ミュージックを通して残し続けることになろう。

8. マーカス・ガーヴェイの思想的影響

(1) カリブ地域
(イ) ジョージ・パドモア (トリニダッド)

　カリブ地域で最も代表的なパンアフリカニストはトリニダッドのジョージ・パドモア (George Padmopre, 1903-1959。本名 Malcolm Ivan Meredith Nurse) である。パドモアは、1903年6月に当時イギリス領トリニダッド島のタカリフア県アロウカ区に生まれた。曽祖父は西アフリカのアシャンティ族の戦士であったが、捕虜となりバルバドスに奴隷として売られた。祖父はバルバドスに生まれた。父親は教師であり、母親はアンティグア島出身であった。

　パドモアは、ポート・オブ・スペインのトランキリティ小学校を卒業した後、1914年から1915年までセント・メアリー学院に学び、その後パンフィリアン高校に進み、1918年に卒業した。卒業後はトリニダッド出版社に就職したが、1924年にテネシー州のフィスク大学で医学を学ぶために米国に渡航、新婚の妻ジュリア・センパー (Julia Semper) もまもなく合流した。1925年に長女が生まれたが、パドモアは、19世紀にデンマーク領のセント・トマス島から米国経由でリベリアに渡り、米国黒人の「アフリカ帰還」を訴えて、パンアフリカニズムの先駆者とされているエドワード・ウィルモル・ブライデン (第3章第3節参照) から名をとり、生まれた娘にブライデンと名付けた。

　パドモアは、1927年に米国共産党 (CPUSA) に入党し、「ジョージ・パドモア」という名前を使用し始めた。彼は、党内では米国黒人労働会議 (ANLC) など黒人労働者を対象とした活動に従事した。1929年3月に開催された第6回 CPUSA党大会には、黒人労働者代表として出席した。パドモアは、1929年にコミンテルン (共産主義インターナショナル) の支持を背景にブハーリン派のジェイ・ラブストーン (Jay Lovestone, 1897-1990) を更迭して書記長となったウィリアム・Z・フォスター (William Z.Fostaer, 1881-1961) の支援を受けて、モスクワに派遣され、コミンテルン傘下のプロフィンテルン (赤色労働組合インターナショナル) の黒人局長に就任し、またモスクワ市ソヴィエトの委員にも選出された。パドモアは、プロフィンテルンの黒人局長として、情宣用の文書の作成や英字紙『モスクワ・デイリー・ニュース (Moscow Daily News)』に寄稿したり、各国共産党への資金運びの任に当たった。

　1930年7月、パドモワはドイツのハンブルグで開催された「国際反帝同盟」の世界大会に協力した。彼はその機会に、「国際黒人労働者組合委員会

(ITUCNW)」を創設し、その後オーストリアのウィーンに移り、ITUCNWの機関紙である月刊の『黒人労働者（The Negro Worker）』の創刊に尽力した。1931年にはハンブルグに戻って、執筆活動を続け、『黒人労働者』の発行に務めた。しかし、ナチスによる政権掌握の直後の1933年半ばに、ITUCNWの事務所がドイツ・ナチスによって襲撃され、パドモアはドイツ政府によってイギリスに国外追放された。コミンテルンはITUCNWの本部をイギリスに移転したが、同年8月に『黒人労働者』を廃刊した。パドモアは、コミンテルンがソ連とイギリスの外交関係を優先して、植民地諸国の独立の大義を支持する姿勢を放棄したとして、ITUCNWとの接触を断絶した。このためコンテルンの国際統制委員会は、パドモアを規律違反の容疑で、職務放棄の理由の説明を求めて、出頭を命じた。しかしパドモアは、おそらくモスクワで「粛清」されることを恐れて出頭を拒んだため、1934年2月23日にコミンテルンはパドモアを追放した。

　他方、パドモアはモスクワに渡航したことで、米国への再入国を拒否され、国外追放状態にあった。そのため、彼はコミンテルン時代の友人であり、フランス共産党党員であったマリ出身のガラン・コウヤテ（Tiemoko Garan Kouyaté, 1902-1940）(注1)を頼ってパリに渡り、パリ滞在中に『イギリスはどのようにアフリカを支配しているか（How Britain Rules Africa）』を執筆した。

　1934年中に、パドモアはロンドンに移り、パンアフリカニズムの運動やアフリカ独立運動に加わった。ロンドンには、郷土トリニダッドの幼友達であるC・L・R・ジェイムズ（Cyril Lionel Robert James, 1901-1989）がおり、旧交を温めるとともにパンアフリカニズムの運動をともに強化していった。1935年初頭に強まったイタリアによるエチオピア侵略の脅威に際しては、1935年8月25日にC・L・R・ジェイムズを議長として「国際アフリカ人アビシニア友好協会（International African Friends of Abyssinia、後に"国際アフリカ人エチオピア協会：Intarnational African Friends of Ethiopia"に改称）」を結成し、1937年にこれをアフリカ・カリブ系知識人の反植民地主義活動の中心となる「国際アフリカ人奉仕局（IASB：International African Service Bureau）」に発展させ、パドモアが議長となった。IASBは機関紙『国際アフリカ・オピニオン（International Africa Opinion）』を発行した。組織担当はバルバドス出身のクリス・ブレイスウェイト（Chris Braithwaite, 1885-1944）（後出）で、実業関係はイギリス領ギアナ（現ガイアナ）出身のラス・マコーネン（Ras Makonnen, 生没年不詳。本名George Thomas Nathaniel Griffith）（後出）、その他のメンバーには、ガーヴェイの前夫人のエイミー・アシュウッド、ケニア出身のジョモ・ケニヤッタ（Jomo Kenyatta, 1891-1978）（後出）、シエラレ

オネ出身のI・T・A・ウォレイス＝ジョンソン（Isaac Theophilus Akunna Wallace=Johnson, 1894-1965）（後出）、イギリス人女性のナンシー・キュナード（Nancy Cunard, 1896-1965）(注2)らがいた。[Baptiste & Lewis 2009：xviii]

　IASBの周辺に集まったカリブ地域出身のパドモアや、エンクルマ、ケニヤッタ等の後にアフリカ諸国において独立運動の指導者となる青年たちの群像については、彼らとともにこの時代を過ごした南アフリカ出身の作家ピーター・エイブラムス（Peter Henry Abrahams Deras, 1919-2017）が、1956年に出版した小説『ウドモのための花輪（A Wreath for Udomo）』の中や、（後出の）イギリス領ギアナ出身のラス・マコーネンが1973年に出版した『内側から見たパンアフリカニズム運動（Pan-Africanism From Within）』の中に描いている。

　パドモアは、CPUSA離党後はイギリスの独立労働党（ILP）に入党し、1937年には著書『アフリカと世界平和（Africa and World Piece）』を出版した。その他、生活のため、『ピッツバーグ・クーリエ（Pittsburgh Courier）』紙、『ゴールド・コースト・スペクター（Gold Coast Spector）』紙、『アフリカン・モーニング・ポスト（African Morning Post）』紙、『パナマ・トリビューン（Panama Tribune）』紙、『ベリーズ・インデペンデント（Belize Independent）』紙、『バントゥー・ワールド（Bantu World）』紙等のメディアの通信員として働いた。

　第2次世界大戦前に米国に渡ったC・L・R・ジェイムズが、1943年に米国でペンシルバニア州のリンカーン大学に留学中であったクワメ・エンクルマ（Kwame Nkrumah, 1909-1972）と知り合い、ヨーロッパに渡るエンクルマにパドモア宛の手紙を託した。1945年5月にエンクルマが法律学を学ぶためにロンドンに到着した際、パドモアは駅で彼を出迎えた。これがパドモアとエンクルマの協力関係が始まる起点となった。

　エンクルマは『自伝』の中で、パドモアとの関係を次のように書いている。

　「イギリスにいる人間で、私は前から知っていたのはジョージ・パドモア一人である。西インドの新聞記者で、ロンドンに住み、記事をいくつか書いていたが、それに私は興味と共感を抱いていた。私は彼の記事に深く感動して米国から手紙を出し、イギリスに着いたらユーストン停車場で会いたいと頼んでおいた。返事が来る前に米国を出発したので、彼の答えを受けとることができず、彼が停車場にいるかどうかは全然わからなかった。私は汽車から降りて、不安な気持ちで彼を探しながら、プラットフォームを行ったり来たりした。二人はほとんど同時に顔を合わせた。最初のこの瞬間から私は彼が好きになった。（中略）彼をよ

く知り、話を交わすにつれて、彼の植民地問題についての深い知識を私は尊敬するようになった。(中略)

ロンドンに着いて一ヶ月ほど後には、ジョージ・パドモア、T・R・マコーネン(すぐれた演説家)、ピーター・エイブラムズ(南アフリカの黒人作家)と、その年の11月(筆者注：10月の間違いか？)にマンチェスターで行われる第5回パンアフリカ大会の準備に忙殺された。ジョージ・パドモアと私は組織委員会の共同書記となり、ジョージの家で昼夜働いた。」[Nkrumah 1957=1963：60]

パドモアは1944年頃までに、1927年の第4回大会以来開催が途絶えてきたパンアフリカ大会を開催し、パンアフリカニズムの運動の再建を図ろうと考えていた。彼は、エンクルマの渡英を機会に、二人でパンアフリカニズム運動の基軸であり、これまでパンアフリカ大会を主催してきたW・E・B・デュボイスに協力を依頼して(注3)、1945年10月にマンチェスターで第5回パンアフリカ世界大会を開催し、早期の脱植民地化と戦後世界について議論した。パドモアが主張したのは、アフリカ諸国が独立と自決権の堅持、社会革命、アフリカ諸国の統一、という順に戦いを進めていくことであった。

1947年にエンクルマがガーナの独立運動を指導するために帰国した際、パドモアは助言するために長文の詳細な文書を作成して手渡した。また、エンクルマが発行した新聞『アクラ・イブニング・ニュース (Accra Evening News)』に寄稿した。1953年には、著書『ゴールデン・コースト革命 (Gold Coast Revolution)』を執筆した。またエンクルマに自伝を書くよう勧め、エンクルマはガーナが独立した1957年に自伝を出版した。

ガーナが独立した際、パドモアは首相になったエンクルマからガーナに来てアフリカ問題のアドバイザーになるように求められてガーナに渡ったが、その任務は困難を極め、肝硬変を患ってロンドンに戻った。しかし、体調は回復せず、1959年9月23日にロンドンの大学病院で死亡した。ロンドンで葬儀が行われた後、同年10月4日にパドモアの位牌はガーナのクリスティアンズバーグ・キャッスルに埋葬された。1977年にパドモアが出版に向けて原稿を執筆していた『エンクルマとガーナ革命 (Nkrumah and the Ghana Revolution)』が漸く出版された。1991年にはロンドンに「ジョージ・パドモア研究所 (George Padmore Institute)」が設立された。

ガーヴェイとパドモアの思想的関係を検討すると、重要な事項が数点見いだされる。

①パドモアは、ガーヴェイが米国から国外追放された1年後の1928年に、留学中のハワード大学構内において、イギリス大使エスメ・ハワード (Sir Esme

Howard）の訪問に際し、同大使がガーヴェイの国外追放の共犯者であるとして、訪問に反対する抗議行動を指揮している。[Lewis&Warner Lewis：65]

②しかし、その一方で、パドモアはCPUSAに所属し、コミンテルンの委員でもあった1931年に、『国際黒人労働者委員会』に執筆した論稿「黒人労働者の闘争」において、次のように書いている。

「米国およびアフリカや西インドの植民地における黒人労働者の最も大きな運動を代表するガーヴェイ主義に対する闘争は、（中略）（ガーヴェイ主義は）アメリカ帝国主義からの黒人大衆の解放闘争を支援するのではなく、妨害するものであるために、強く対抗すべきである。」[Lewis 1988a：131]

パドモアはこのように、1931年にガーヴェイ主義に対して批判的な姿勢を示したが、これは「左翼転回」を行った1928年の第6回大会以降、当時のコミンテルンが極左路線下にあり、UNIAに対しても攻撃的な姿勢を取る方向に転じたため、パドモアの発言もそのような影響下でなされたものと考えるべきであろう。

現に、パドモアは1956年に出版した『パンアフリカニズムか共産主義か　アフリカをめぐり迫りくる対立』において、ガーヴェイについて次のように述べ、共産主義運動がガーヴェイに対して、一時的であったにせよ、攻撃的な姿勢をとったことを批判している。

「白人共産主義者が犯した最も大きい誤りは、公けにガーヴェイを攻撃したことであり、黒人がその支持において分かれている既存の共和党と民主党とは異なる政党として黒人の間で彼らが信頼を得る前に、その運動を粉砕しようとしたことである。」[Lewis：ibid.138]

このように、パドモアは1930年年代半ば以後、ガーヴェイと同様に、パンアフリカニズムはソ連型の共産主義体制とは異なる方向性を採るべきだと考えていたことが理解される。しかし、パドモアは社会主義を放棄したわけではなかった。ガーヴェイとパドモアに面識があったか否かについての証言は見当たらないが、ガーヴェイのロンドン滞在期にUNIAがIASBに資金援助していたとの言及も見られるので[Martin 1983b：141]、両者の間に接触があったと見るべきであろう。また、IASBにはガーヴェイの前夫人であったエイミー・アシュウッドがメンバーになっていたことから、おそらくパドモアとエイミー・アシュウッドとの間でガーヴェイについて話される機会があったことは想像される。さらには、ガーヴェイ未亡人となったエイミー・ジェイクスが、1945年10月にマンチェスターで開催された第5回パンアフリカ大会の準備段階からW・E・B・デュボイスやパドモアに協力していることからも、パドモアはガーヴェイの思想を十分に

（ロ）C・L・R・ジェームズ（トリニダッド）

　C・L・R・ジェームズ（Cyril Lionel Robert James, 1901-1989）は、1901年にイギリス領のトリニダッド島のトゥアナプナに生まれた。1910年にポート・オブ・スペインの島内で最も古い非カトリック系のクィーンズ・ロイヤル中等学院に学んだ後、母校で英語教師を務めた。後出のエリック・ウィリアムズは教員時代の教え子であった。ラルフ・ボワシエール（Ralph de Boissire）、アルバート・ゴメス（Alberto Gomes）、アルフレッド・メンデス（Alfred Mendes）らと反植民地主義の文芸誌『ザ・ビーコン（The Beacon）』の同人となり、短編小説を書き始めた。

　1932年、ジェームズは友人であるクリケット選手のレアリー・コンスタンティン（Learie Nicholas Constantine, 1901-1971）の招待によって彼の自伝執筆に協力するためにイギリスに渡航して、ランカシャーのネルソンに渡り、『マンチェスター・ガーディアン（Manchester Guardian）』紙でクリケット記者として働き始めた。1933年にジェームズはロンドンに移り、翌1934年にトロツキスト・グループに入るとともに、イギリス領カリブ諸島の独立運動を始め、『西インドの自治統治に向けて（The Case for West-Indian Self Government）』を出版した。イタリアによるエチオピア侵攻に際しては、トリニダッドでの幼馴染であったジョージ・パドモアらとともに「国際アフリカ人アビシニア友好協会（International African Friends of Abyssinia）」（後に「国際アフリカ人エチオピア協会（IAFE）」に改称）を設立して議長となった。1937年にIAFEが「国際アフリカ人奉仕局（IASB）」に発展すると、通信『アフリカと世界（Africa and the World）』と、機関紙『国際アフリカン・オピニオン（International African Opinion）』の発行に努めた。

　1934年にジェームズは、非共産党的な社会主義を志向する姿勢から独立労働党（ILP）に入党し、パドモアとともに、同党の機関紙『ニュー・リーダー（New Leader）』に原稿を寄稿し始めた。同年にはハイチ革命のトゥサン・ルベルチュール（Toussaint L'Ouverture）に関する3幕劇の脚本を執筆し、1936年に上演された。1937年にはコミンテルンを批判する『世界革命（World Revolution）』を出版し、1938年にはハイチ革命についてトゥサン・ルベルチュールを描いた、日本でも邦訳書（2002年）が出版されている『ブラック・ジャコバン（Toussaint L'Ouverture and the San Domingo Revolution）』を出版した。

1936年に、ILP に加入戦術を採っていたジェームズと彼のトロツキスト・グループが ILP を離党して、1938年に革命的社会主義同盟（RSL）を結成した。同年後半にジェームズは、米国の社会主義労働者党（SWP）の招きで米国に渡航し、その後約12年間にわたり米国に滞在した。その間の1939年4月には、メキシコに亡命中のトロツキー（Lev Davidvich Trotsky, 1879-1940）をメキシコ・シティのコヨアカンにあったトロツキー邸に訪問して約1ヶ月間滞在した。

　米国滞在中は、トロツキズム運動の内部の路線問題に関わって、SWPからマックス・シャハトマンとともに離党して労働党（WP）結成に加わり、WP 内ではジョンソン＝フォレスト分派を形成したが、トロツキーによるソ連を「堕落した労働者国家」との見方を批判して「国家資本主義」と分析したために、少数派となっていった。ジョンソン＝フォレスト派は WP 内で分離傾向を示しようになり、1947年には WP を離党して SWP に再加入し、ブラック・ナショナリズムの運動を支援するよう議論して、黒人問題を重視する姿勢を特徴とするようになっていった。その後、ジャームズは、1949年までに前衛党の概念を否定するようになり、トロツキズムからも離別した。

　1953年に査証切れのために米国を強制退去させられたため、パドモアを頼ってイギリスに戻り、再び『マンチェスター・ガーディアン』にクリケット関係の記事を書き続けた。1957年にエンクルマの招待でガーナの独立記念式典に出席して、米国で1943年に知り合っていたエンクルマと再会した。エンクルマの死後、1977年に出版することになる『エンクルマとガーナ革命』を執筆した。

　1958年にはトリニダッドに帰国し、1956年1月にトリニダッドの独立を目指してエリック・ウィリアムズ（Eric Wlliams, 1911-1981）らによって結成された、人民国民運動（PNM：People's Nacional Movement）を支持する『ネイション（The Nation）』紙を創刊するとともに、パンアフリカニズムの姿勢を再び強めるようになった。彼は、ガーナ革命が植民地主義的な革命闘争を大いに鼓舞したと見ていた。また、西インド連邦の創設に賛同し、PNM の路線から離反するようになり、イギリスに戻って米国人研究者ジョセフ・バーグ（Joseph Berke）に指導されたロンドン・アンティユニバーシティ（Antiuniversity of London）のカルヴィン・ハーントン（Calvin Hernton, 1932-2001）[注4] やオビ・エグブナ（Obi Egbuna, 1938-2014）[注5] らと合流して研究に従事した。1968年には米国に招かれてコロンビア大学で教鞭をとった。

　その後、再びイギリスに戻ってブリックストンに居住し、1980年代にはサウス・バンク学院（現サウス・バンク大学）から名誉教授号を授与された。1989年5月31日に88歳で亡くなった。同年6月12日にトリニダッドに埋葬され、6月28

8．マーカス・ガーヴェイの思想的影響　185

日にポート・オブ・スペインの国立競技場で国葬が行われた。

　ジェームズは、1930年代半ばのロンドン滞在期にパドモアらとパンアフリカニズムの運動に参加、その後はトロツキズム運動に専心したが、1940年代後半からトロツキズム運動の中で黒人問題を重視する路線を提起し、トロツキズムからの離反後は再びパンアフリカニズムを強化するという人生を歩んだ。特に、パドモアとエンクルマ等との交流がジェームズにパンアフリカニズムへの接近をもたらしたと言える。

　ジェームズは、1938年に出版した『パンアフリカン反乱の歴史』の中で、ガーヴェイについて次のように言及している。

　「ガーヴェイの綱領は何であったのか。アフリカ帰還である。黒人はアフリカを取り戻さなければならない。彼らはアフリカに行って入植し、ヨーロッパ人がヨーロッパで、白人の米国人がアメリカでそうであるように、自由で幸せに生きるようになるはずであろう。彼らはどのようにアフリカに帰還するのか。彼らは帝国主義者にそれを尋ねるだろう。これらがガーヴェイが言うべきすべてであった。事実、リンチを攻撃し、戦闘的要求、黒人のための平等の権利、民主主義的自由等を定式化した。しかし、本質的に、その綱領はアフリカ帰還であった。

　それは、悲しむべき馬鹿げた考えだ。しかし、黒人は指導者を求め、彼らに最初にそれを提供した者を受け入れた。さらに、自暴自棄な人間たちは、演説者の言葉ではなく、彼ら自身の思想を聞いた。（中略）ガーヴェイは例外的な贈り物であった。（中略）彼の言葉は常に戦闘的で、黒人たちはそれを聞いた。ヒトラーが後にうまく行ったことをすべて、ガーヴェイは1920年と1921年に実行した」[James 2012：93]

　ジェームズがこの文章を執筆した1938年は、ジェームズがイギリスでILPを離党して革命的社会主義者同盟（RSL）を結成し、年後半に米国に渡航してトロツキズムの活動を継続していた年であり、『黒いジャコバン』を執筆した同じ年にジェームズが執筆したガーヴェイ評である。ガーヴェイを、黒人大衆が求めていたものを敏感に感じて「アフリカ帰還」という夢で彼らを指導した卓越した大衆操作能力を持った指導者であると、極めて皮肉な見方で見ていたことが分かる。しかし、ジェームズは1950年代後半から、パンアフリカニズムに回帰することになるので、その時期にはガーヴェイ観が変わっていたかもしれないが、この点について、今後確認作業を進める必要がある。

(ハ) ラス・マコーネン（現ガイアナ）

　ラス・マコーネンは、1921年にイギリス領ギアナ（現ガイアナ）のバックスト

ン村を出て以来、その死までパンアフリカニストとして活動し続けた。1932年にニューヨークのコーネル大学在籍時代に「ラス・マコーネン」に改名した。1930年11月2日に即位したハイレ・セラシエ皇帝の名前から採ったものであり、エチオピアニズムの思想を表現した改名であったと見られる。1934年にパドモアの協力者となり、1937年にはIASBの創設メンバーとなって実業担当として協力し、ロンドン市内にレストラン・チェーン店、書店、ナイト・クラブ、カリブ諸島出身の黒人を優先した賃貸住宅を経営した。また、白黒混血であるために遺棄された子どものための孤児施設に5000ポンドを寄付したりした。レストランでは、ジョモ・ケニヤッタも雇用されていた。

　1957年にラス・マコーネンはガーナに転住し、独立したばかりの同国で初代大統領となったエンクルマの協力者となり、エンクルマが創設した国営メディア機関の責任者や「アフリカ文化センター」建設計画の責任者となった。外交分野では1963年にアジス・アベバで開催されたOAU（アフリカ統一機構）会議の組織者としても尽力した。しかし、エンクルマの共産主義に対する姿勢に批判的で、またエンクルマの統治姿勢も強権的であるとして批判的であった。1964年にガイアナのアフリカ系とインド系の政争を仲介するために、エンクルマによって同国には派遣されたが、紛争の解決は実現できなかった。

　1966年にエンクルマが軍事クーデターで打倒された際、ラス・マコーネンも拘束されて9ヶ月間収監された。釈放後、ケニアに移り、ケニヤッタ大統領から土地を提供され、1969年に同国の国籍を取得した。1970年代にはケニアの農業開発や農園経営に尽力し、また南アフリカ難民の故国ガイアナへの移住を提案するなどの活動が知られているが、1983年にナイロビで死亡した。1973年に回想録である『内部から見たパンアフリカニスト運動』を出版し、1930年代のロンドンにおけるパンアフリカニズム運動について詳述している。

(二) エリック・ウィリアムズ（トリニダッド）

　エリック・ウィリアムズ（Eric Eustace Williams, 1911-1981）は、C・L・R・ジェームズがトリニダッドの首都ポート・オブ・スペインにあるクィーンズ・ロイヤル学院で教鞭をとっていた時期の教え子であった。ウィリアムズは、1932年に奨学金を得てイギリスに渡り、オックスフォードのセント・キャサリン協会（現オックスフォード大学のセント・キャサリン・カレッジ）に進学して歴史学を学び、1935年に卒業した。1938年にC・L・R・ジェームズの影響を受けた論文『西インドの奴隷貿易と奴隷制の経済的側面』で博士号を取得した。この論文を基に、1944年に『資本主義と奴隷制』を出版した。当時一般的には、

ウィルバーフォース（William Wilberforce, 1759-1833）たちのような人道主義者が奴隷制を廃止させたとされていたが、ウィリアムズは奴隷制の廃止もまた資本主義の要請したことであると論じて注目された。この見方は、奴隷制廃止論の登場を経済的・戦略的要因から説明するＣ・Ｌ・Ｒ・ジェームズの影響を受けたものと見られる。しかしその後、この説は『オックスフォードイギリス帝国史第３巻』において、ガド・ヒューマン（Gad Heuman）らによって批判され、奴隷制廃止はフランス大革命からナポレオン戦争の時期の状況が植民地に裨益したことが原因であると主張されるようになる。だが、基本的には、世界システム論や植民地主義論の視角から考察すれば、ジェームズやウィリアムズの見方がより適切な歴史観である。

1939年にウィリアムズは、ハワード大学に職を得て、1947年まで専任教授として教鞭を執った。1944年に「アングロアメリカン・カリブ諸島委員会」の委員に米国の推薦によって選ばれたが、イギリスはウィリアムズの起用に強く反対した。1948年、委員会のカリブ諸島調査会議の副議長として、トリニダッドに帰国した。トリニダッドでは、一連の教育的な講義を行って知名度を高めた。1955年、意見相違により委員会を辞任した。

1956年１月に、人民国民運動（PNM）を創設して独立運動に専心するようになった。PNMは、独立に向けて憲法草案と人民憲章案の作成に注力した。同年９月、植民地議会の選挙が実施され、PNMは16人の現職候補のうち６人を破り、24改選議席中13議席を獲得したが、31議席中の過半数は獲得できなかった。しかし、植民地担当長官から５人の議員を指名することを認められたため、議会の多数派を形成することになり、ウィリアムズが首相に選ばれ、７人の閣僚も全員が認められた。

第２次世界大戦後、イギリス植民地当局は、植民地が「カナダ」的な連邦を形成するようになることを望んでいた一方で、これが1930年代以降の植民地が独立志向を持つナショナリスティックな運動の目的とも合致したため、1948年に開催されたモンテゴ・ベイ会議においてカリブのイギリス領植民地が「西インド連邦」を形成することが決定された。しかし、1958年にイギリス領ギアナ（現ガイアナ）と同ホンジュラス（現ベリーズ）が連邦から離脱したため、積極推進派はジャマイカとトリニダッド・トバゴだけになった。連邦内では、各国の政党は、西インド連邦労働党（WIFLP：West Indies Federal Labour Party。バルバドスのグラントリー・アダムス Grantley Adamsとジャマイカのノーマン・マンリーが中心）と、民主労働党（DLP：Democratic Labour Party。ジャマイカのJPLのアレクサンダー・ブスタマンテ Alexander Bustamanteが中

心）の２大政党にそれぞれ系列化していたが、PNM は WIFLP と連携し、野党の諸派は合体してトリニダッド・トバゴ民主労働党（DLPTT：Democratic Labour Party of Trinidad and Tobago）を結成して DLP と連携した。

　PNM は、1959年の連邦選挙では勝利したものの、1959年に実施された植民地議会選挙では連邦内でのウィリアムズの立場が不安定となり、ヘイルズ（Lord Hailes）連邦総督が WIFLP の不均衡を是正するために PNM に２議席を与えたため、ジャマイカの与党である JLP のブスタマンテが同国の連邦からの離脱を宣言、このためトリニダッドは単独で連邦予算の75％を負担しなければならなくなったため、1962年１月15日、トリニダッドも西インド連邦から離脱することになった。この結果、イギリスも西インド連邦を解体した。

　1961年の議会選挙では、PNM が得票率57％と30議席中20議席を獲得したため、単独で憲法草案を作成することが可能となり、また植民地当局も独立を支持したが、野党の DLP が反対したため独立が困難になった。DLP は、PNM が選挙制度改革法を成立させ、有権者登録を厳格化したため、移民には有利にはなっても非識字者に不利になり、選挙改革は PNM の選挙勝利を確定することを目的とした悪法であると強く反発していた。このため、ウィリアムズは DLP の党首ルドラナス・キャピルデオ（Rudranath Capildeo）との間に野党の権利拡大と上院野党議席を２議席増加させることを約束することで、DLP による独立の妨害を阻止することを可能にし、これによって1962年８月31日にトリニダッド・トバゴは漸く独立を達成した。ウィリアムズは初代首相に就任し、1981年に亡くなるまで首相を続けた。

　首相に就任したウィルリアムズが、1960年代後半から1970年代前半に直面した問題は、米国における黒人解放運動の盛り上がりなど、世界的にも拡大した若者を中心とした急進的な運動がトリニダッドにも波及し、本来はそのような急進的な運動に共鳴できるウィリアムズが、為政者として対応しなければならなかったという問題である。トリニダッドでの急進的な運動は、西インド大学のセント・オーガスティン・キャンパスの学部生組合から始まった。学部生組合のゲデス・グラランジャー（Geddes Granger）に率いられて、ジョージ・ウィークス（Goerge Weeks）が指導する石油労働者組合や、その法律顧問であったバスデオ・パンデイ（Basdeo Panday）の運動に合流した。

　ブラック・パワーの反乱は、1970年のカーニバルから始まった。これに対して、ウィリアムズは放送番組を通じて「私はブラック・パワーの味方である」との発言で応じるとともに、失業者基金を５％積み上げし、また最初の商業銀行を設立した。1970年４月３日にデモ参加者１人が死亡したことから、４月13日にはトバ

ゴ・イースト選出の議員であるA・N・R・ロビンソン（A.N.R.Robinson）の辞任が続き、4月18日に砂糖労働者がストを決行してゼネストに発展した。これに対して、ウィリアムズは4月21日に戒厳令を布告するとともに15人の黒人指導者を逮捕した。これに憤慨した軍の一部が反乱を起こしてテテトンの陸軍兵営に立て籠もったが、海上警備隊が鎮圧して反乱軍は降伏した。

　ウィリアムズは再び演説を行って、彼がブラック・パワーの目的に一体化することを模索していると発言して事態の鎮静化に努めた。また、内閣を改造して白人2人を含む閣僚3人と上院議員3人を更迭する一方、抗議デモを統制するために自由を制限する公共治安法案を提出した。A・N・R・ロビンソンと彼が創設した民主市民行動委員会（ACDC：Action Committee of Domocratic Citizens）が強い抗議を表明したため、法案は撤回された。

　こうして、漸く事態は収拾され、ウィリアムズが直面した最大の危機は克服された。その後、1981年に亡くなるまで、首相を続けた。その間、著作家として、1970年にウィリアムズは『コロンブスからカストロまで』を執筆し、この書はラテンアメリカを理解するための好著として国際的にも評価された。

　ウィリアムズは、種々の著作を通じて資本主義システムがいかにして植民地主義と奴隷制を通じて形成されてきたかを歴史的に検証して、そのような姿勢を首相としての政治運営にも反映させようとしたが、黒人運動の高揚を前に、これに対して主に治安対策で対応しなければならなかったという矛盾を抱え込んでしまった悲運の政治家であった。しかし、その植民地主義と奴隷制を告発した歴史家としての姿勢は、新植民地主義や〈新〉植民地主義を克服し、グローバル・サウスが世界的な変革を進めていくうえで、理論的に大きな貢献を行った。

(ホ) ウォルター・ロドニー（現ガイアナ）

　ウォルター・ロドニー（Walter Anthony Rodney, 1942-1980）は、1942年3月にイギリス領ギアナ（現ガイアナ）の労働者階層の家庭に生まれた。奨学金を得て、ジャマイカの西インド大学のモナ校で歴史学を学んで1963年に卒業した後、1966年に24歳でロンドンの東洋・アフリカ問題研究所（School of Oriental and African Studies）で「アッパー・ギニア・コーストにおける奴隷貿易」の研究で博士号を取得した。1970年にロドニーは、この博士論文を基に『アッパー・ギニア・コーストの歴史　1545－1800』を出版した。彼を学術的な面で幅広く認知させたのが、1972年に執筆した『How Europe Underdeveloped Africa（ヨーロッパはいかにしてアフリカを低開発化したか）』（邦訳北沢正雄訳『世界資本主義とアフリカ』、1978年）である。

ロンドンで博士号を取得した後、彼は東アフリカのタンザニアと母校であるジャマイカの西インド大学モナ校で教鞭を執った。ロドニーが西インド大学で教えていた頃、ジャマイカは植民地支配から独立した直後の時期であった。そのような時代に、ロドニーの心を捉えたのはブラック・パワーの観念だった。独立後のジャマイカの政治を支配していたのは、エリート中産階層だった。このような政治の構造を見抜いていたロドニーは、ジャマイカの支配層である彼らに対して様々な形で批判を行っていった。

ロドニーは、ジャマイカの貧しい労働者層との連帯を強めていった。特に、彼が解放の理念を共有したのはラスタファリアンたちだった。彼らのエチオピアニズムとロドニーのブラック・パワーの観念は共鳴しあった。

しかし、こうした姿勢から、ロドニーはジャマイカ政府に危険視されるようになっていった。そして、1968年10月15日にカナダで行われた学会からジャマイカに帰ってこようとした際、ジャマイカ政府は彼を「好ましからざる人物(ペルソナ・ノン・グラタ)」として再入国を拒否した。これに抗議して、翌10月16日に大きな暴動事件が起きた。所謂「ロドニー暴動事件」である。ロドニーは、ジャマイカでのラスタファリアンとの交流を1969年に『The Grounding With My Brothers』にまとめて出版した。

ジャマイカへの再入国を拒否されたロドニーは、短期間キューバに滞在し、再びタンザニアへと移り、1974年までダル・エル・サラーム大学で歴史学教授として教鞭を執った。当時のタンザニアもジャマイカと同様に、植民地支配から独立したばかりだった。

タンザニアでのロドニーの経験は、彼の思想形成においてとても重要なものとなった。当時のタンザニアは、独立運動に深く関わり、独立後は大統領として独特な政治形態を築いたジュリアス・ニエレレ(Julius Kanbarage Nyerere, 1922-1999)によってアフリカ的社会主義が政治・経済の基盤とされていた。こうしたアフリカの伝統的な価値観による新たな試みが行われていた国での経験は、ロドニーに大きな影響を与えた。また、この時期にロドニーは、米国やカリブ地域のブラック・パワーの運動の中で重要な役割を果たすようになっていた。

1974年、ロドニーは、タンザニアからガイアナに帰国した。彼は、ガイアナ大学(University of Guyana)で教えることになっていたが、政府の妨害によって教職に就くことができなかった。そこで、彼は政治的活動を強めることにし、政権を握っていた人民民族会議(PNC：People's National Congress)に対抗する労働人民同盟(WPA：Working People's Alliance)を結成した。

このようなロドニーの行動を、PNC政権が危険視するようになった。そして、

1979年、政府関連の事務所2ヶ所が火事になったことから、放火罪の罪に問われ、逮捕された。さらに、1980年の大統領選挙に出馬したロドニーは、1ヶ月間続いた過熱した政治的環境の中で、ジンバブエ独立記念式典出席から帰国した1ヶ月後の同年6月13日に、同国軍軍曹からラジオに似せて作られた爆弾を投擲されて殺害された。

彼の残した伝統は、様々な形で表れている。国際的にも米国・カリブ地域のアフリカ系の研究やアフリカン・ディアスポラ研究に携わる人々の間でロドニーの名は大きな存在である。彼は、研究者としてだけでなく、アフリカ系の人々の解放を求めて戦った戦士であり、彼の研究には、彼のそうした心情が根底にあった。特に、1972年に出版した『ヨーロッパはいかにしてアフリカを低開発化したか』は、資本主義システムが興隆していく過程で、アフリカがいかに成長の基盤を略奪されて、低開発に追い込まれたかを検証した業績として評価される。

また、ジャマイカでラスタファリアンたちと共鳴し合ったことは、少なくともラスタファリズムが有していたエチオピアニズムやパンアフリカニズムを共有していたことを示すものであり、またガイアナにおける政治的姿勢が急進的な社会変革を目的としていたことからも、ロドニーが19世紀末以来の環大西洋地域で高揚したアフリカ系のパンアフリカニズムと社会変革志向を共有していたと評価される。ロドニーの著作の中にガーヴェイに関する言及は極めて少ないが、上記のような傾向を通じて、間接的な影響を受けていたことは確実である。

(ヘ) エウシ・クワヤナ（現ガイアナ）

エウシ・クワヤナ（Eusi Kwayana, 1925-。本名 David Hinds Sydney King）は、1925年4月にイギリス領ギアナ（現ガイアナ）のルシグナンに生まれた。7歳の時にバックストンに転住し、15歳で小学校の教員になった。

1937年にガーヴェイがイギリス領ギアナを訪問したことは、その後のエウシ・クワヤナの思想形成に大きな刺激となった。エウシ・クワヤナは、1935年に起きたイタリアによるエチオピア侵攻に抗議したナサニエル・ジョーダン（Nathaniel Jordan, 生没年不詳）が創設したジョーダン主義と呼ばれた宗教組織を通じて黒人意識の覚醒を学んだ。

1940年代に地方レベルで政治活動を開始し、1947年にインド人系のチェディ・ジャガン（Cheddi Jagan）が率いる人民進歩党（PPP：People's Progress Party）に加入した。PPPにはアフリカ系の指導者フォーブス・バーハム（Forbes Burnham, 1923-1985）も加盟していた。1953年にイギリス領ギアナで最初に実施された選挙でPPPが勝利した際、クワヤナは通信労働相に就

任した。同年10月にイギリス植民地当局が憲法を停止してPPPを解散させた際、クワヤナはPPPの執行委員で党指導者の一人となっていたため拘束された。1955年にPPPは分裂し、1957年にバーハムは人民全国会議（PNC：People's National Congress）を結成した。こうしてPPPとPNCの対立が激化して政情が悪化したが、ガーナのエンクルマ大統領が同国に滞在していたラス・マコーネンを両者の和解実現のためにイギリス領ギアナに派遣した。仲介は実を結ばなかったが、エウシ・クワヤナはガーナの代表団と親しくなり、ガーナを訪問した。ジャガンとバーハムの対立によって、アフリカ系の多くはPNCに移ったが、エウシ・クワヤナはジャガンの側に残った。しかし、その後西インド連邦形成問題に関してジャガンが否定的な姿勢をとったため、連邦形成に賛同していたクワヤナはジャガンから離反し、PPPを離党してバーハム側に移った。

　その後、クワヤナは1961年に「アフリカ人種平等協会（ASRE：African Society for Racial Equality）」を結成し、首相2人制や国土の人種別分割案などを提案した。1961～64年の間にアフリカ系とインド系の人種間対立が激化したが、1964年に「独立アフリカ文化関係アフリカ協会（ASCRIA：African Society for Cultural Relations with Independent Africa）」を創設し、アフリカの誇りや文化の振興に努めた。ASCRIAはガイアナにタンザニア型の「ウジャマ村落」を設立し、米国からの黒人の移民を呼びかけたが、このプロジェクトは効果を生まずに放棄された。

　1966年にガイアナが独立を実現し、バーハム政権が成立すると、エウシ・クワヤナは国連大使のポストを提供されたが、これを辞退した。しかし、彼はバーハム政権の外交面に協力して、新興のアフリカ諸国9ヶ国を訪問して国家元首と会見したり、国連関係の会議に出席することで、パンアフリカ的な姿勢を強く表現した。1970年にはザンビアのルサカで開催された非同盟会議にも出席した。その際に行われたタンザニア主催の夕食会でウォルター・ロドニーと再会する機会を得た。また、バーハムとともにエチオピアへの2度目の訪問を行い、ハイレ・セラシエ皇帝に拝謁した。

　エウシ・クワヤナは米国の黒人問題にも関心を寄せていた。1970年にASCRIAがジョージタウンでパンアフリカ・セミナーを開催し、これを契機としてガイアナにパンアフリカ事務局が設置された。この事務局で、米国系黒人がタンザニアのダラ・エル・サラームで1974年に開催される予定であった第6回パンアフリカ大会の準備にあたったが、米国系黒人2人がPNC政権によって国外追放された。クワヤナは、1971年には米国ジョージア州出身の女性とヨルバ族の伝統儀式に基づいた結婚を行った。

ASCRIAはアフリカ文化を重視する一方で、インド系の人々をも尊重し、PPPおよびPNC双方から注目された。しかし、エウシ・クワヤナは1970年頃から汚職問題やボーキサイト採掘労働者のスト問題を原因としてPNC政府に対する批判を強め、1971年にPNCから離反し、1973年に完全な断絶を表明した。このような事情を背景として、ASCRIAは1974年にロドニーが結成したWPAに合流し、エウシ・クワヤナはWPAの共同代表としてロドニーの生前は彼に密接に協力した。WPAはASCRIAや、インド人系の「インド人政治革命協会 (IPRA: Indian Revolutionary Associates)」と連携し、後にASCRIAはIPRAと統合した。また、WPAは先住民問題にも注意を払い、ガイアナにおける人種超越的な運動の形成を目指した。

エウシ・クワヤナは、1980年代にジャマイカのラスタファリアン集団である「イスラエル十二支族」のメンバーとなっている。

クワヤナは、1937年にガーヴェイが当時のイギリス領ギアナを訪問した際には、まだ少年であったため、おそらく直接の影響を受けたわけではなかったろうが、周囲の人々からの刺激からか、その思想形成においてガーヴェイの影響を受けたと言われる。また、ロドニーの死後、WPAの中心的な指導者となったクワヤナが、40歳代後半の年齢で「イスラエル十二支族」のメンバーとなり、ラスタファリアンとなったが、クワヤナがいつ頃からラスタファリズムの影響を受けていたのかについては研究が見当たらないため、正確な思想的軌跡をたどれない。しかし、彼がガーヴェイの、広義の意味でのパンアフリカニズムの影響を受けたことは確実である。

(ト) クリス・ブレイスウェイト (バルバドス)

1937年にジョージ・パドモアがロンドンでIASBを設立した際に、組織担当として協力したクリス・ブレイスウェイトは、1885年にイギリス領のバルバドス島に生まれた。多くのイギリス領カリブ諸島出身者と同様に、成年後は米国に渡航した。当初、南部からの黒人の移動で黒人人口が急増していたシカゴに住み、黒人女性と結婚した。その後は商船の船員として勤務し、第1次世界大戦後はニューヨークに住み、後にロンドンに転住した。第1次大戦中は、イギリス人船員が海軍に従事して船員不足となったため、イギリス領植民地出身の有色人船員の雇用が増加したが、終戦直後は逆にイギリス人船員が復員したため有色人船員の雇用が制限され、また労働条件も悪化した。このような雇用情勢下で、ブレイスウェイトの思想性も急激に急進化した。イギリス滞在中に、彼は白人女性と再婚したため、他の黒人船員よりは有利な雇用条件に恵まれたが、彼

は船員全体の利益を優先して、全国船員連盟（NUS：The National Union of Seaman）に加盟し、1926年に起きた大規模なゼネストにも参加し、さらに1930年にはイギリス共産党（CPUK）が、コミンテルン第6回大会における「左翼転回」路線の下で1929年に結成した同党系列の船員組合運動である「船員少数派運動（SMM：Seaman Minority Movement）」に加わった。ブレイスウェイトが、クリス・ジョン（Chris John）という偽名を使用し始めたのはこの時期であった。

　1930年4月にSMMはイギリス領植民地出身者からなる「植民地委員会」を設立し、1931年11月には「戦闘的有色船員委員会」を設立した。クリス・ジョンは、トリニダッド出身のジム・ヒードリー（Jim Headley）に協力して、SMMの中で活動する一方で、ハンブルグに拠点を置くプロフィンテルン系列下の国際船員・港湾労働者連盟（ISH：Interanational Seaman and Harbour Workers）と連携する「国際船員クラブ（ISC：International Seaman's Club）」を設立した。この時期に、パドモアが発行していたITUCNWの機関紙『黒人労働者』に協力している。また、1931年に彼はCPUKに入党した。このように、ブレイスウェイトは、コミンテルン系列の船員運動に積極的に関わっていく中でCPUKに入党し、同党指導下の船員運動の重要人物となっていった。1931年、イギリスで、コミンテルン指導下の反帝同盟とITUCNWと連携する「黒人福祉協会（NWA：Negro Welfare Association）」が結成され、ブレイスウェイトは同郷のバルバドス出身のアーノルド・ワード（Arnold Ward, 1886-没年不詳）とともに中心メンバーとなって活動した。

　1932年4月にパドモアがハンブルグからロンドンを訪問した際、事前に同郷のトリニダッド出身のジム・ヒードリーから聞いていたブレイスウェイトと初めて会った。

　パドモアは、ブレイスウェイトについて次のように述べている。

　「初めてクリスと会ったのは10年ほど前であった。それは、米国の裁判所によって9人の黒人青年が死刑を宣告された"スコッツボロ"事件[注6]に抗議してロンドンで開催された大衆集会の場においてであった。我々はともにこの集会でスピーカーとなっており、この時から我々の熱い同志関係が始まった。"スコッツボロ"事件で階級的・人種的犠牲となった者のために真の正義を求めようとする姿勢は、彼の典型的な姿勢であった。彼は抑圧された者の大義に支援を惜しまなかった。」［Hogsbjerg：33］

　他方、ブレイスウェイトは1941年8月に『ニューリーダー（New Leader）』紙上においてパドモアについて言及し、「世界の中で黒人の最も優れた指導者で

ある」と評している。[Hogsbjerg：33] パドモアとブレイスウェイトが、ともにロンドンで開催された「スコッツボロ事件」の冤罪裁判に抗議する大衆集会でスピーカーとして発言していることは、二人がともに米国の黒人問題にも多大な関心を有していたことを示している。その意味でも、最初の出会いから共鳴するものがあったのであろう。

1932年8月に、『黒人労働者』誌が、パドモアが執筆したブレイスウェイトに関する次のような記事を掲載している。

「この同志は、資本家階級がいかにして労働者大衆の間の同志的連帯を分断するために白人と黒人の間の人種的憎悪を拡大しているかを示すうえで非常にうまく説明した。彼は、人種や肌の色や信条に関わりなく、資本家階級に対する共通の階級闘争におけるすべての労働者の統一戦線を期待すると結んだ。」[Hogsbjerg：35]

ブレイスウェイトは、1934年にコミンテルンの反帝国主義路線の放棄に抗議したパドモアに同調して CPUK を離党した。1935年7月30日にアフリカ系だけでなくインド系等の有色人を網羅した「植民地船員協会（CSA：Colonial Seaman's Association）」を結成する一方で、イタリアによるエチオピア侵略の脅威に抗議して同年8月25日にロンドンにJ・L・R・ジェームズを議長として結成された「国際アフリカ人アビシニア友好協会（IAFA。後の"国際アフリカ人エチオピア友好協会 IAFA"）」に参加した。またこれが発展して結成された IASB においては、議長となったパドモアに協力して組織担当となって活動した。

ブレイスウェイトは、CPUK 離党後は、パドモアとともに独立労働党（ILP）に入党した。1944年9月9日に、夫人と6人の子女を残して、肺炎が原因でロンドンで急死した。パドモアやラス・マコーネン、エセル・マニン（Ethel Mannin, 1900-1984）(注7)、レジナルド・レイノルズ（Reginald Reynolds, 1905-1958）(注8)、ジョン・マックネイア（John McNair, 1887-1968）(注9) らがメンバーとなって遺族のための募金委員会が設立され、船員仲間や ILP の党員たちに募金が呼びかけられた。

ブレイスウェイトの船員組合の活動歴から、彼はパンアンフリカニストとしての姿勢と同時に、アフリカ系だけでなくインド系等も含めた反植民地主義的な勢力の結集を図ろうとしていたことがうかがえる。

ブレイスウェイトのロンドン滞在中に、ガーヴェイ夫妻や前妻のエイミー・アシュウッドもロンドンに滞在し、ガーヴェイがパドモアらの IASB に資金援助しており、アシュウッドも IASB のメンバーになっていることから、ブレイスウェ

イトがガーヴェイと直接の面識を有していた可能性は大きいと思われ、また直接的な面識はなかったとしても、パドモアやアシュウッドを通じてその思想的影響を受けていたと推定される。

(チ) エメ・セゼール (マルチニック)

　本節において、フランス領マルチニック島（現在はフランスの海外県）生まれのエメ・セゼール（Aimé Sédar David Césaire, 1913-2008）を取り上げるが、それはエメ・セゼールへのガーヴェイの影響を指摘するためではなく、逆に両者の間にはおそらく思想の継承性はないことを指摘しておくためである。エメ・セゼールは、1913年6月にマルチニック島に生まれ、1931年に成績優秀であったために奨学金留学生としてフランス本土に渡航し、パリのリセ・ルイ＝ル＝グランへ入学した。1934年に、セネガル出身で、後に同国独立後の最初の大統領となったレオポルド・サンゴール（Leópold Sédar Senghor, 1906-2001）らとともに学生新聞『黒人学生』を創刊した。この新聞活動の中で、「ネグリチュード（Négritude）」(注10)という言葉を初めて用いた。エメ・セゼールは、1939年にマルチニックに帰郷した。

　エメ・セゼールにおけるガーヴェイの影響を検証する場合、要点は、エメ・セゼールのフランス滞在中にどのような形で、主に米国やイギリス領カリブ植民地出身者の間に高揚したパンアフリカニズムと接触したのかという点に関心がもたれる。従って、この時期にフランスにおけるパンアフリカニズムの動向を見ておく。

　フランスに米国黒人の文化的影響が伝わったのは、「ハーレム・ルネサンス」の代表である、ラングストン・ヒューズ（James Mercer Langston Hughes, 1902-1967）やジャマイカ生まれのクロード・マッケイ、カウンティ・カレンなどの黒人詩人が度々訪れて、「ハーレム・ルネッサンス」の息吹をフランスに吹き込んだことを通じてである。彼らはマルチニック出身のナダル姉妹のサロンに招待されて、フランスに滞在しているアフリカ系の人々と交流を図った。エメ・セゼールはこのサロンは「小ブル的」であるとして嫌って参加していなかったので、直接的な接触はなかったと思われる。しかし、「ニグロ・ルネッサンス」の息吹を感じる環境にいたことは確実である。

　他方、フランスでは、1921年にヴェトナム人のホーチミン（Ho Chí Mihn, 1890-1969）が中心となってアジア・アフリカのフランス領植民地出身の知識人を糾合した「植民地同盟」が結成され、1924年にはダホメー出身のコジョ・トゥヴァル・ウエヌーが「黒人種防衛世界連盟」を結成し、1927年には「黒人種防衛

同盟 (LDRN)」が組織されたが、このLDRNに、この時期フランスに滞在していたガラン・コウヤテが関与していた。

フランス領スーダン生まれのガラン・コウヤテは、この時期にフランスに滞在しており、1934年2月にジョージ・パドモアがコミンテルンを追放された際、コウヤテを頼ってフランスに来て、一時期フランスに滞在した。コウヤテは、フランス共産党に入党し、LDRNを結成し、機関紙『黒人種 (La Race Négre)』を発刊した。LDRNの解散後は「黒人労働者連盟 (UTN)」に協力した。フランス共産党の左翼転回後に党を追放されたが、フランス国内に残って、アルジェリア独立運動組織に協力した。共産党員時代からガーヴェイ、W・E・D・デュボイスらのパンアフリカニストと接触していたが、特にジョージ・パドモアと緊密な協力関係にあった。エメ・セゼールのフランス滞在中にガラン・コウヤテもまたフランスに滞在しているため、何らかの接点があったことも考えられる。

エメ・セゼールは、「ネグリチュード」運動を立ち上げた際、黒人を劣等視する科学的人種主義に対抗して、黒人が史上最悪の暴力を経験し、周辺化と抑圧に苦しんでいた人間集団としての自覚を抱き、植民地主義を拒絶して「黒人の言葉」で語ることを訴えた。この意味で、彼の問題意識はガーヴェイの「黒人性」を強調する思想と共振するものがあったはずである。

また、エメ・セゼールは、1955年に出版した『植民地主義論』の中で、「ヨーロッパは弁護不能である」、「道義的に、精神的に弁護不能である」[Césaire 1955=2004：131] と述べ、植民地主義が「ヨーロッパ大陸の野蛮化」[ibid.：132] に寄与したと述べ、さらに「それが一つの野蛮、いやそれどころか、日常性の中のさまざまな野蛮を締めくくり集約する至高の野蛮である」[ibid.：137] と語っている。

エメ・セゼールが、植民地主義を批判し、その実行者としてヨーロッパを告発する姿勢を有していたことは確実である。そのエメ・セゼールは、サンゴールとは異なって、「ネグリチュード」について語ることは少なかった。しかし、1973年には「私は牧歌的な汎ニグロ主義の類と混同されることは断じて拒否します。ネグリチュードの名において自分が同類として扱われるなどということは、考えただけでも身震いを感じます」[砂野2004：224] と述べている。

このエメ・セゼールの表現が、パンアフリカニズムとどのように関係しているのかは重要な論点であるが、その分析は今後の課題としたい。本書では、ガーヴェイの反植民地主義的なパンアフリカニズムとエメ・セゼールの「ネグリチュード」の間には「反植民地主義」という意味で、思想的な共振性が感じられると指摘するにとどめておく。

（2）アフリカ諸国

アフリカ諸国の独立運動の指導者たちがガーヴェイの思想やパンアメリカニズムの影響を受けたり、あるいは影響を受ける契機となったのは、以下の3つの場であったと考えられる。

① 1920〜21年と1924年にガーナ出身で米国でAMEZ牧師となったジェイムズ・E・Kアグリイ（James Emman Kwegyir Aggley）(注11) がアフリカ諸国を歴訪した際に、アグリィからガーヴェイの思想やUNIAについて説明を受けた。

② 1930年代半ばにロンドンに滞在していたジョージ・パドモア等がイタリアによるエチオピア侵攻の脅威が生じた際に米国、カリブ地域、アフリカ諸国出身者がエチオピア支援運動を立ち上げ、それがパンアフリカニズム的な連帯を拡大する契機となった（ガーヴェイの前妻であるエイミー・アシュウッドも参加）。

③ 1945年10月にイギリスのマンチェスターで開催された第5回パンアメリカン大会にW・E・B・デュボイスやパドモア等のパンアフリカニストが多数協力し、またアフリカ諸国から後のアフリカ独立運動の指導者となる人々が参加した。

（イ）クワメ・エンクルマ（ガーナ）

クワメ・エンクルマ（Kwame Nkrumah, 1909-1972）は、1909年9月にイギリス領ゴールド・コーストの西部海岸にあるンクロフルにて、アカン人の下位集団であるンズイマ人の子として生まれた。父親はエンクルマの幼年期に死ん

8. マーカス・ガーヴェイの思想的影響　199

おり、名前も知られていない。エンクルマはカトリック系の小学校で学び、10年の課程を8年で終了するほどの秀才であった。1925年まで生徒兼教師として教えたが、アクラの公立訓練学校（後のアチモタ学校）の校長であるアレック・ガーデン・フレイザー（Alec Garden Fraser, 1873-1962）神父に認められ、教員養成教育を受けた。この時期に、副校長のAMEZ牧師のジェイムズ・E・K・アグリイからマーカス・ガーヴェイ、W・E・B・デュボイスの思想を教えられ、ガーヴェイの思想の影響を受けて、黒人自身が自らを統治する時に初めて人種間の調和が達成されると考えるようになった。アチモタ学校時代に、後にナイジェリア大統領となるアジキウェ（Nnamdi Azikiwe, 1904-1996）と知り合い、彼の影響を受けて　ブラック・ナショナリズムに関心を持ち始めた。1930年にアチモタ学校を卒業してエルミナの小学校教員となり、1年後にアシム小学校の校長となったが、この頃から政治活動に関与するようになった。

　その後、ロンドン大学進学を志したものの失敗して、米国渡航を考えるようになり、1935年10月に米国に到着し、リンカーン大学に入学した。1935年にイタリアのエチオピア侵攻を聞いて激怒し、植民地主義の打倒を志すようになった。1942年にペンシルバニア大学大学院で教育学の修士号を、翌年には哲学の修士号を取得した。この間に米国やカナダに滞在するアフリカ人留学生の組織化に努めるとともに、ガーヴェイの思想を学び、またC・L・R・ジェームズと知り合い、パンアフリカニズムの姿勢を強めた。

　前出の通り、エンクルマは1945年5月にイギリスに渡り、パドモアの出迎えを受けた。その後、パドモアやW・E・B・デュボイスとともに、同年10月15日から19日にマンチェスターで開催された第5回パンアフリカ大会の開催に尽力した。前出の通り、ガーヴェイの未亡人であるエイミー・ジェイクスも準備段階に参加していた。

　エンクルマは、1957年に出版した『自伝』の中で、第5回パンアフリカ大会について、次のように述べている。

　「会議は予定通り11月（著者注：「10月」の誤り）に、アフリカ出身の米国の学者で全国黒人地位向上協会の創立者W・E・B・デュボイス博士と、イギリス領ギニアの出身でマンチェスターで開業していた黒人医師のピーター・ミリアード博士の共同議長のもと開かれた。会議はたいへんな成功で、全世界から200名をこえる代表が出席した。各植民地の状態についての報告があり、アフリカの植民地問題についての資本家と改良主義者の主張は否認された。そして非暴力的積極行動の戦術によるアフリカ的社会主義という思想が満場一致で決された。また〈人権宣言〉に表明されている根本思想を可決し、政治的自由と経済的発達を

求める闘争を支持するために、全世界のアフリカ人とその子孫に、政党、労働組合、協同組合、農民組織に加盟するよう勧告した。

　帝国主義諸国に対する重要ないくつかの宣言がこの会議で採決されたが、その一つはデュボイスが書き、残りは私が書いた。この宣言は、植民地民衆の自由への決意を擁護し、資本の独占化、私有財産と私的企業が個人の利益の追求のみに使用されることを非難した。また真の民主主義は、経済上の民主主義の上にのみ成立することを明らかにし、世界の植民地民衆――知識人、職人階級、労働者――に、自らを解放し、世界を帝国主義の魔手から救うための連帯責任をもつように訴えた。

　この会議は、開催された数の上からは5回目であるが、前の4回とは会の空気も光景も思想もはっきり違っていた。前の4回の会議は、いずれも中産階層の知識人と富裕な黒人改良主義者によって計画され、運営されたが、第5回パンアフリカ会議に出席したのは、労働者、労働組合員、農民、協同組合員たち、アフリカ人とその他の有色人学生であった。しかしアフリカ人が出席者の大多数を占めていたので、会議はアフリカ民族主義――アフリカにおける植民地主義、人種差別主義、帝国主義に対するアフリカ民族主義の反逆――を思想とし、マルクス主義的社会主義を、その基本原理として採用した。

　しかしこの会議が特に大きな成果をあげた根本の理由は、前の4回の会議の出席者がテーゼを書くことだけに満足して、アフリカ問題を解決するために積極的な行動を果たすことができず、またそれをしようともしなかった単なる理想主義者であったのに対して、この会議には実際家と行動的な人びとがはじめて代表として出席したことだった。ガーヴェイの思想と同様、前の4回の会議は、アフリカ人の生来の自覚から生じたものではなかった。ガーヴェイの思想は、アフリカ民族主義に対立するものとして黒人民族主義を扱っていたからだ。アフリカ民族主義をおおやけに声明し、アフリカ人の政治意識の覚醒をもたらしたのが、この第5回パンアフリカ会議だった。そしてこれが、現実に、アフリカ人のためのアフリカという大衆運動に育っていったのだ。（中略）

　会議はパンアフリカ民族主義の綱領を声明して終わった。パドモア、エイブラムズ、私の3人はまもなくロンドンにもどったが、マコーネン、ジョモ・ケニヤッタ、ミリアード博士はパンアフリカ連盟を組織するために、マンチェスターに残った。

　この会議の結果、会議で採択された綱領の実現を促進するために、実行委員会が組織された。デュボイス博士が委員長となり、総書記に私が選ばれた。会議が終了してまもなく、ロンドンで開かれたこの実行委員会の会合で、各植民地に今

後生ずると考えられる様々な政治運動の一種の意見交換所の役を果たすパンアフリカ会議本部をロンドンに置くことが決定された。本部のための事務所を私たちは探し始めたが、財政上の困難から、これは実現しなかった。

　この時期にアシェ・ニコエ、ウォレス・ジョンソン、バンコル・アクバタ、アウナ・レンナ、コジョ・ボチオと知り合い、彼らから西アフリカ民族事務局を設置すべきだという意見が出た。この事務局は西アフリカの特殊性に従って、パンアフリカ民族主義を実行するためのもので、西アフリカ民族会議の召集と、イギリス・フランス領西アフリカに自治政府を樹立する計画を推進することを目的とした。

　西アフリカ民族事務局の書記になるように私は勧められ、それを受けた。運動を効果的に進めるためにロンドンにセンターを置いてほしいという西アフリカ代表の要求に従って、私はまた事務所を探し始めた。かなり前に、私はグレイ法学協会街の94番地に、ゴールド・コーストの弁護士のコイ・ラルビが事務所に使っていた小部屋を一つ見つけておいた。この小部屋が私たちの本部になった」[Nkrumah 1957=1961：60-63]

　この第5回パンアフリカ大会に先立って、1944年7月に「パンアフリカ連盟（Pan-African Federation）」を結成するための会議がマンチェスターで開催された。同地に滞在するイギリス領ギアナ（現ガイアナ）出身の二人、医者のピーター・M・ミリアード（Peter Milliard, 生没年不詳）とラス・マコーネンが主催した(注12)。パドモアが中心となっているIASBのメンバーが核を成していたが、イニシアティブはミリアードがとり、翌年10月に開催された第5回パンアフリカ大会においても、エンクルマの『自伝』に書かれているように、ミリアードが共同議長を務めた。「パンアフリカ連盟」の設立後、第5回パンアフリカ大会を西アフリカで開催しようという意見が出され、「西アフリカ学生連盟（WASU）」が結成され、WASUはリベリアでの開催を提案した。

　しかし、パドモアらはマンチェスターでの開催を提案していたことから、1945年2月にロンドンで開催される予定であった「世界労働組合連盟（WFTU）」の設立を協議するための会議が諸般の事情で延期されたため、ミリアードとラス・マコーネンからの招きによってマンチェスターで3月4日に開催された。この場で、西アフリカ諸国とカリブ諸島の代表たちがIASB、黒人福祉協会（NWA）、黒人福祉センター（NWC）の3団体と会合し、その際にパドモアが第5回パンアフリカ大会の開催を正式に提案した。大会の準備向けては、「パンアフリカ連盟」が中心となり、特にJ・E・テーラー（J.E.Taylor）、ケニヤッタ、ミリアード、ウォレス・ジョンソンが担当した。[Geiss 1968：387-390]

第2次世界大戦後、1947年にゴールド・コーストで自治権要求運動が盛んになり、植民地エリートや伝統的首長を中心に「連合ゴールド・コースト会議（UGCC：United Gold Coast Convention）」が結成されると、結成メンバーの一人で米国滞在期にエンクルマの仲間であった弁護士アコ・アジェイ（Ebenezer Ako Adjei, 1916-2002）がエンクルマを招請した。これを受けて、エンクルマは同年12月に帰国してUGCCの事務局長に就任した。

　1948年1月に物価高騰などを原因として首都アクラでヨーロッパ産品の不買運動がおこり、2月には暴動に発展した。植民地当局は、UGCCが暴動を起こしたとしてエンクルマを含む幹部6人を逮捕した。これにより、UGCCへの支持は更に高まった。これに驚いたイギリスは調査団を派遣し、調査団は自治の拡大とアフリカ人主体の立法評議会の設置を提言した。この提言をUGCCは受け入れたが、エンクルマは即時自治を掲げて党首脳部と対立、1949年4月にUGCCを脱党し、同6月に「会議人民党（CPP：Convention People's Party）」を結成して、エンクルマが書記長に就任した。

　CPPは、ストやボイコットなどの強硬な方針を中心とした「ポジティブ・アクション」を打ち出した。これによって、下層大衆の支持を受けて、党勢を拡大した。1950年1月には即時自治を求めてデモを実施し、デモ隊と警官隊が衝突した責任を問われて、エンクルマは逮捕されたが、調査団の提言に基づいて制定された1951年憲法の下で実施された同年12月の選挙で、CPPは改選38議席中34議席を獲得して大勝し第1党になった。獄中から立候補していたエンクルマも当選し、釈放された。CPPが議会多数派となったため、アーデン・クラーク総督（Charles Arden-Clarke, 1898-1962）はエンクルマに組閣を命じ、彼は政府事務主席に就任した。

　政府事務首席に就任するや、エンクルマは交渉による平和的な方法での独立路線に転換した。1952年には、政府事務主席を首相と改称し、初代イギリス領ゴールド・コースト首相となった。1954年には新憲法を制定して国内自治をイギリスに認めさせ、同年新憲法の下で実施された選挙においてCPPは104議席中72議席を獲得して圧勝し、これにより独立は既定のものとなったかに見えた。しかし、ゴールド・コーストで最も豊かなアシャンティ地方が反発して暴動が発生、イギリスは独立を前に総選挙を行って民意を確定することを求めた。1956年に実施された選挙で、旧アシャンティ王国を地盤とする「国民解放運動（NLM：National Liberation Movement）」はアシャンティ以外で議席を伸ばせず、CPPが信任を受けた。

　同年、国連信託統治領のトーゴランドの帰属を確認する住民投票が行われ、北

部はゴールド・コーストへの統合、エウェ人の多い南部はフランス領トーゴとの統合を求める票が多かったが、全体的にはゴールド・コーストとの統合票が過半数となり、イギリス領ゴールド・コーストに統合された。1957年、ゴールド・コーストはイギリス領トーゴランドとともにイギリスから、イギリス連邦王国内の立憲君主国として独立し、国名を西アフリカ最初の大王国であったガーナ王国に因んでガーナと名づけ、エンクルマが初代首相となった。

　エンクルマは、1958年7月に米国を正式訪問し、その際7月27日にはハーレムを訪問して街頭パレードを行ったほか、翌28日にはロンドン大学時代の教え子グループと会合、29日には米国アフリカ系社会の主要指導者主催の夕食会に出席するなど米国アフリカ系の人々と会合し、アフリカ系の人々との連携の必要性を訴え、特にガーナに対する経済的、技術的、人的支援と協力を要請した。[Walters 1993 : 98]

　他方、独立後、エンクルマは外交面において、パンアフリカニズムに基づき、アフリカ諸国の独立支援と国家間連帯に尽力した。まず、(前節 (イ) の通り) ジョージ・パドモアをガーナに招請し、外交政策におけるブレーンとした。1958年4月には、アパルトヘイト体制下にあった南アフリカを除く当時のアフリカの全独立国家8ヶ国の首脳をアクラに招き、アフリカ独立諸国会議 (CIAS) を開催し、同年10月にギニアがフランスと対立した際には借款を与えて支援を行った。パンアフリカニズムを唱えるギニアの指導者セク・トゥーレとは協力関係を深め、同年11月にアフリカ諸国連合 (Union of African States) を結成して統合の度を深め、1961年7月にはマリも参加した。さらに1960年12月には未独立地域も含めたアフリカ各地の指導者をアクラに集め、パドモアとともに全アフリカ人民会議 (AAPC) を開催し、アフリカを統一国家とするアフリカ合衆国 (United States of Africa) の構想を唱えた。しかし、1960年1月にチュニジアで開催された第2回会議では、独立要求こそ主張されたものの、アフリカ統一に関する議論はほとんど行われなかった。

　1960年以降、アフリカには多くの新興独立国が誕生したが、アフリカ統一をめぐって大きく2つのグループに分かれた。急進的なパンアフリカニズムを掲げるガーナ、ギニア、マリ、モロッコ等のアフリカの統一と社会主義を基本とする諸国は、1961年1月に独立戦争中のアルジェリアを含めたカサブランカ・アフリカ憲章を採択し、カサブランカ・グループを形成した。これに対して、緩やかな統合と欧米との友好を基本とする、1960年12月にブラザビルで会議を行ったブラザビル・グループ (旧仏領諸国のうちセネガル、コートジボワール、コンゴなど12ヶ国)、その他のモンロビア・グループ (リベリアや、コートジボワール、ナ

イジェリア等）とが対立した。

　1961年に発生したコンゴ動乱では、ルムンバ（Patrice Emery Lumumba, 1925-1961）を支援するカサブランカ・グループと、欧米寄りの姿勢をとるブラザビル・グループやモンロビア・グループの間で対立が激化した。やがてエチオピアのハイレ・セラシエ皇帝の介入で両者は和解し、1963年にアジス・アベバで折衝案を盛り込んだ「アフリカ統一機構（OAU：Organization for African Unity）」が設立された。アフリカ諸国の相互援助が掲げられたものの、アフリカの政治的統一という考え方は後退していった。

　1965年10月に、エンクルマはOAUの第3代議長に就任したが、1966年2月に発生したクーデターによって打倒され、その職を離れた。1968年、エンクルマはギニアで「全アフリカ人民革命党（A-APRP：All-African People's Revolutionary Party）」を設立した。A-APRPは、エンクルマの死後、ギニアに滞在していたクワメ・トゥーレ（Kwame Ture, 1941-1998。本名Stokely Carmichael）（第3節後出）によって継承された。

　エンクルマは、独立後の内政面で最も注力せざるを得なかったのは、部族間や国内地域間の対立をいかに抑制して、国家としての統一を図るかであった。CPPは全国組織であったが、主要野党である「国民解放運動（NLM）」は旧アシャンティ王国を基盤とし、トーゴランド会議（Togoland Congress）は旧トーゴランド国連信託統治領のエウェ人を、北部人民党（NPP：Northern People's Party）が北部の首長層を、ムスリム協会党（MAP：Muslim Association Party）がイスラム教徒を基盤としたため、エンクルマはこれらの野党を抑えるために独裁傾向を強めることとなり、最終的には1966年2月に、中国とヴェトナムを訪問のため外遊中に軍事クーデターが発生して打倒されるに至る。エンクルマは失脚後、セク・トゥーレ（Ahmed Sekou Toure, 1922-1984）が大統領であったギニアに亡命し、賓客として遇されたが、1972年4月に療養のため訪れたルーマニアのブカレストで癌のため死亡した。遺体はガーナに送られ、出生地であるンクロフルに埋葬された。

　エンクルマは、ガーナ独立の前後から、パドモア、W・E・B・デュボイス、サム・モリス（Sam Morris、生没年不詳。グレナダ出身）等多数のパンアフリカニストを顧問や協力者として招請した。

　他方で、エンクルマは、前出の通り、1957年に出版した『自伝』の中で、「ガーヴェイの思想は、アフリカ民族主義に対立するものとして黒人民族主義を扱っていたからだ。アフリカ民族主義をおおやけに声明し、アフリカ人の政治意識の覚醒をもたらしたのが、この第5回パンアフリカ会議だった」と述べ、全世界の

黒人よりも、アフリカの黒人の民族主義を重視する姿勢を示していたが、1968年に亡命先のギニアで結成した「全アフリカ人民革命党（A-APRP）」においても、その目的を科学的社会主義の下に全アフリカ諸国の解放と統一を軸としてパンアフリカニズムを促進することとし、「統一アフリカ社会主義政府」の樹立を目指したことからも、全世界の黒人の結束は脇に追いやられたかに見える。従って、エンクルマのパンアフリカニズムは、離散した全世界の黒人をも包摂する、真のパンアフリカニズムではなくなっていたと判断される。

エンクルマが、ガーヴェイから思想的影響を受けていたことは事実である。それは、アクラでのアチモタ学校時代に AME の牧師であったジェイムズ・E・K・アグリイから、ガーヴェイやW・E・B・デュボイスについて聞いていたことに始まって、その後ガーヴェイの著書を読んでいることからもうかがえる。

ガーヴェイの研究者であるルパート・ルウィス編集の『ガーヴェイ：アフリカ、ヨーロッパ、アメリカ』に収録された論稿の中でE・U・エッシェン＝ウドム（E. U. Essien- Udomu）は、次のように述べ、エンクルマへのガーヴェイの影響について語っている。

「エンクルマは『自伝』の中で、「私が学んだすべての書物の中で、最も私の熱情に火をつけたのは、『マーカス・ガーヴェイの哲学と見解』であったと思う」と述べている。残念ながら、ガーヴェイのどの見解が最も影響を与えたかを知ることはできない。おそらくエンクルマがガーヴェイから継承した見解の中で最も影響が大きかったのは、"アフリカは自由でなければならない（Africa Must Be Free)" と "アフリカは団結しなければならない（Africa Must Unite)" という２つの念願に体現されているものであると言える。これら二つの表現は、エンクルマの著作のタイトルともなっている。２人にとって、これら２つの願望は、アフリカとディアスポラ状態にあるアフリカ人の解放を意味する。」[Lewis / Warner-Lewis 1986：177]

エンクルマの『自伝』では、エンクルマはガーヴェイに関して次のように書いている。

「私の学んだすべての本のなかで、どれよりも強く私の情熱を燃え立たせたのは、1924年に出版された『マーカス・ガーヴェイの哲学と思想』だと思う。ガーヴェイは〈アフリカのためのアフリカ〉という哲学と〈アフリカへ帰れ〉の運動によって、1920年代の米国の黒人たちを強く鼓舞した。皮肉なのは南部の白人たちがガーヴェイのこの運動を支持したことだ。だが、それは黒人の解放に関心があったからではなく、南部から黒人を追い出すことによって、黒人問題が解決されると考えたからである。残念なことに、私はガーヴェイに会うことができな

かった。私は米国に着く前に、彼はなにかの詐欺事件の巻きぞえをくって国外へ追放され、その後イギリスへ渡って1940年に死んだ。」(Nkrumah 1957=1961：54)

　この表現によって、エンクルマがガーヴェイの『マーカス・ガーヴェイの思想と哲学』を読んでいたことが分かるが、同書はガーヴェイが獄中にあった1923年に後妻のエイミー・ジェイクスによって編集されているので、エンクルマが同書を読んだのは、彼が1935年に米国に渡航した後であると推定される。そして、『自伝』の中のこの引用に続く部分で、「ガーヴェイの思想は、アフリカ民族主義に対立するものとして黒人民族主義を扱っていたからだ。アフリカ民族主義をおおやけに声明し、アフリカ人の政治意識の覚醒をもたらしたのが、この第5回パンアフリカ会議だった」と述べ、アフリカ民族主義を重視する主張を行っていることから判断すると、E・U・エッシェン＝ウドムの「おそらくエンクルマがガーヴェイから継承した見解の中で最も影響が大きかったのは、"アフリカは自由でなければならない（Africa Must Be Free）"と"アフリカは団結しなければならない（Africa Must Unite）"という2つの念願に体現されているものであると言える。これら二つの表現は、エンクルマの著作のタイトルともなっている。二人にとって、これら2つの願望はアフリカとディアスポラ状態にあるアフリカ人の解放を意味する」との評価には疑問を持つ。

　エンクルマにおいては、「ディアスポラ状態にあるアフリカ人の解放」は視野から後退してしまったと判断せざるを得ない。その意味で、エンクルマはガーヴェイからパンアフリカニズムを学んだものの、彼のパンアフリカニズムは、ガーヴェイのパンアフリカニズムよりも、狭い範囲での「アフリカ人のアフリカ」を主張するものに縮小したのではなかろうか。そして、その上に「科学的社会主義」が付け加えられた。

　しかし、エンクルマはガーヴェイに敬意を表し続けたことは疑いない。独立後、設立された国営の汽船会社の名称をUNIAが設立した汽船会社と同じ名称の「ブラック・スター・ラインズ」と命名している。

(ロ) ジョモ・ケニヤッタ（ケニア）

　ジョモ・ケニヤッタ（Jomo Kenyatta, 1891-1978）は、イギリス領東アフリカ（現ケニア）のキクユ族のガトゥンドゥ村に生まれ、カマウ・ワ・ンゲンギ（Kamau Wa Ngengi）と名付けられた。幼児の時に両親が相次いで亡くなったため、ムシガ村に住む祖父に育てられた。ナイロビ近郊のトゴトにあるスコットランド・ミッション教会に住み込んで、働きながら学んだ。卒業後は大工見習と

して働き始め、1914年にキリスト教に入信してジョン・ピーター（John Peter）の名を与えられたが、自分でジョンストーン・カマウ（Johnstone Kamau）を名乗った。

　第1次世界大戦中にはイギリス植民地当局から強制労働を強いられたが、これを忌避した。1920年にキクユ族の儀式に則って結婚し、ナイロビの高等裁判所で通訳として勤務するようになり、1922年に法的に結婚した。その後、店員やナイロビ市役所公共課の水道メーター検査員として働き、その間に多くのアジア系の人々と知り合った。1924年にキクユ中央協会（KCA：Kikuyu Central Association）を通じて政治活動を開始し、機関紙『キクユ』の編集を担当し、1928年にはKCA事務局長になった。1928年にはキクユ語の新聞を発行し、キクユ族の結束を強めた。

　1929年に、ケニヤッタはKCAからキクユ族の土地問題解決のためにロンドンに派遣され、ジョンストーン・ケニヤッタの名で『タイム（The Times）』紙や、『マンチェスター・ガーディアン』紙に寄稿した。1928年4月にガーヴェイがイギリスに渡り、ロンドンで同市内のウェスト・キングストンに西アフリカン学生連盟（WASU）のアフリカ人留学生のために一軒家を賃借した際、ケニヤッタも一室を借り受けた。この時に、ガーヴェイと出会っていた可能性がある。

　翌1930年9月にケニアに帰国し、ギスングリのキクユ独立学校で教員として勤務したが、1931年に再び渡英し、バーミンガムのウッドブルック・クエーカー学院に入学した。キクユ族の土地問題が解決しないことが原因で共産主義運動に接近し、1932〜33年にはソ連に渡り、モスクワの東方労働者大学に学んだ。しかし、ソ連のイギリスやフランスに対する妥協的な姿勢に憤慨してソ連を出国した。1934年にロンドン・カレッジ大学に入学し、1935年からはロンドン・スクール・オブ・エコノミクス（LSE）でB・マリノフスキー（Bronislaw Kasper Malinowsuki, 1884-1942）教授の下で社会人類学を学んだ。イタリアによるエチオピア侵攻の脅威を前に結成された「国際アフリカ人アビシニア友好協会（IAFA）」の執行委員になり、（本章第1節に前出の）パドモアが議長を務めたIASBの会員ともなって積極的に活動した。

　1938年にはLSEでの論文「Facing Mount Kenya」をジョモ・ケニヤッタの名で執筆した。この間、ドゥプリィ・トンプソン（Dupley Tompson, 1917-2012）[注13]、パドモア、C・L・R・ジェームズ、E・ウィリアムズ、I・T・A・ウォレス゠ジョンソン（I.T.A.Wallace-Johnson）、クリス・ブレイスウェイト、エイミー・アシュウッドらのカリブ諸島やアフリカ出身のグループで

積極的に活動した。1945年10月にはエンクルマらとともにマンチェスターで開催された第5回パンアフリカ大会の開催に協力した。

1946年にケニヤッタはケニアに帰国し、教員養成学校の校長として勤務したが、1947年には「ケニア・アフリカ民族同盟（KANU：Kenya African National Union）」の議長に選出され、白人からの土地返還や3年以内の独立を訴えて全国を駆け回った。1951年にマウマウ団の反乱が発生した時、KANUは非合法化され、1952年10月に戒厳令が公布されて、ケニヤッタは逮捕された。ケニヤッタは他の5人とともにマウマウ団のメンバーとして告発され、1953年4月に懲役7年の判決を受けた。彼は、イギリス枢密院に上告したものの棄却されて服役した。1960年1月に戒厳令が解除され、大規模な釈放要求運動が広がり、1961年8月に漸く釈放された。現在では、種々の要素からケニヤッタとマウマウ団の密接な関係については否定的に見られている。

釈放後、ケニヤッタは植民地議会の議員に指名され、1961年と1963年に、ケニアの独立を交渉するロンドンで開催されたランカスター会議にKANU代表団を率いて参加した。1963年5月に選挙が実施され、KANUが124議席中83議席を獲得して、人種間連邦制を主張した「ケニア・アフリカ民主同盟（KADU）」を破って勝利し、同年12月にケニヤッタが自治政府首相に就任した。1964年11月にはKADUが解散して党員がKANUに合流したため、KANUは単独政党となった。ケニヤッタは、同年12月には初代大統領に就任し、1978年8月にモンバサにおいて老衰で死亡するまで14年間大統領を務めた。

ケニヤッタは、独立後、公務員にケニア人を重用するなど、ケニアの「アフリカ化」に力を入れた。しかし、キクユ族を治安部門など重要ポストに起用し、治安当局が反対派の取り締まりを強化するなど強権化した。1969年の選挙においては、KANU以外の唯一の政党であった「ケニア人民同盟（KPU：Kenya People's Union）」を非合法化し、主要幹部を逮捕するなど強権策に訴えた。1982年までKANUが唯一の合法政党であった。経済面でも、国内の地域格差を助長したとして批判されることも多い。

このように、政権到達後は内政面では強権化するなど政治的な問題を引き起こしたが、1930年代から1940年代前半までの15年間に及んだ海外滞在時代には、米国、カリブ地域、アフリカ諸国のパンアフリカニストと交わって、積極的な活動を行っていた。その時期に、パドモアやエンクルマを通じて、あるいはガーヴェイ前夫人のエイミー・アシュウッドやガーヴェイ未亡人のエイミー・ジェイクスを通じてガーヴェイのパンアフリカニズムの影響を受けていたことは確実である。ケニヤッタは、独立に際し、首都ナイロビの中心街の一街路を「ガーヴェイ

通り」と名付けている。

(ハ) ンナムディ・アジキウェ（ナイジェリア）
　アジキウェは、1904年に北ナイジェリアのスンゲルにイボ族の家庭に生まれた。アジキウェは幼児期に地方の言葉であったハウサ語を話したため、それを嫌った植民地政府職員であった父親が、1912年に彼がイボ族の言葉と文化を習得するように父型の祖母が暮らすオニツァに転住させた。アジキウェは、オニツァでカトリック系のミッション・スクールとイギリス国教会系の小学校で学んだ。1914年に父親が地方に転勤となったため、彼はシエラレオネ出身のイスラム教徒と結婚している親類の家に住んだ。1918年にラゴスに戻って、小学校を終了し、教員補佐として収入を得るようになった。1920年に父親がナイジェリア南部のカラバルに転勤になったので、彼はこの町の中学に進学した。カラバルの中学卒業後は、ラゴスのメソジスト系の高校に進み、そこでその時期にアフリカ諸国を調査旅行していた教育学者でもあった AMEZ 牧師のジェイムズ・E・K・アグリィから講義を受け、マーカス・ガーヴェイについて学んだ。
　アグリィは彼に、海外留学して、帰国後母国に貢献することを勧め、黒人を受け入れる米国の学校のリストを渡した。高校卒業後、アジキウェは植民地政府の財政部に就職したが、ここで人種差別を実感するようになる。彼は、この時期に UNIA ラゴス支部の会員になっている。その後、海外留学を志し、米国のウェスト・ヴァージニア州のストーラー・カレッジに受け入れられ、父親の援助で米国に渡航した。
　米国では、ストーラー・カレッジに入学し、卒業後はワシントンのハワード大学に進んだ。1930年にはペンシルバニア州のリンカーン大学大学院に進学して、1932年に同大学で宗教学の修士号を取得した。1934年にはペンシルバニア大学大学院で人類学の修士号を取得した。
　その後、アジキウェはリンカーン大学歴史・政治科学科に新設されたアフリカ史講座で教鞭を執った。博士論文は、「国際政治におけるリベリア」をテーマとした。この間、アジキウェは、『バルチモア・アフロアメリカン (Baltimore Afro-American)』、『フィアデルフィア・トリビューン (Philadelphia Tribune)』、『アソシエーテド・ネグロ・プレス (Associated Negro Press)』等にガーヴェイ主義やパンアフリカニズムの影響を受けた論調のコラム記事を執筆した。
　1934年にナイジェリアに帰国したが、その主張が知られていたので、求職活動が困難に直面したため、ガーナのアクラで創刊されたばかりの日刊紙『アフリカ

ン・モーニング・ポスト（African Morning Post）』の編集長となるよう依頼されて、これを受け入れた。しかし、その論調が急進的なナショナリスティックなものであったため、植民地当局に警戒された。この時期に、「新しいアフリカ」、「黒人の誇り」などについて頻繁に語り、書籍としても出版した。

　1936年5月に、『アフリカン・モーニング・ポスト』紙上にシエラレオネのジャーナリストであるI・T・A・ウォレス・ジョンソンの「アフリカに神はいるか？」を掲載したことから、アジキウェは反乱罪で告発され、有罪判決を受けて6ヶ月の禁固刑を宣告された。上告したが棄却されたため、下獄し、1937年にラゴスに戻った。ラゴスでは『ウェスト・アフリカン・パイロット（WAP：West African Piolot）』紙を創刊し、ナイジェリアのナショナリズムを強調した。また、同紙を中心としたメディア集団「ジク（Zik）」グループを設立して、全国各地で地方紙を創刊して全国ネットワークを形成した。『ウェスト・アフリカン・パイロット』紙は、創刊時の発行部数は6000部であったが、1950年の最盛時には2万部以上に達した。アジキウェは、新聞活動のほかに、銀行、レストランを設立して経営した。『ウェスト・アフリカン・パイロット』紙は、急進的であっただけでなく、オピニオン・リーダーとしての役割を果たしてその重要性を増大させた。『ウェスト・アフリカン・パイロット』紙は1940年までに、特にインドの独立運動に刺激されて、アフリカの独立を訴えるようになった。第2次世界大戦においては、イギリスを支持したものの、物価統制や賃金の上限設定のような戦時政策を批判した。1943年に、アジキウェを含む西アフリカのジャーナリスト7人が、本国に対して1958年から1960年にかけてのイギリス領植民地の独立などを訴える覚書を提出したが、無視された。

　アジキウェはナイジェリアで最初の真のナショナリスト組織である「ナイジェリア青年運動（Nigerian Youth Movement）」を結成して積極的な活動に取り組んだ。しかし、1941年に植民地議会の補選で公認候補擁立問題に関して党執行部と対立して離党した。

　その後、1944年に「ナイジェリア・カメルーン国民会議（NCNC：National Council of Nigeria and the Cameroons）」が結成されるとこれに入党し、ジャーナリズムから政界へと転身した。1946年にはNCNCの議長となった。同年2月、彼に心酔する若者により、アジキウェの愛称「ジク」にちなんだ「ジキスト運動」と呼ばれる民族主義運動が開始され、当初は東部だけであったが、翌年には都市を中心に全国に運動は拡大した。1949年にはエヌグの炭鉱労働者のストライキをきっかけに反政府デモを行ったものの、1950年には当局により禁止された。

その後、1954年にはナイジェリア東部州の首相となり、さらに独立要求を続けた。1960年11月16日、ナイジェリアが独立すると総督となり、1963年に共和制への移行が可決されるとナイジェリア連邦共和国の初代大統領となった。しかし、ナイジェリアの政府内はタファワ・バレワ（Abubakar Tafawa Balewa, 1912-1966）首相の率いる北部州とアジキウェの率いる東部州との対立が激化し、北部州寄りの西部州をも巻き込んだ政争となって混乱が続いた。

　1966年に発生した軍部クーデターで辞任し、1967年から1970年までのビアフラ戦争期には、当初チュクエメカ・オジュク（Chukwuemeka Odumegwu Ojukwu, 1933-2011）中佐に協力してビアフラ側に立ち、スポークスマンとしてビアフラ支持を訴えたものの、後に連邦支持に転じた。

　ビアフラ戦争後は1972年から1976年までラゴス大学の総長を務めた後、1978年に「ナイジェリア人民党（NPP：Nigerian People's Party）」を結党、1979年の民政復帰後の大統領選挙に出馬したものの、シェフ・シャガリ（Shehu Usman Aliyuu Shagari, 1925-）に敗れた。1983年、軍事政権に追われ、政界を引退した。1996年にエヌグの教育大学病院で死去した。

　アジキウェは、前述の通り、1920年代初頭に米国からナイジェリアを訪問したガーナ出身のAMEZ牧師のジェイムズ・E・K・アグリィから、全盛期の頃のガーヴェイについて学び、UNIAのラゴス支部の会員になった。また1920年代後半から1930年代前半に米国に滞在していたことからも、UNIAの活動や「ハーレム・ルネサンス」の息吹を感じる経験をしたことが推察される。この時期に執筆した多くのコラム記事の中にもガーヴェイの思想に共振する考え方が示されていたので、青年期の思想形成においてはガーヴェイから大きな影響を受けたことは確実である。アジキウェは、1960年10月1日に挙行された独立記念式典にガーヴェイの未亡人であるエイミー・ジェイクスを招待していることからも、彼のガーヴェイに対する敬意が認められる。

　また、アジキウェに対するガーヴェイの影響は、その後の政治活動にもある程度反映していたと考えられるが、ナイジェリア特有の、ビアフラ問題に代表されるような部族間抗争を抜け出すような、真にパンアフリカ的な政治的指導性は発揮できなかった。

(二) レオポール・セダール・サンゴール（セネガル）

　サンゴールは、1906年10月にフランス領西アフリカのティエス州ンブール県ジョアル村（現セネガル）で生まれた。父親はカトリック教徒でセレール族出身のビジネスマンであり、母親はタボール族系のイスラム教徒であった。8歳の時

にカトリック系の聖心学院に入学したが、宗教教育になじめず、普通学校に移籍した。1928年に成績優秀のためフランス留学の奨学金を取得してフランスに渡航した。

1935年にパリ大学を卒業してトゥールーズ県などで教員生活を始めた。この時期に、パリ大学を拠点としてマルチニック出身のエメ・セゼールらとともに「ネグリチュード」運動を開始した。

1939年にフランス陸軍に入隊したが、高等教育経験を有し、また1932年にフランス国籍を取得していたにも拘わらず第59植民地連隊の軍属とされた。ドイツとの開戦後、サンゴールはドイツ軍の捕虜となり、各地の捕虜収容所を転々と移動されたが、2年後に体調悪化を理由に釈放された。その後、レジスタンスの抵抗運動に参加しながら教職に戻った。

第2次世界大戦後、サンゴールはフランス海外国立学校の言語課長に選ばれ、1960年のセネガル独立まで勤務し続けた。植民地が議員を選出する権利を付与された時、サンゴールはセネガル・モーリタニア選出議員に選出された。1948年にはママドゥ・ディア（Mamadou Dia, 1910-2009）とともに「セネガル民主ブロック（BDS）」を結成し、1951年の立法議会選挙でBDSが勝利した。無所属海外選出議員として再選されたサンゴールは、その後1955年3月から1956年2月まで国務長官に任命され、1956年11月にはセネガルのティズ市長に選出された。1959年7月から1961年5月まで第5共和国憲法草案作成委員会のメンバーになった。

1959年4月にセネガルはフランス領スーダン（現マリ）とマリ連邦を結成した。1960年1月に、スーダン共和国大統領モディボ・ケイタ（Modibo Keta, 1915-1977）の呼び掛けによってスーダン共和国（現マリ）、セネガル、オートボルタ（現ブルキナファソ）、ダホメー（現ベナン）によってマリ連邦結成について議論するダカール会議が開催された。しかし、それぞれの独立国家を主張するオートボルタとダホメーに対し、連邦志向のスーダン共和国とセネガルとの意見が食い違ったため、スーダン共和国とセネガルの2ヶ国での結成と決まった。

1960年6月にマリ連邦としてフランスから独立し、大統領にはモディボ・ケイタ、議会議長にはサンゴールが就任した。しかし、8月20日にはセネガルはマリ連邦から分離して単独のセネガル共和国となった。残った旧スーダン共和国も同年9月22日に改めてマリ共和国として独立したためにマリ連邦は消滅した。旧スーダン共和国は、独立国としては2ヶ月のみ存在した短命国家となった。

サンゴールは、1960年9月に独立後のセネガル共和国の初代大統領に選出され、国歌の制作も行った。ママドゥ・ディアが首相兼長期開発計画相に、サンゴール

が外相兼任となって権力を分割したが、その後二人は決別し、1962年12月にママドゥ・ディアは逮捕され、12年の刑に処せられて、サンゴールが権力を強化した。サンゴールは、アフリカ社会主義を掲げつつも、マルクス＝レーニン主義からは距離を置いた親フランスの穏健改革路線を採用して1980年12月まで長期政権を維持した。

　サンゴールは、パンアフリカニズムに基づくアフリカ統一の主張は強くは行わず、旧フランス領植民地諸国の結束を固めようとする意志はあったものの、マリ以外の諸国との連携は実現せず、またマリとの統合も両国の姿勢の相違もあって長続きはしなかった。サンゴールにとっての「ネグリチュード」は、文学的表現であるにすぎず、ガーヴェイのような政治的意識の覚醒を促すような「黒人性」の主張とは異なって、その問題意識は政治的活動には結びついていない。ガーヴェイとの直接的接点も、思想的影響も十分には確認されていない。

(ホ) アイザック・T・A・ウォレス・ジョンソン（シエラレオネ）

　アイザック・T・A・ウォレス・ジョンソン (Isaac Thophilus Akunna Wallace=Johnson, 1894-1965) は、1894年にシエラレオネのフリータウンで生まれた。メソジスト系学校に入学したものの中退し、1913年に税関事務所で働き始め、第1次世界大戦中は郵便局員として勤務する一方で、イギリス軍歩兵部隊に召集されてカメルーン作戦や東アフリカ、中東方面の作戦に従軍した。

　1920年に復員した後は職を転々とし、フリータウンの市役所職員を務めた後、1926年に船員となって米国とアフリカの間の航路で働いた。彼は、イギリスの船員組合 (UKNSU) に加盟し、さらにイギリス共産党 (CPUK) に入党した。1930年にはナイジェリアで最初の労働組合の結成に協力した。同年7月ハンブルグでパドモアが組織した国際黒人労働者組合委員会 (ITUCNW) にシエラレオネ鉄道労働者組合の代表として参加し、渉外担当として活動した。パドモアが創刊した『黒人労働者』に寄稿し、同誌の編集も手掛けた。モスクワに渡り、ソ連に18ヶ月間滞在した間に東方人民大学でマルクス・レーニン主義を勉強すると同時に、政治的扇動や労働組合の組織方法の訓練も受けた。東方大学ではケニアのジョモ・ケニヤッタと同室であった。

　1933年にナイジェリアに帰還したが、数ヶ月後には追放され、ゴールド・コーストに移り、政治活動とジャーナリストとしての活動を続けた。1935年にナイジェリアに戻って、アジキウェと会見した後、ウォレス・ジョンソンは「西アフリカ青年同盟 (WAYL：West African Youth League)」を結成して政治活動に入った。特に、1935年にはイタリアによるエチオピア侵攻の脅威を前に、「エ

チオピア擁護委員会」を結成して、植民地主義に対して強い抗議の声を上げた。アジキウェからはマルクス主義の路線では支持を拡大できないとの助言があったものの、マルクス主義の用語を使用し続け、一方でヨーロッパ中心主義的なキリスト教的な解釈は拒否しつつも、キリスト教的な表現も使い続けた。1936年までにWAYLはゴールド・コースト国内に17支部を設置した。

その後、アジキウェがWAYLは急進的であり過ぎると批判したこともあり、アジキウェと決別し、彼が発行する『アフリカン・モーニング・ポスト』に代わる独自のメディアとして1936年10月に『夜明け（Dawn）』を発行した。しかし、資金難から短期間で廃刊せざるをえなくなった。一方、ウォレス・ジョンソンの活動を危険視した植民地当局は、彼が「アフリカに神はいるか？」と題する論稿を『アフリカン・モーニング・ポスト』に掲載し、キリスト教、ヨーロッパ文明、帝国主義を告発し、エチオピアの神に対する崇拝を呼びかけたことから彼を反逆罪で逮捕し、ウォレス・ジョンソンとの間に国外退去の交渉を繰り返した末、彼は1937年2月に出国してイギリスに渡った。

ウォレス・ジョンソンは途中、フリータウンに立ち寄った後、ロンドンに到着し、枢密院に上告するとともに、ロンドンに植民地の改革のための支援グループの形成に努めた。この支援グループの形成に際して、彼はパドモアらのIASBの協力を求めるとともに、IASBに加盟して組織担当局長となり、機関紙『アフリカと世界（Africa and the World）』を編集した。ウォレス・ジョンソンは、IASBを通じてアフリカ植民地改革のリストを作成し、イギリスの労働運動と連動して西アフリカでの労働者の組織化を訴えた。

しかし、彼のシエラレオネ不在中に、WAYLの勢力が低下したこともあり、彼は帰国することを決意し、1938年4月に短期滞在の予定でフリータウンに帰還した。シエラレオネの政情が混沌とし、彼の政治的経験が必要とされる状況にあったため、到着後ただちにWAYLの支部を強化して活動を開始した。ウォレス・ジョンソンは、労働運動の組織化の専門家として、公務員労働組合をはじめシエラレオネにおいて各種の産別労働組合を組織化し、団体交渉によって賃金引き上げと労働条件の改善を共通目的とした運動を指導した。

1939年9月、第2次世界大戦の開戦と同時に、植民地当局は市民的自由を制限できる6法を成立させ、これによってウォレス・ジョンソンを逮捕し、即決裁判で12ヶ月の禁固刑を宣告した。ウォレス・ジョンソンは1944年に釈放され、政治活動に復帰したが、WAYLは彼の不在中に部族間や地域間での対立によって混乱状態の陥っていた。同年7月、マンチェスターで開催された「パンアフリカ連盟（Pan-African Federation）」の設立会議に、彼はWAYLを代表して出席

した。

　1950年、ウォレス・ジョンソンは WAYL を、新設した「シエラレオネ全国植民地会議 (NCCSL：National Council of the Colony of Sierra Leone)」に合流させたが、1954年にはこの NCCSL を離脱して、新たに「シエラレオネ統一進歩党 (USLPP：United Sieera Leone Progressive Party)」を設立し、パンアフリカニズムを再度強調する一方で、急進的姿勢を控えた路線を採るようになる。USLPP は、1957年の選挙後、与党「シエラレオネ人民党 (SLPP：Sierra Leone People's Party)」に次ぐ第2党に進出した。シエラレオネは1961年4月に独立し、初代首相には SLPP のミルトン・マガイ (Milton Magai, 1895-1964) が就任した。ウォレス・ジョンソンは、1965年5月にガーナで亡くなった。

　ウォレス・ジョンソンは政権の座にこそ到達しなかったが、独立前のシエラレオネ、ナイジェリア、ガーナにおいて反植民地主義運動を積極的に展開した。西アフリカの独立運動の指導者の中でも、特にパンアフリカニズムの傾向が強い指導者であった。それは、ガーナ出身のジェイムズ・E・K・アグリィ牧師を通じてガーヴェイの思想に接したと思われるナイジェリアのアジキウェとの交流、1930年代半ばのロンドンでのパドモアら IASB での活動、1944年7月の「パンアフリカ連盟」設立会議への出席を通じて表わされている。

　ガーヴェイの思想的影響については、ガーヴェイとの直接的接点は確認されていないものの、アグリィやアジキウェ、さらにはガーヴェイの前夫人であるエイミー・アシュウッド、ガーヴェイ未亡人のエイミー・ジェイクス等との交流を通じて、間接的な影響を受けていたことは確実である。この点の検証は今後の課題である。

(ヘ) 1910〜1920年代生まれの独立運動指導者
　上記 (イ) (ロ) (ハ) (ニ) のエンクルマ、ケニヤッタ、アジキウェ、サンゴールの4人は、1891年から1909年に生まれているが、多くのアフリカ諸国の独立運動の中心となった指導者は次の世代に属する者たちで、1910年代から1920年代に生まれている。

　これら指導者とは、1915年に生まれたモディボ・ケイタ初代マリ大統領、1922年生まれのセク・トゥーレ (Ahumed Sékou Touré, 1922-1984) 初代ギニア大統領、同年生まれのニエレレ (Julius Kambaraga Nyerere, 1922-1999) 初代タンガニーカ大統領、同年生まれのネト (Antonio Agostinho Neto, 1922-1979) 初代アンゴラ大統領、1924年生まれのカブラル (Amilcar Lopes

Cabral, 1924-1973) ギニア・ビザウ独立運動指導者、1925年生まれのルムンバ (Patrice Emery Lumumba, 1925-1961) 初代コンゴ首相の6人である。

まず、フランス領西アフリカ諸国の統合を推進しようとしたマリの初代大統領となったモディボ・ケイタは、フランス領スーダン（現マリ）の首都ナナコ近郊の村にマリ帝国の子孫と称する家系に生まれた。ダカールにあるウィリアム・ポンテイ校に入学し、1936年の卒業後はトンブクトゥなどで教師として勤務したが、教員活動を通じて、共産主義学習グループに参加した。1946年にフランス第4共和制の下でフランス領西アフリカに選挙権が認められるとコートジボワールのフェリクス・ウフェ＝ボワニ (Félix Houpnouët Boigny, 1905-1993) を中心に「アフリカ民主連合 (RDA : Rassemblement Démocratique Africain)」が結成され、ケイタはその支部として「スーダン連合 (SD : Sudanese Union)」を結成して党首となった。ケイタは、パンアフリカニズムに基づく各植民地の連合を提唱して、ウフェ＝ボワニと対立し、セネガルのサンゴールに接近した。

前述の通り、1960年1月にフランス領西アフリカ4ヶ国の会議が開催されてマリ連邦の創設が議論されたが、結果的には1960年6月にセネガルとマリだけでマリ連邦が成立、さらに同年8月に連邦自体が消滅し、マリは単独独立することになり、ケイタが初代大統領になった。しかし、ケイタはアフリカ統一の志向が高かったため、マリは1961年に、ガーナとギニアの2ヶ国が1958年に結成した「アフリカ諸国連合 (UAS : Union of African States)」に加盟している。その後、1963年5月にOAUが結成された際、これに合流した。

内政面では、SDの一党独裁の下でアフリカ社会主義を唱え、伝統的な農村共同体を基盤とした近代社会を築こうとしたが、セネガルとの断交と貿易禁止による輸出ルートの途絶や行政面での未成熟、強引な国有化による生産停滞等が原因となって経済は混乱し、1968年11月にムーサ・トラオレ (Moussa Traoré, 1936-) 大尉が率いるクーデターによって打倒された。ケイタは捕らえられ、以後10年近くの獄中生活の末、1977年5月に獄中で死亡した。パンアフリカニズムの理想が、周辺国家との意思の不一致や、強引な政治・経済両面での「一党独裁」によって破綻して自滅した。

セク・トゥーレは、1922年1月にフランス領ギニアのファラナのマンディンカ族のワソウロウ帝国 (1861-1890) を築き、フランス軍と戦った、イスラム教のマンディン王である国民的英雄のサモリ・トゥーレ (Samory Touré, 1830-1900) の曽孫として生まれた。郵便労働者として働き、1945年に郵便・電信労働者組合 (SPTT) を組織し、これを基盤に政治に進出した。青年時代から

マルクスやレーニンの著作に親しみ、1952年に「ギニア民主党（PDG：Parti Démocratique de Guinée)」の書記長に就任。1953年に発生したゼネストを指導して影響力を拡大し、1956年にフランス国民議会議員に選出された。

ギニアは、1958年に実施されたフランス第5共和政憲法の下での住民投票において、他の植民地がフランス共同体内の自治共和国を選択した中で、独立を選択した。同年10月にセク・トゥーレは初代ギニア大統領に就任、1960年にPDGを唯一の合法政党と宣言し、一党独裁的な強権体制を敷き、1984年3月に死亡するまで26年間にわたり政権を維持した。その間に約5万人の政敵を拘束したり、追放して弾圧したと言われる。

外交的には、フランスがギニアの完全独立を認めるのと引き換えに一切の経済援助を打ち切ったため、独立後の経済困難に直面したトゥーレ政権は、ソ連や社会主義諸国に接近することでこの難局を脱却しようとした。国内的にも社会主義路線をとり、1967年からは中国の人民公社の影響を受けた地方組織を建設し始めた。一部のアフリカ諸国はギニアとの外交関係を断絶したが、多くの反植民地主義やパンアフリカニズムを重視する集団や指導者からは支持された。

セク・トゥーレは、エンクルマ、モディボ・ケイタと良好な関係を持ち、ガーナでの軍事クーデターによってエンクルマがギニアに亡命した際に彼を受け入れたほか、1968年にストークリー・カーマイケル（Stokely Carmichael, 1941-1998）が来訪して庇護を求めた際には、（第3節の通り）彼を受け入れて庇護を与えた。

1970年には、コナクリに避難していた隣国ポルトガル領ギニアの「ギニア・カボベルデ独立アフリカ党（PAIGC：Partido Africano da Independëncia da Guiné e Cabo Verde）」の基地を400人のポルトガル軍水陸合同部隊が急襲、ポルトガル軍は拘束されていた多数の捕虜の解放には成功したものの、PAIGC壊滅には失敗した事件が発生している。

タンザニアのニエレレは、1922年7月に東アフリカのタンガニーカのザナキ族の首長の家系に生まれた。彼はムソナの公立小学校を卒業後、タボラの中学校の4年の課程を3年で終了し、ウガンダのカンパラにあるマケレレ大学を卒業後、教師として勤務したが、1949年から1952年までイギリスのエディンバラ大学に留学し、1952年に歴史学と経済学で修士号を取得した。1943年にカトリック教の洗礼を受けた。このイギリス留学中にファビアン的思想に触れるとともに、アフリカ的な共同体主義に根差した社会主義思想を形成した。

帰国後、再び教職に戻ったが、同時に政治活動を開始。1954年に「タンガニーカ・アフリカ民族同盟（TANU：Tanganyka African National Union）」の

結成に参加し、党首に就任した。ニエレレは社会的平等、民族間の平和維持、タンガニーカの独立を掲げて政治活動を行い、その支持は全土に急速に広まった。1960年に実施された選挙でTANUが圧勝すると、ニエレレは、植民地政府首相になり、1961年にタンガニーカの独立が承認されると初代首相になった。しかし、翌1962年に辞任、TANUの立て直しなど党務に専念した。

1962年にタンガニーカに大統領制が敷かれると、初代大統領に選出された。また、1963年12月に独立を達成したザンジバル王国が、1964年1月にザンジバル革命によって崩壊し、成立したザンジバル人民共和国のアベイド・カルメ（Abeid Amani Karume, 1905-1972）大統領がザンジバルとタンガニーカの合併を申し出ると、ニエレレはこれを受け入れた。同年4月に、タンガニーカとザンジバルは合併してタンザニア連合共和国が成立してニエレレが大統領となり、1985年11月に離職するまで21年間大統領を務めた。

ニエレレは、パンアフリカニズムとアフリカ社会主義の精神に基づいて白人国家ローデシアやアパルトヘイト体制の南アフリカ、そしてアフリカでの植民地帝国の維持を図るポルトガルと対決し、各国の民族解放運動組織に支援を与えた。

1960年代から1970年代にかけては1967年に発令されたアルーシャ（Arusha）宣言に基づき、タンザニアの社会主義化を進め、タンザン鉄道の建設などを通じて中国との結びつきを強める一方、経済の自立化を図って農業の集団化を導入した。さらに、初等教育や成人教育を通じて、公用語としてのスワヒリ語教育の拡充を進めた。ニエレレの路線は「ウジャマー（Ujamaa）村構想」として知られる社会主義政策であり、アフリカ民族主義独自の社会主義的農業経営方法である「ウジャマー（Ujamaa）」を重視し、銀行や企業の国営化などの統制経済により社会の平等化を図るものであった。パンアフリカニズムとアフリカ型社会主義がニエレレ路線の特徴であった。ニエレレは、1999年10月にロンドンで死亡した。

特に、マーカス・ガーヴェイとの直接的な接点はなかったと思われるが、パンアフリカニズムという思想性の中に両者の共通性があった。1974年にタンザニアの首都ルサカで第6回パンアフリカ大会が開催された際、ニエレレは開会演説の中でガーヴェイに言及し、敬意を表している。

アンゴラのネトは、1922年9月にベンゴ州のカテテでメソジスト系の牧師の息子として生まれた。ルアンダの高校に通った後、ポルトガルの植民地支配下にあった1940年代にアンゴラの伝統文化復興運動の中で頭角を現した。ポルトガルに留学し、リスボン大学で医学を学んだ。1958年に卒業した後、1959年に帰国したが、1960年6月に独立運動に参加する中で植民地当局に逮捕された。彼の釈放を求めて親族や支持者がカテテからベンゴにデモを行ったが、ポルトガ

ル軍によって30人が殺害され200人が負傷する事件（ロコイ・ベンゴの虐殺）に発展した。ネトは、ポルトガルのサラサール（António de Oliveira Salazar, 1889-1970）政権によってカボ・ベルデに追放され、さらにリスボンに拘留された。ポルトガル政府は国際的圧力のためにネトを監禁措置に転換したが、ネトは脱走してまずモロッコに、次いでザイールに亡命して反ポルトガル闘争を続けた。

　ネトは、コンゴ動乱の渦中で、1965年にチェ・ゲバラ（Ernesto Rafael Guevara de la Serna, 1928-1967）が率いるキューバ軍が派遣された際にゲバラと会談し、キューバの支援を取り付けた。また、幾度もハバナを訪れ、フィデル・カストロ（Fidel Alejandro Castro Ruz, 1926-2016）首相（当時、後に国家評議会議長）とも親密に交際した。

　ネトは、1956年にアンゴラ共産党（PCA）と「アンゴラ・アフリカ統一闘争党（PLUA：Party of the United Struggle for Africans in Angola）」が合同して結成された「アンゴラ解放人民運動（MPLA：Popular Movement for the Liberation of Angola）」を率いてアンゴラの独立運動を指導し、ポルトガルの撤退後、「アンゴラ民族解放戦線（FNLA）」や「アンゴラ完全独立民族同盟（UNITA：National Union for the Total Independence of Angola）」との権力闘争に勝ち抜き、1975年11月11日のアンゴラの正式独立に伴って初代大統領に就任した。

　独立後、ネトはソ連など社会主義圏に接近し、アンゴラ内戦（1975〜2002年）時代にはキューバから大規模な軍事的、経済的な支援を受けた。彼は社会主義者ではあったが、強硬な共産主義者ではなく、そのため1977年に党内の共産主義者グループによるクーデター未遂事件も発生したこともあったが、ネトは彼らを粛清して危機を克服した。ネトは、1979年9月にモスクワで死亡した。

　ネトは、主に1946年から1960年までの間に執筆活動を行っており、詩人としても評価が高いが、サンゴールなどの「ネグリチュード」運動の影響を受けた。しかし、ネトの「ネグリチュード」の文学的表現が「黒人性」を強調する政治的運動に表わされることは少なかった。また、マーカス・ガーヴェイとの直接的な接点は見られないが、今後とも検証が必要とされる。

　アミルカル・カブラルは、1924年9月にポルトガル領ギニア・ビザウのバファタにカボ・ベルデ出身の両親の間に生まれた。幼児期にカボ・ベルデに渡り、ミンデロ町で中等教育まで終了し、1945年にポルトガルに留学し、リスボンの高等農業学院に学んだ。学生時代からポルトガルのサラサール独裁体制に反対して独立を求める運動を組織して指導した。1950年代にギニアに戻り、ギニアとカ

ボ・ベルデの独立運動を推進したため、1954年にアンゴラに追放された。帰国後、1956年9月にPAIGCを結成した。また、同年12月にアントニオ・ネトとともにアンゴラのMPLAの創立メンバーにもなった。

1959年8月にポルトガル軍がビザウの港湾労働者のストライキを武力で弾圧した「ピジギチの虐殺」の後、PAIGCは武装闘争路線によるギニア・ビザウの独立運動に転換した。PAIGCは、1963年初頭にポルトガル軍基地を襲撃して、独立運動を開始、近隣のギニアやセネガル、さらにキューバをはじめとする社会主義圏の支援を得た武装闘争によって着実に解放区を拡大した。

1972年にカブラルは、ギニア・ビザウ独立の準備に向け人民議会の創設を図ろうとしたが、1973年1月に首都コナクリでポルトガル秘密警察(PIDE)に使嗾されたPAIGC内の反対派であるイノセンシオ・カニ(Inocëncio Kani, 1938-1973)派によって暗殺された。1974年にポルトガルで発生したカーネーション革命の後、ポルトガル政府は同年9月にギニア・ビザウの独立を承認、弟のルイス・カブラル(Luís Cabral, 1931-2009)が初代大統領に選出された。

アミルカル・カブラルは1922年生まれであり、パンアフリカニズムの運動が頂点に達した1940年代から1950年代にはまだ思想形成の最中にあったこと、またポルトガル領ギニアとカボ・ベルデの独立闘争は、他のアフリカ諸国の独立闘争に比べて遅かったため、アミルカル・カブラルがガーヴェイの思想に影響を受けることは少なかったと思われるが、パンアフリカニズムの理想は共有していたことは確実である。

ルムンバは、1925年7月にベルギー領コンゴのカサイ州北部のカタココンベ地方のオナリアに生まれた。プロテスタント系とカトリック系の学校を卒業後、郷里を出てレオポルドビルやキサンガニ(旧スタンリービル)の郵便局事務職員として働き始めた。ルソーやボルテール等の啓蒙思想に関する読書を積んだと言われる。1951年にスタンレービル居住時代にベルギー自由党(LPB)に入党した。

1958年10月に「コンゴ民族運動(MNC)」創設に参加し、同年11月にガーナのアクラで開催された全アフリカ人民会議にMNCを代表として参加した。1959年4月に、MNCは最初の全国大会をカナンガ(旧ルルワブール)で開催し、コンゴの早期独立を要求した。最初、MNCの地盤はキサンガニに限定されていたが、次第にカサイ、キブー、赤道諸州に勢力を拡大していった。ルムンバは、MNCの指導者として、部族間の紛争を防止し、コンゴ国民の一致団結とアフリカ諸国の独立運動支援に傾注していった。1959年10月にルムンバは反植民地暴動扇動の容疑で逮捕され、69ヶ月の禁固刑に処せられた。

ルムンバが獄中にあった同年12月に総選挙が実施され、MNCはこの選挙で

勝利をおさめた。1960年6月24日にジョゼフ・カサヴブ（Joseph Kasa-Vubu, 1910-1969）が大統領に、ルムンバが初代首相に就任した。ルムンバは、親ベルギー派のアバコ党（下部コンゴ国民同盟）およびコナカット党と連立内閣を組閣した。同年6月30日にコンゴ民主共和国は独立した。

しかし、コンゴに駐留していたベルギー軍の挑発行為に対して、ルムンバがベルギー軍の撤退を要求したことから、事態が急変した。7月8日にベルギー軍が首相官邸を襲撃、9日にはキンシャサ国際空港を占領、さらにベルギー本国から空挺部隊が増援された。このため、7月10日にルムンバは、ベルギーとの国交断絶を表明し、同時に国際連合とアフリカ諸国に対して援助を要請した。7月11日にカタンガ州がカタンガ国として独立を宣言、8月2日にベルギーから支援を受けたカタンガ国臨時大統領のモイーズ・チョンベ（Moïse Tscombe, 1919-1969）は国連軍のカタンガへの駐留を拒否した。一方、ルムンバがソ連に対して支援を要請したことが主な原因となって、ルムンバとカサヴブ大統領の対立も激化し、9月6日にルムンバは臨時閣議を開き、同大統領の解任を決議した。しかし、カサヴブは逆にルムンバを更迭し、後任の首相にジョゼフ・イレオを任命する事態となった。9月8日、大統領解任決議案が上下両院で協議され、下院では採択されたもの、上院では否決された。

12月1日夜に、国軍参謀長であったジョゼフ・モブツ（Joseph Mobutu, 1930-1997。後のモブツ大統領）がクーデターを敢行し、カサヴブ大統領の命令でルムンバを逮捕した。1962年1月17日、ルムンバは2人の同志とともにキサンガニ空港で飛行機から引きずり降ろされ、深夜に白人の傭兵とカタンガ兵によって殺害された。遺体は硫酸で溶かされて数本の歯と頭蓋骨の破片だけが残された。現在までに、ルムンバ殺害については、2002年2月にベルギー政府が道徳的責任を認め、2013年12月に米国国務省がアイゼンハワー（Dwight David Eisenhowar, 1890-1969）大統領が殺害を許可し、ダレス（Allen Welsh Dulles, 1893-1969）CIA長官が殺害計画に10万ドルを手配したことを確認している。

ルムンバは、1958年11月にアクラで開催された全アフリカ人民会議に参加するなど、ポルトガル領植民地や東アフリカ地域の諸国の独立運動指導者より以上に、ガーナなど西アフリカ諸国が中心となったパンアフリカニズムに基づくアフリカ諸国の統一運動に傾倒しており、パンアフリカニズムの体現度は高かったと考えられる。しかし、ガーヴェイの思想との直接的接点に関しては、今後の課題となる。

(3) 米国
(イ)「ブラック・ムスリム」とマルコムX

　1983年にガーヴェイの伝記を出版したトニー・マーティンは、米国におけるガーヴェイの影響として、1930年代に形成された「イスラムの国（Nation of Islam）」（俗称「ブラック・ムスリム」）に言及し、ガーヴェイの発した言葉である「立て、汝ら、力強き民族よ。汝らは望みを遂げる力を持つ！（Up! You mighty race, you can accomplish what you want）」の精神を共有していると述べるととともに、UNIAと「ブラック・ムスリム」との共通点として、「黒人種優先」、「独立独行（Self-Reliance）」、「黒人分離国家の追求」を挙げている[Martin 1983b：150]。但し、UNIAはアフリカに全アフリカ人の国家を建設しようとしたのに対して、「ブラック・ムスリム」は米国内部に黒人分離国家の建設を主張した。

　一方、1988年にガーヴェイの伝記を出版したエリック・L・ハントリー（Eric L.Huntley）は、米国内でガーヴェイの影響を受けた者として、「ブラック・ムスリム」の2代目指導者であったイライジャ・ムハマド（Elijah Muhammad, 1987-1975。本名Elijah Poole）、マルコムX（Malcolm Little, 1925-1965）、ストークリー・カーマイケル、ラップ・ブラウン（Rap Brown, 1943-。正式名Jamil Abdullah Al-Amin。本名Hubert Gerald Brown）[注14]を挙げている。「ブラック・ムスリム」は、1930年にウォレス・ファード・ムハマド（Wallace Fard Muhammad、生没年不詳）がデトロイトで布教活動を開始して設立した教団であり、ウォレス・ファードが1934年に失踪した後、彼の信頼を受けていたイライジャ・ムハマドが継承し、1975年に死亡するまで代表を務めた。1938年にウォレス・ファードに関する論稿を発表したアードマン・ドーン・ベイノン（Erdmann Doane Beynon, 1892-1943）は、ウォレス・ファードから教えを受けた数百名の信者から事情聴取した結果として、ウォレス・ファードは、1930年7月4日から1934年6月30日までデトロイトに居住していたことが判明していると述べている。しかし、その後のFBI等の調査によっても、ウォレス・ファードはアフガニスタンから来たとか、ニュージーランド生まれであるとか、種々の確証されていない情報はあるが、デトロイト滞在期間以外の詳細は全く知られていない謎の人物である。

　ウォレス・ファードが、デトロイトに滞在していた時期に、「中根中」という日本人がデトロイトに滞在しており、出井康博の『黒人も最も愛され、FBIに最も恐れられた日本人』（2008年）によれば、中根中はUNIAとも「ブラック・ムスリム」とも接点を持っていた。[注15] 同書は、中根中がウォレス・ファー

ドと直接的な接点があったとは示してはいないが、デトロイトにおいて UNIA や「ブラック・ムスリム」と同様に、黒人運動「我々自身の発展（DOC：Development of Our Own）」を組織して下層黒人の組織化を図っていた日本人と、「ブラック・ムスリム」との関係が、世界的な「植民地主義批判」という枠組みの中でどのように位置づけられるのか、重要な研究課題である。

　ウォレス・ファードは、『聖書』を否定し、アフリカ系米国人の神はアッラーのみであり、奴隷化される以前の宗教はイスラム教であったと説き、人種（民族）としての黒人のアイデンティティを主張した。

　ベイノンは論稿の中で、「ブラック・ムスリム」の信者となった人々は、ウォレス・ファードから教えを受ける以前は、その多くはガーヴェイの影響を受けていたと指摘している。イライジャ・ムハマドも UNIA の会員であった。この点からも、ガーヴェイとその後の「ブラック・ムスリム」との間の思想的継承性がうかがえる。

　ベイノンは、信者から聴取したウォレス・ファードが行った説教の中核部分を次のように要約している。

　「米国における黒い人々は黒人ではなく、379年前に聖なるメッカから貿易商人によって拉致されて失われたシャバズ（Shabazz）族の部族民である。予言者が彼らを見つけ、長く見失ってきた仲間たちに生命をもたらすために米国にやってきた。コーカサス人は彼らから言語、ネイション、宗教を取り入れた。ここ米国に住んでいるのは彼らである。彼らは、自分たちが、地上のネイションで最も高貴な、根源的な人々であることを学ばなければならない。コーカサス人は有色人種であったが、元の色を失ってしまった。根源の人々は、イスラム教であった彼らの宗教、アラビア語であった彼らの言語を、天文学や数学、特に微積分学を特徴とする文化を回復しなければならない。彼らは、アラーの法に従って、有毒な動物である豚、家鴨、鶩鳥、オポッサム、鯰の肉を避けて生きなければならない。興奮剤、特に酒を完全に捨てなければならない。身体も家屋も清掃しなければならない。このようにアラーの神に従うなら、彼らから奪われた天国に復帰できるだろう。」[Beynon：900-901]

　現在、「ブラック・イスラム」では、預言者は「メッカ」ではなく「アフリカ」から来たとされている。

　イライジャ・ムハマドは、1920年代に家族とともにジョージア州からデトロイトに転地した。1931年8月に、初めてウォレス・ファードの説教を聞いた時から彼に心酔して信頼を得、シカゴの第2寺院を統括し、ウォレス・ファードの失踪後はデトロイトに戻って教団の勢力を拡大した。機関紙『イスラムへの最後

の呼びかけ（Final Call to Islam）』を発行して教宣活動に努め、当初は防衛組織「フルーツ・オブ・イスラム」の責任者であった弟のキャロット・ムハマド（Kalot Muhammad）を含めて他の指導者たちとの権力闘争があったものの、指導権を掌握して組織を固めた。その後、再びシカゴに移り、またワシントンに第4寺院を設立し、1940年代後半から1950年代に急激に勢力を拡大した。1946年には全国に4寺院しかなかったが、1955年には15寺院に、1959年には22州に50寺院を数えるまでに拡大した。

「ブラック・ムスリム」は、①アッラーを唯一神とする、②最後の審判によって死者が蘇り、天国と地獄に送られること、③ラマダーンの月に断食を行うこと、という点で伝統的なイスラム教と一致するが、（イ）黒人至上主義であり、アダムとイブが創造される前に神によって黒人が創造されたと説く、（ロ）預言者・使徒の役割として、ムハンマドが最後の預言者であり、イライジャ・ムハマドが使徒であると説く、（ハ）初代のウォレス・ファードがアマフディであると説く、という点が伝統的なイスラム教との相違点である。

「ブラック・ムスリム」は、ガーヴェイと同様に、「黒人種」の優越性を強調する点で一致する。イライジャ・ムハマドは、次のように黒人の優越性が強調している。

「最初の人類は……黒人以外のなにものでもなかった。黒人が最初にして最後である。黒人は宇宙の創造者であり、ほかの人種の始祖であり、それには白人も含まれる。黒人は特殊な方法で白人を生み出したのだ。白人の歴史は6000年にすぎない。しかし、黒人の歴史は天地創造とともに始まったのだ……白人はこの地上のどこへ行っても、人類の祖先、あるいは、人類の祖先がそこにいた痕跡を発見したのである。」[Muhammad 1965：9]

宗教学者の中には、「ブラック・ムスリム」はイスラム教の宗派ではなく、非イスラム教的な新宗教であるとする者もいる。この「ブラック・ムスリム」の、1950年代後半から1960年代における勢力の拡大に貢献したのが、マルコムXである。マルコムXの父親はガーヴェイが指導したUNIAの地方幹部であった。マルコムXは『自伝』の中で、実家におけるUNIAの影響について、次のように語っている。

「（ネブラスカ州オマハにあった自宅に頭巾で顔を隠した一団のKKKが馬で乗り付け、家を取り囲んだ。）彼らは私の父に出て来いと叫んでいた。……私の父がマーカス・ガーヴェイの"アフリカへ帰れ"式の説教で、オマハの"善良な"黒人たちのあいだに"騒動のタネをまいている"のに、もはや我慢がならなくなっている、だからお前たちはとっとと町を出ていけ、というのだった。

8．マーカス・ガーヴェイの思想的影響　225

　私の父、アール・リトル師はバプティストの説教師で、同時にマーカス・オーレリアス・ガーヴェイのUNIAの熱心な組織者だった。私の父のようないわば門弟たちの助力によって、ガーヴェイはニューヨーク市のハーレム内にあったその本部から、黒人種の純潔の旗印をかかげ、黒人大衆に父祖の地アフリカへ帰れという呼びかけ——それはガーヴェイを世界でもっとも議論の的となる黒人にした主張であったが——を行っていた。」(MarcosX 1965=1993：20-21)
　「私が父の気に入りだといつも思っていた理由の一つは、私の記憶している限りでは、彼が方々の家でひそかに催していたガーヴェイ運動の会合に時折連れていったのが、私だけだったからである。その会合には、いつもわずかばかりの人数しか集まっていなかった——多いときで20人くらいだった。しかしそれでも、誰かの家の居間にぎっしりつめれば多すぎるくらいだった。(中略) この集まりでは、ほかの人も私の父も、いっそう熱心でいっそう知的で、また現実的に見えた。そして私もそんな気分になったものだ。
　"楽園から追われて、ヨーロッパの洞窟に逃げ込んだアダム"とか、"アフリカ人のためのアフリカ"とか、"黒人よ（エチオピアンよ）、目覚めよ！"などという言葉が聞かれた。父は、アフリカは遠からず黒人によって完全に統治されるだろうと話した——"黒人によって"というのが、父の十八番の文句だった。"アフリカの救済の日がいつか、それはだれにもわからぬ。それは風に乗ってやってくるのだ。もうそこまで来ている。いつか、嵐のように、それはやってくるだろう"。
　マーカス・ガーヴェイの大きなピカピカの肖像写真が手から手へと回される光景を、私は今でも覚えている。父はその種の写真を大きな封筒に入れて、こういう集会にはいつも持って行った。その写真には、立派な車に乗ったガーヴェイの背後に、多数の黒人がひしめきあって行進しているところや、金モールの飾りもまばゆい軍服に身をかためた体の大きな黒人で、長い鳥の羽のついたものすごい帽子をかぶったガーヴェイの姿などが写っていた。彼の信奉者である黒人はアメリカ国内はおろか全世界にいるのだ、という話を聞いたことがあった。そして会合はいつも、最後に父が数回、"立て、汝ら、力強き民族よ。汝らは望みを遂げる力を持つ！"と唱え、それに人びとが唱和して終わっていたのを覚えている。」[Ibid.26]
　マルコムXは、1925年5月にネブラスカ州のオマハでUNIAの熱心な活動家であったバプティスト派の牧師アール・リトルを父として生まれた。白人のように肌が白かったと言われる。それは、彼自身が『自伝』の中で、「母のルイズ・リトルは、英領西インド諸島のグレナダの生まれで、一見、白人のようだった。

事実、（彼女の）父親は白人だったのだ」[ibid. 22] と述べているように、母方の祖父がスコットランド人であったことに拠るものと思われる。マルコムが3歳の時に一家はミシガン州のランシングに引っ越したが、家が白人によって放火されてしまった。5歳の時に父親が市電に轢かれて死亡、警察は自殺と断定したが、ランシングの黒人たちは白人に

Malcolm X

よって殺されたと信じていた。父親の死後、一家は生活保護を受けなければならないほどに困窮化し、マルコムは近所の店で万引きをして補導されたこともあり、また母親が州立の神経科病院に入院させられるなど苦難な少年時代を送った。

その後、13歳で中学校から退学処分を受け、少年鑑別所に入れられ、そこから中学校に通ったが学業成績は良かった。中学卒業後は、異母姉のエラを頼ってボストンに転住したが、夜のアンダーグラウンドの世界で働き、夜遊びもするようになった。その後ニューヨークのハーレムに移って、ナイトクラブで働き始めたが、やがてギャング団の一員となり、連続強盗をやるようになり、1946年に逮捕され、懲役10年の実刑判決を受けて下獄した。

獄中で彼の人生は急変した。英語やラテン語の通信教育を受けて勉学に励んだほか、長兄のウィルフレッド、次兄のフィリバート、姉のヒルダ、弟のレジナルが「ブラック・ムスリム」を信仰し始めたことを知り、1952年の釈放後に長兄に勧められて、同年9月にイライジャ・ムハマドに会って直ちに入信し、永久にわからない祖先のアフリカ名の象徴である「X」の名前をもらった。その後、イスラム教の勉強にいそしむとともに、布教活動に専念するうちに、急激に地位を高めていった。1953年にはボストン寺院の開設を任され、次にハーレムに活動拠点である第7寺院を開設する大任を受け、次第にブラック・ナショナリズムの主張を強めていった。

1961年、イライジャが病に倒れ、マルコムがその代理を務めるまでになるが、彼の活躍もあって「ブラック・ムスリム」の勢力は7万5000人を擁するまでに拡大した。その一方で、マルコムに嫉妬する古参幹部もおり、マルコムの名声ゆえに組織内における立場も微妙になっていった。マルコムは活動の中では常にイライジャを立てて慎重に行動したが、イライジャが公民権運動で「ブラック・ムス

リム」が街頭行動を行うことを禁止していることに苛立ちを深めるようになり、次第に両者の亀裂が深まっていった。

　1963年11月にケネディ（John Fitzgerald Kennedy, 1917-1963）大統領暗殺事件が発生した際、イライジャは事件に関していかなる意見も公表してはならないと指令を発していたが、ニューヨークのマンハッタン・センターでマルコムがイライジャに代わって代理演説した際、ケネディ暗殺には触れなかったものの、聴衆から意見を求められたのに対して、「ケネディの米国政府が海外で撒き散らした憎悪が、そのまま国内に跳ね返ってきたのだ」と不用意に即答したことが、事態を悪化させてしまった。マルコムは、イライジャに呼び出されて活動禁止処分を受け、組織内における一切の権利を剝奪された。マルコムに対する暗殺令が出されたとの噂も流れた。実際に暗殺令を受けた信者がマルコムに事実を知らせた。この時点で、マルコムは「ブラック・ムスリム」からの離脱を決心するようになる。

　マルコムは、「ブラック・ムスリム」の非政治性を克服し、公民権運動の統合主義を批判して、真の黒人解放運動を建設していく方向に進んでいく。こうして、1964年1月に「ブラック・ムスリム」を離脱し、「ムスリム・モスク・インコーポレーション（MMI）」を結成し、本部をニューヨークに置いた。同年4月、マルコムは異母姉エラの資金援助で聖地メッカへの巡礼に旅立った。メッカではファイサル皇太子に国賓として遇されて謁見した。同皇太子から「黒人イスラム教団は間違ったイスラム教を信じている」と指摘され、「真のイスラム教を理解するために」巡礼に参加したと答えた。マルコムは、メッカからの帰途、レバノン、ナイジェリア、ガーナ、リベリア、セネガル、モロッコ、アルジェリアを経て、5月21日に帰国した。

　このアフリカ諸国歴訪を通じてマルコムは、アフリカ系米国人がアフリカの人々と連帯することの重要性を学んだ。こうして、マルコムもパンアフリカニストに転じていき、同年6月には米州各地の黒人がアフリカ諸国の人々と統一するための組織である「アフロ・アメリカン統一組織（OAAU：The Organization of Afro-American Unity）を結成した。OAAUの目的は、黒人大衆の相互理解、その生存と前進に関するあらゆる協力関係を促進するために、組織的な相違を乗り越えて、より大きな統一を進める中で、兄弟愛と団結を実現することであった。マルコムはOAAU結成の際、黒人の完全なる独立、自由、平等、正義を「必要ないかなる手段をとっても実現する」と述べた。また、OAAUの綱領の中にも、政府が黒人の生命と財産を守ることができないのであれば、黒人は「いかなる手段をとっても」自衛する権利があると記されていた。

1964年7月9日、マルコムは4ヶ月半にわたるアフリカ諸国訪問の旅に出た。目的は、米国の黒人問題を国連に提訴するために、中東・アフリカ諸国の政府に支援を求めることであった。7月17日から21日までカイロで開催されたOAUの第2回会議では、発言は許されなかったが、「亡命アフリカ系米国人政府代表」であると認められ、国連に対する提訴に支援を求める文書を各国代表に手渡した。この旅行中に、マルコムはタンザニアのニエレレ大統領、ナイジェリアのアジキウェ大統領、ガーナのエンクルマ大統領、ギニアのセク・トゥーレ大統領、ケニアのケニヤッタ大統領、ウガンダのオボテ首相らと会談した。

　1965年2月、マルコムはSNCCの招きで、アラバマ州セルマで開催された公民権運動の集会で講演した。公民権運動の団体から招待を受けたのは初めてであった。1964年秋にSNCCの幹部2人がアフリカ諸国を訪問し、アフリカ各地でマルコムが革命的アフリカ系米国人として認められている事実を知ったことから、SNCCとの接点が生まれたのであった。

　同年2月21日にマルコムは、ハーレムのオーデュオン・ボールルームで行った講演の最中、護衛が会場で口喧嘩を始めた2人に気をとられて移動した隙に、前列にいた3人の男に銃を乱射されて死亡した（小倉2005：186-201）。

　マルコムは、父親を通じてガーヴェイの思想やUNIAの活動に関する知識を有していたことに加え、兄弟たちがかつてUNIAの会員であったイライジャを崇拝しており、自分も一時的には崇拝してことから、ガーヴェイの思想には間接的に接していた上に、晩年はパンアフリカニズムを代表するアフリカ諸国の首脳たちとも会談し、名実ともにパンアフリカニズムの理想を体現する指導者になっていった。国際的な知名度から見れば、パンアフリカニズムの運動の実践者としてガーヴェイを継承した最も影響力をもった思想家になったと評価できよう。

　「ブラック・ムスリム」は、1975年2月にイライジャ・ムハマドが亡くなって以後、分裂した。イライジャは、長男のウォレス・ディーン・ムハマド (Warith Deen Muhammed, 1933-2008) を後継者に指名した。しかし、ウォレス・ディーン・ムハマドはイライジャが残した教義から伝統的なスンニ派イスラムの教義と齟齬のある部分を排除し、黒人分離主義的な運動をやめて米国への忠誠を説き始め、教団名も「米国ムスリム伝道団（AMM：American Muslim Mission)」、後に「米国ムスリム協会（ASM：American Society of Muslim)」に改めた。彼が引退した2003年に組織は解散した。

　一方、組織の急激な穏健化に反発した幹部のルイス・ファラカーン (Louis Farrakhan, 1933-) を中心とする人々は分派を結成、ファラカーンはイライジャの思想を継承し、黒人の社会運動と社会に対する過激な発言や行動を続けた

[Van Deburg 1997：315]。現在、「ブラック・イスラム」と呼ばれている組織はファラカーン派が継承したもので、1995年にはワシントン・D・Cで大規模なデモ行動「100万人大行進」を実施するなど、運動は現在も健在である。その規模は、2007年時点で2万人から5万人と推定されている。

「ブラック・ムスリム」は、今や米国だけでなく、海外にも支部が設置されている。例えば、1992年にイングランドのサマセット生まれでトリニダッド系のダビッド・ムハマド（David Muhammad、1970-）は、1992年に「ブラック・ムスリム」の南ロンドン寺院に入信し、その後トリニダッドに帰還して、1993年1月から同島で「ブラック・ムスリム」の学習活動を開始している。また、フランスのストラスブール生まれのベナン系のケミ・セバ（Kémi Séba, 1981-。本名 Stellio Gilles Robert Capo Chichi）は、18歳の頃にフランスで「ブラック・ムスリム」に入信したが、その後2010年に「ブラック・ムスリム」から離脱して結成された「ニュー・ブラック・パンサー党（NBPP：New Black Panther Party）」から、同組織のフランス代表に指名されている。

NBPPは、1989年に「ブラック・ムスリム」から離脱した元メンバーによって結成された組織であり、1960年代後半から1970年代に活動を活発化させた「ブラック・パンサー党」の継承組織ではなく、全く無関係の組織である。1993年まで「ブラック・イスラム」内でファラカーンの補佐をしていたカリド・アブドゥル・ムハマド（Khalid Abdul Muhammad, 1948-2001。本名 Harold Moore Jr.）(注16)がその地位から降格され、1990年代後半からNBPPの議長になったが、2001年に急死した。ハロルド・モアの死後、「ブラック・ムスリム」の議長となったのは、マリク・ズールー・シャバズ（Malik Zulu Shabazz, 1966-。本名 Paris Lewis）(注17)である。2013年10月には、シャバズが議長を辞任し、ハシム・ンシンガ（Hashim Nzinga, 生年不詳）が議長職を引き継いだ。シャバズは議長辞任後も、2105年4月から5月に実施された黒人青年殺害事件に関する抗議行動等において積極的な組織活動を行っている。

NBPPの主要幹部の中には、「カネルX」（Quanell Ralph Evans, 1970-）のような、黒人青年殺害抗議運動を通して、全国的に名を知られるようになった活動家もいる。彼は、ロサンゼルス生まれで、両親は離婚したが、ともに「ブラック・ムスリム」の信者であった。両親の離婚によって、母親とともにテキサス州に移り、高校時代から麻薬売買に手を染めるなど非行に走ったが、1990年、20歳の時にファラカーンの説教に感銘を受けて「ブラック・ムスリム」に入信した。その後、弟が射殺される事件が発生などもしたが、急速に組織内で重用され、スポークスマン的役割を果たすようになった。しかし、ヒューストンの

「ホロコースト博物館」でのユダヤ人に対する挑発的発言が問題視され、「ブラック・ムスリム」を追放され、NBPPに入党した。入党後は、積極的に黒人青年殺害抗議運動や、冤罪告発運動を展開しており、知名度が増している。

NBPPは、ブラック・ナショナリズムとブラック・パワーを掲げているものの、パンアフリカニズムは強くは掲げておらず、敢えて言えば、黒人殺害事件に対する抗議活動など米国の国内問題に限定された活動が顕著である。また、奴隷制賠償請求運動にも関与しているものの、植民地主義の総論的な批判を理論的に整理した上での路線とは評価できないように思われる。

他方、「ブラック・ムスリム」からの離反者の中には、ラスタファリアンに転向した者もいる。ラップ・ミュージシャンのスヌープ・ドッグ（Snoop Dogg, 1971-。本名 Cortazar Calvin Broadus Jr.）の例である。スヌープ・ドッグは、カリフォルニア州ロングビーチの出身で、1992年に音楽活動を開始して以来、2017年までに15枚のスタジオ・アルバムを発表し、グラミー賞に12回もノミネートされたベテラン・ミュージシャンである。少年期はロングビーチで非行を繰り返し、コカイン所持で逮捕されたこともあった。1992年にデビューし、西海岸を代表するヒップ・ホップ、ラップ・ミュージシャンに成長した。2009年に「ブラック・ムスリム」の信者であることを公表したが、2012年にジャマイカを訪問して以来、ラスタファリアン運動に改宗し、通称名も「スヌープ・ライオン（Snoop Lion）に改名し、音楽もラップからレゲエに転じている。2012年7月20日にレゲエのシングル曲「ラ・ラ・ラ（La La La）」をリリースし、7月31日からは「スヌープ・ライオン」を称している。同年12月には「ここに王が来たる（Here comes the King）」というラスタファリアン的な内容のシングルを発表している。しかし、どのラスタファリアンの団体に属しているのかは明らかではない。

(ロ) ストークリー・カーマイケル

クワメ・トゥーレこと、本名ストークリー・カーマイケルは、1941年6月にイギリス領トリニダッド島のポート・オブ・スペインに生まれ、1952年に先に米国に移住した両親と合流するために米国に渡航し、ニューヨークのハーレムに転住した。1960年にブロンクス高校を卒業してハワード大学に進学して哲学を専攻、1964年に卒業した。大学時代に学生非暴力調整委員会（SNCC：Student Nonbiolent Coordinating Committee）の活動に参加して、公民権運動の活動家となり、「フリーライダー（Free Riders）運動」に積極的に参加した。1964年にはミシシッピ州でSNCCの組織担当となって活動し、「ミシシッ

ピ自由民主党（MFDP：Mississippi Freedom Democratic Party）」を結成したが、1965年にはMFDPを離党して、アラバマ州でSNCCの活動に力を入れた。やがてSNCCと「南部キリスト教指導会議（SCLC：Southern Christian Leadership Conference）」の間に生じた対立に嫌気がさし、また非暴力行動にも限界を感じ始めた。

　1966年5月にカーマイケルはSNCC議長に就任、同年6月に発生したテネシー州メンフィスからミシシッピ州の州都ジャクソンまで一人だけの行進を行ったジェイムズ・メレディス（James Meredith）に対する狙撃に抗議して、キング牧師（Luther King Jr.）などとともに「メレディス行進」に参加してミシシッピ州グリーンウッドに到着し、同地にて行われた集会において「ブラック・パワー」という言葉を使用して、多くの黒人青年に影響を与えた。彼によれば「ブラック・パワー」とは、「黒人が、既存の諸政党に依存することなく、政治勢力を形成し、代表を選出し、あるいは代表たちに黒人の要求を語らせることである」。

　それ以後、この「ブラック・パワー」という言葉が、黒人の意識向上を背景として進展した黒人解放運動の象徴的な言葉として使われるようになる。即ち、「ブラック・パワー」が主張される中で、黒人解放運動が統合主義的な公民権運動の枠を超えて、革命運動に向かう契機となった。マルコムXは生前に公民権運動に否定的であったが、マルコムXの急進性はカーマイケルによって「ブラック・パワー」という概念を通じて引き継がれた。

　カーマイケルは、この時点から黒人解放運動のシンボリックな存在となった。「ブラック・パワー」が顕在的な現象になったのは、1964年に「長く暑い夏」の発端となったのはニューヨークのハーレムに発生した騒動であり、同年のフィラデルフィアに拡大し、1965年8月にはロサンゼルスのワッツで、1943年のデトロイト暴動以来最悪の暴動が発生して34人が死亡、約400人が逮捕された黒人反乱となった。さらに、1966年夏にはシカゴとクリーブランド、アトランタ等で暴動が発生、1967年には6月にタンパ、シンシナティ、アトランタで、7月にデトロイトとニューアークでの大暴動に発展、1968年までの5年間に150件もの暴動事件が発生した。特に、1968年4月の暴動は、4月4日にキング牧師が暗殺されたことが契機となり、全国的に黒人反乱事件を多発させた。

　SNCCはカーマイケルの指導下で「ブラック・パワー」をそのイデオロギーとして急進化していき、白人メンバーを排除するに至った。また、SNCCはベトナム反戦運動も強めていったが、SNCC内部では次第にカーマイケルのカリスマ性に対する反発が強まり、1967年5月にカーマイケルは議長を辞任した。

SNCCは、1968年8月までにカーマイケルとの関係を断った。この時点から両者は異なる路線を採っていくことになる。

カーマイケルは、1968年2月に、SNCCの議長であった頃から「ブラック・パンサー党（Black Panther Party）」が提供してきた「名誉首相」の地位を受け入れて、両組織の合同を模索したが、この動きに対してFBIが警戒を強め、フーバー（J.Edgar Hoover, 1895-1972）長官は両者の分断を図るため、カーマイケルを「CIAのスパイ」とする情報を流した。その結果、SNCCは彼を除名し、「ブラック・パンサー党」も彼を批判し始めた。

カーマイケルも、「ブラック・パンサー党」に対してその教条主義と白人ラディカルとの連帯を批判した。1968年3月、彼は南アフリカ出身の歌手ミリアム・マケダ（Miriam Makeda）と結婚し、1969年4月に妻ミリアムとともに米国を離れ、アフリカに向けて出発した。

ギニアに到着したカーマイケルは、セク・トゥーレ大統領の協力者になるとともに、ガーナから亡命していたエンクルマの教え子になった。同年7月には「ブラック・パンサー党」に対する決別宣言を行った。一方妻のミリアム・マケダは、ギニアの国連代表団のメンバーになって活躍した。カーマイケルは二人の大統領から、エンクルマの名前とセク・トゥーレの姓からそれぞれ名を取ってクワメ・トゥーレと改名した。彼は、エンクルマが1968年にギニアで結成した「全アフリカ人民革命党（A-APRP）」に協力し、1972年のエンクルマの死後、同党の指導を継承し、1998年に死亡するまで同党の議長であり続けた。

この意味で、カーマイケルはマルコムXの思想を継承するとともに、エンクルマの影響を強く受け、彼を通じてパンアフリカニズムの理想を追求し続けた。彼が、ガーヴェイに言及した演説や文書は見当たらないが、晩年のエンクルマのパンアフリカニズムを継承し続けたと言える。

(八) 奴隷制賠償請求運動

米国において、奴隷制賠償請求が主張されたのは、公民権運動が成就した1960年代後半からであった。1969年4月に革命的黒人労働者同盟のジェイムズ・フォアマン（James Foremann, 1928-2005）が「賠償」の概念を広めた「黒人宣言」を行い、5億ドルの請求を行い、その後請求額を30億ドルに引き上げた。

その後、米国社会の保守化を背景としてアファーマティブ・アクションに基づくマイノリティ対策の影響力が低下する一方で、1988年に第2次世界大戦中に強制収容所に抑留された日系米国人に対する補償が実現したことから、再び「賠償」請求が復活した。

1987年9月に全国黒人法律家会議（National Conference of Black Lawyers）、「ニュー・アフリカ共和国（RNA：Republic of New Afrika）」等複数の黒人団体や個人が参加する「全米全国黒人賠償同盟（NCOBRA：The National Coalition of Blacks for Reparation in America）」が結成された。NCOBRAは、2001年に米国議会に民主党下院議員ジョン・コンヤーズ（John Conyers, 1929-）が支援して賠償請求調査法案を提出した。その後、2017年1月にコンヤーズ議員は新たに「アフリカ系米国人のための賠償提案の調査・進展委員会」法案と名付けられた賠償請求法案を提出している。

　2002年時点でのNCOBRAの支持者の中には、「ブラック・イスラム」のルイス・ファラカーン、RNAやNCOBRAの創始者であった故イマリ・オバデレ（Imari Obadele, 1930-2010。本名Richard Bullock Henry）[注18]、NBPPのマリク・ズールー・シャバス議長（当時）、UNIA名誉議長のサンゴール・バジェ（Senghor Jawara Baye）、NAACPワシントン支部のヒラリー・シェルトン等がいた。

　このような賠償請求運動が強まった国際的環境として、1998年7月に国際刑事裁判所の設立に向けて採択された「ローマ規定」の第7条に「人道に対する罪」が規定され、2001年8月31日から9月8日まで国連主催で南アフリカのダーバンで開催された「人種主義、人種差別、排外主義、および関連する不寛容に反対する世界会議」において採択された「ダーバン宣言」において、植民主義、奴隷制、奴隷貿易が断罪されたという状況もあった。

　2000年にランダール・ロビンソン（Randale Robinson, 1941-）の『負債——米国の黒人に対する借り』が出版されて「賠償」をめぐる議論を広め、2002年3月に黒人弁護士ディアドリア・ファーマー・ベルマン（Deadria Farmar-Baellman）が米国の奴隷制度から利益を得た可能性のある1000社をニューヨーク東部地区連邦地方裁判所に提訴した、いわゆる「ファーマー・ベルマン訴訟」によって世論的にも注目されることになった（Torpey 2006=2013：161-200）。しかし、NCOBRAは、「ファーマー・ベルマン訴訟」に対しては懐疑的で、積極的な支持を控えた。

　NBPPは、マリク・ズールー・シャバズの議長時代に、奴隷制賠償請求の支持を打ち出している他、「ブラック・ムスリム」やUNIAもNCOBRAの支持団体となっている。即ち、マーカス・ガーヴェイが開始したUNIAが賠償請求運動に参加し、UNIAと接点を持った「ブラック・ムスリム」やその派生団体であるNBPPが賠償請求運動を積極的に支持している。

　他方、2016年8月には、2014年8月9日にミズーリ州ファーガソンで発生し

た18歳の黒人青年マイケル・ブラウンが白人警官によって殺害された事件に対する抗議運動の中から、複数の黒人運動団体が合流して結成された「ブラック・ライブズ・マター（BLM：Black Lives Matter）」が中心となって「黒人の命のための運動（MBL：Movement for Black Lives）」が結成された。MBL は、綱領を作成して、その綱領の中で奴隷制賠償請求を取りあげ

Beyoncé

た。NCOBRA は MBL との連帯と提携の姿勢を示している。こうして、黒人運動が、賠償請求と黒人生命擁護を２本柱として結集する傾向が生じている。

BLM には、人気ミュージシャン・カップル（2008年に結婚）であるラップ歌手のジェイZ（Jay Z, 1969–。本名 Shawn Corey Carter）とビヨンセ（Beyoncé Giselle Knowles-Carter, 1981–）等が資金援助を行っていることで知られている。

ビヨンセは、2016年４月に発表したアルバム『レモネード（Lemonade）』に先行して２月に発売したシングル「フォーメーション（Formation）」において、デビュー後初めて、父親はアラバマ州出身のアフリカ系で、母親はルイジアナ・クレオール(注19)であると自らの出自を語った。また、歌詞の中でアフリカ系の容貌を誇りにしていると語るとともに、ビデオ作品では背景に「撃つのをやめて（Stop Shooting）」と書かれた壁を映し、「ブラック・パンサー」風の制服を着た女性バック・ダンサーを整列させ、さらにニューオーリンズがハリケーンに襲われて、洪水が町を水没させる中で、（ブッシュ政権の無策を批判するように）車両が水没していく映像も組み込むなど、社会的主張を前面に出したことで注目された。

このような形態で進展している現在の米国の黒人運動は、パンアフリカニズムや「アフリカ帰還」といったガーヴェイの思想とは異なる方向性で展開されているかに見えるが、しかし「黒人性」に誇りを持って黒人意識を明確にすることを特徴としているという意味で、ガーヴェイの精神性を継承していると言える。またそれは、特に、ガーヴェイが創設した UNIA や、ガーヴェイの思想と接点を持った「ブラック・ムスリム」、そしてその派生組織である NBPP が奴隷制賠償請求運動に深く関わっていることに象徴されていると言える。

9. 終 章

　本書では、1〜5章において、ガーヴェイの思想が形成されるに至るジャマイカ国内の史的系譜と、米国における黒人解放運動が登場する経緯を跡づけ、6章においてガーヴェイの思想の概要と彼が創設したUNIA（世界黒人地位改善協会）の展開過程を整理し、7〜8章においてガーヴェイの「エチオピアニズム」と「パンアフリカニズム」の思想の米国、カリブ地域、アフリカ植民地への思想と運動の影響の拡大過程を検証し、さらに米国における現在のその思想的影響の現れ方を概観した。

　史的系譜については、スペインによるジャマイカの植民地化によって生じた先住民の絶滅後、ジャマイカにおいては、アフリカからの「離散」の末に奴隷としてジャマイカに連行されてきたアフリカ系の人々の間に継承されたアフリカ的な伝統である「オビア」や「マイリズム」が奴隷解放後も強く精神面で引き継がれ、その流れの上に米国から黒人バプティスト教会の伝道が加わって「エチオピアニズム」の流れが形成され、他方ロバート・ラブに代表されるパンアフリカニズム的な社会変革を志向する思想がガーヴェイの思想形成において合流したことを跡づけた。

　米国の黒人問題に関しては、19世紀から「アフリカ帰還」が進められていたプロセスを明らかにするとともに、奴隷解放と南北戦争以後、第1次世界大戦にいたる時期に南部黒人層の北部および北西部への人口移動が発生し、白人による黒人差別が全国化していく中で、タスキギ運動やナイヤガラ運動を先駆として黒人解放運動が発生し、一方で「ハーレム・ルネッサンス」のような黒人意識の高揚が起こり、これらの諸要素がガーヴェイの米国到着後にUNIAの運動が勢力を拡大した背景を整理した。

　ガーヴェイの思想の影響については、まず1914年にガーヴェイがジャマイカで設立したUNIAの運動がガーヴェイの米国渡航によって、米国をはじめ、カリブ諸島、アフリカ諸地域に拡大して、数百万人を網羅するような環大西洋地域において史上最初の黒人解放運動に発展した実態を見るとともに、そのような影響力の広がりの中で、「アフリカ帰還」に象徴される「エチオピアニズム」と、アフリカのアフリカ人と離散状態にある全世界のアフリカ系の人々をつなぐ「パンアフリカニズム」が拡大していった過程を検証した。

　その上で、さらに、1930年のエチオピアにおけるハイレ・セラシエ皇帝の即位とともにジャマイカにラスタファリズムが生まれ、1960年代にそのラスタファリズムを思想的基盤としてレゲエ・ミュージックが登場し、世界的に影響を拡大し

た実態を見るとともに、他方、カリブ諸島およびアフリカ諸国において「パンアフリカニズム」を体現した人々の動向を跡づけ、最後に米国においてガーヴェイの影響が「ブラック・ムスリム」やマルコムⅩ、「ブラック・パワー」に引き継がれ、現在ではそれらの流れの延長線上で、奴隷制賠償請求運動と、黒人に対する差別・暴力に抗議して正義を求める「ブラック・ライブズ・マター（BLM）」の運動が生まれ、それを契機として1916年に「黒人の命のための運動（MBL）」が形成されてきた現状をフォローし、その両者の運動が合流する流れにガーヴェイの思想を継承する運動が関与している事実を示した。

　カリブ諸国においては、パンアフリカニズムを体現した人々の活動を断続的に継承する形で、21世紀に入って強まった多くのラテンアメリカ・カリブ諸国における左派・中道左派政権の登場と長期政権化の下で、2013年8月にCARICOM諸国（環カリブ14ヶ国が加盟）による旧植民地主義諸国に対する植民地主義・奴隷制賠償請求の動きが生まれている。

　アフリカにおいては、現状ではナイジェリアから周辺諸国にも広がる「ボコ・ハラム」の動向やソマリアの「アブ・シャバブ」に代表されるようなイスラム過激派の動向がもたらしてきた種々の困難を克服する方向性は、アフリカ側からまだ明確に打ち出されてきていない。近年、アフリカ研究者（真島一郎氏）が指摘してきたように、現在の錯綜状態を突破するためには、「西アフリカ諸国は西欧の後追いにしくじった"後進破綻国家"などでは決してなく、（中略）破綻国家どころか、近代国民国家の原理に初発から埋め込まれていたなんらかの瑕疵が植民地期のアフリカに移植され、しかもその瑕疵を内在させた原理が独立後数十年の時を通じて十全に機能した結果、近年の西アフリカの政情不安がもたらされてしまった」（小倉 2017：218）というような、これまでとは異なる視角から分析し直していく努力が必要だろう。

　上記のように、カリブ諸国においては植民地主義・奴隷制に関する賠償請求の動きが強まり、他方米国においては、黒人社会の中から、奴隷制賠償請求と、黒人の生命の擁護と正義の追求という新たな黒人解放運動の萌芽が生まれてきていることから考えれば、さらなる動きがアフリカから生まれてくることが望まれる。もしかしたら、筆者が不勉強なために、まだ把握できていないだけかもしれないが、今後アフリカ内部から何らかの新しい動きや問題提起が生じることに期待し、注目していきたい。

── 〈注釈〉──

〈第1章〉
（1）ジャマイカに存在した黒人奴隷の数は、1658年に1400人、1703年に4万5000人、1730年に7万4525人、1745年に11万2428人、1795年に29万1000人、1834年に31万2070人であった（Howell 2015：7）。
（2）「マルーン」は逃亡奴隷を意味する英語であるが、これはスペイン語のシマロン（simarón）に由来し、「シマロン」はカリブ地域の先住民であるアラワク系のタイノ族の「シマラン simaran（「矢の飛翔」の意）」が語源と言われる。[Mann, Charles C., 1493 Uncovering the New world Columbus Creates, Vintage, USA, 2011=2016：563]
（3）1760年に発生した奴隷反乱「タッキーの乱」においては、白人60人が殺害され、反乱鎮圧後に奴隷600人が処刑された。その後、1765年から1784年までに間に18件の反乱計画が発覚した（Campbell：27）
（4）サミュエル・シャープは1805年にジャマイカのセント・ジェイムズ教区に奴隷として生まれ、モンテゴ・ベイのトマス・バーチェル（Thomas Burchell）主教のバプティスト教会の牧師となった。1831年後半に奴隷たちの間で、イギリス議会が奴隷制廃止法案を議論しているとの誤報が流れたため、シャープは奴隷解放は既に議会によって保障されたと誤認して、同年12月27日に労働条件に抗議する平和的なストライキを組織し、この抗議行動は多数の教区にまたがる騒擾事件に発展した。そのため、植民地当局は厳しく対応し、約2週間にわたって弾圧し、その結果シャープを含む310〜340人の黒人奴隷が絞首刑に処された。1975年にジャマイカ政府はシャープを国民的英雄と宣言したほか、同年にモンテコ・ベイ近郊のグランビルに「サム・シャープ学院」が開校された。
（5）ポール・ボーグルは1822年にキングストン東部の東セント・トマス教区に生まれ、黒人系混血の植民地議会議員であったジョージ・ウィリアム・ゴードン（Goerge William Gordon, 1820-1823）と友人となり、1864年にはストーニー・ガット・バプティスト教会の説教師となった。1865年8月にボーグルは社会的不正の撤廃を求めてスパニッシュ・タウンまで45マイルを行進して同市を占拠して反乱を起こした。植民地当局によって弾圧され、同年10月7日に裁判に処せられ処刑された。1969年にボーグルは、ゴードン、ガーヴェイとともに国民的英雄と宣言された。
（6）ジャマイカにおける大覚醒運動は米国等のキリスト教世界に発生した信仰回復を目指す運動として発生した「大覚醒運動」とは系譜を異にする宗教運動である。ジャマイカの大覚醒運動（Revivalism）は現在も存在しており、主に黄色や赤の混じったターバンを頭に巻き、教会の敷地内に設置された聖所の中に描かれた印紋の周りを練り歩く行事などで知られる。セント・アン教区のワットタウンには「ザイオン」の本部がある。

〈第3章〉
（1）1878年の凶作の後、黒人は従来になく移住への関心を示した。1879年4月にニューオーリンズで黒人集会が開催され、3週間後にはヴィックスバーグとナッシュビルでも開かれた。1879年の移住熱の背後には、読み書きのできなかったテネシー生まれの元奴隷ベンジャミン・パップ・シングルトン（Benjamin "Pap" Singleton）がいた。彼は、「陽のあたるカンザス」への移住を呼びかけた宣伝ビラを発行した。シングルトンの分かりやすい言葉での説得は、何百人もの黒人「移住者」たちに、西部への移動を刺激した。(Quarles 1987：198)

〈第5章〉
（1）ミンストレル・ショーは、1830年代に簡単な幕間の茶番劇として始まり、次の10年には完全な形を成した。19世紀の終わりまでには人気に陰りが出て、ヴォードヴィル・ショーに取って替わられた。職業的なエンターテインメントとしては1920年頃まで生き残り、アマチュアのものとしては地方の高校や仲間内や劇場などで1950年代まで存続した。

〈第6章〉
（1）銃撃犯であるジョージ・タイラーは元従業員で給料の支払いに関する誤解からガーヴェイを襲撃した。タイラーが放った1弾はガーヴェイの額をかすめ、1弾は脚に撃ち込まれたが、秘書のエイミー・アシュウッドの迅速な対応で事なきをえた。エイミーはタックルでタイラーを倒し、タイラーは逃げ出したものの、同日中に逮捕された。タイラーは裁判が始まる前に、獄中で首つり自殺を図って死亡した。タイラーの死因については現在に至るも解明されていない。(Haugen：55-56)
（2）ガーヴェイは、エイミー・アシュウッド（Amy Ashwood, 1897-1969）とは1922年6月に離婚して、1922年7月27日にエイミー・ジェイクス（Amy Jacques, 1895-1973）と再婚している。
（3）UNIAの「聖歌」の共同作曲者であるアーノルド・J・フォード（Arnold J.Ford）は、バルバドス生まれで、1918年にニューヨークに移り住み、UNIAの公式作曲者となった。黒人はユダヤ人であるとの信念からユダヤ人の宗教団体ベス・ブナイ・アブラハムに加入し、ラビとなった。1930年にエチオピアに渡航し、アジス・アベバにあるカリブ出身者の小さなコミュニティに合流したが、イタリアのエチオピア侵攻の最中に同地で死亡した。[Lee 2003=2004：59-62]
（4）「アフリカ旅団」には1920年2月にFBIの潜入捜査が実施されている。[Rolinson：52] 1919年6月にニューヨーク州議会のラスク委員会は過激派対策としてUNIAの施設の捜索を行った際、『黒人世界』編集長のW・A・ドミンゴが作成した急進的運動における黒人の役割を強調した覚書を押収したため、それ以後ガーヴェイとUNIAが治安当局の厳しい監視下に置かれた。特に、同年7月にシカゴで人種暴動事件が発生して以来、黒人運動は厳しく監視されていた。[Stein：62] ドミンゴは、ガーヴェイのジャマイカ時代に「ナショナル・クラブ」の会員であった人物であり、1919年7月にガーヴェイとの路線の相違からUNIAを離脱した。

〈第7章〉
（1）ハイレ・セラシエ皇帝の家系は、古代イスラエルの第3代のソロモン王とシェバの女王マケダの子息であるメネリク1世の子孫とされている。エチオピアには13世紀にゲエズ語で書かれた『ケブラ・ナガスト（Kebra Nagast）』という古代文書が伝えられてきた。『ケブラ・ナガスト』によれば、紀元前950年にメネリク1世は随伴者たちとともにエルサレムのソロモン神殿から、モーゼがシナイで「十戒」を刻印させた2枚の石板を収めたとされる「聖櫃（アーク）」を持ち出してエチオピアに持ち帰ってきたとされる。「聖櫃」については、エチオピア北部のティグレ族居住地域にあるアクスムの「シナイの聖マリア教会」に安置されているとされるが、それがエチオピアに持ち込まれた時期、持ち込まれたルートについては種々の異説がある。一般的には、南イエメンから紅海を渡るルートで持ち込まれたとの説が有力視されるが、オカルト研究者のグラハム・ハンコック（Graham Hancock, 1950-）は『神の刻印』（1992年）において、「聖櫃」は紀元前7世紀頃にエルサレムから持ち出されてエジプトのナイル川上流のエレファンティネ島に約2世紀安置され、紀元前410年頃に同地からユダヤ人集団によってエチオピアのタナ湖の中のタナ・キルコス島に持ち込まれ、そのユダヤ人集団の子孫が「ブラック・ユダヤ人」と言われる「ファラシャ」であり、その後14世紀に「聖櫃」はキリスト教徒によって奪われてアスクムに持ち込まれたとの説を掲げた。なお、歴史的事実として、エチオピアのブラック・ユダヤ人である「ファラシャ」の人々は、イスラエル建国後、1973年にユダヤ人と認知され、1975年以後「帰還法」によって約8万人が同国に移住した。「ファラシャ」の居住地域の近辺に「ケマント」と称する別のユダヤ人集団が1980年代までその存在が認められた。この集団は紅海を渡ってきたユダヤ人の子孫であるとされているが、その後消滅したと思われる。「ファラシャ」も「ケマント」も、セム語系であるアムハラ語やティグリニャ語を話さず、クシュ語系のアガウ語の方言を話す。[Hancock 1992=1996：237]
（2）「ジャー（Jah）」は、旧約聖書における古代イスラエルの唯一神「ヤハウェ（ヘブライ語：יהוה、英語表記ではYahweh）を誉め讃える際に発するヘブライ語「ハレルヤ」（Hallelujah）の末尾の「ヤ」（ヤハ、Jah）に由来し、その短縮形である。「ヤハウェ」については、日本では、「エホバ」の表記が『明治元訳聖書』（1887年にヘボンらが完成）とともに普及した。2008年6月29日付でバチカンの教皇庁典礼秘跡省は「教皇の指示により神聖四字で表記されている神の名を典礼の場において用いたり発音したりしてはならない」との指針を示した。教皇庁はこの指針の中で、近年の神の固有名を発音する習慣が増加している事態に対して懸念を表明し、神聖四字については「ヤーウェ」「ヤハウェ」「エホバ」などではなく、「主」と訳さなければならないと述べ、神の名を削除するよう求めている。これを受けて日本のカトリック司教協議会は、祈りや聖歌において「ヤーウェ」を使用してきた箇所を原則として「主」に置き換えることを決定している。
（3）"ナイヤビンギ"という言葉は東アフリカに起源をもち、1890年代から1928年ぐらいにかけて植民地支配に抵抗した宗教的・政治的カルトを指していた。その運動の起源については、様々な見解があるが、ルアンダ＝ウルンディもしくはウガンダで生ま

れたとされる。"ナイヤビンギ"は、入植者に抵抗したために殺されたルアンダの王妃の名前か称号だったようである。彼女の死後、その霊に触発されてカルトが生まれた。このカルトのメンバーはナイヤビンギという言葉の意味を、「多くのものを所有する女」としている。ジャマイカではこの言葉は、「黒人と白人の抑圧者に死を」という意味になる。[Barretrt：193-194]

（4）EWFのジャマイカ支部は1938年に設立されたが、ジャマイカ支部が本格的に機能し始めたのは、1955年にニューヨーク代表のエイミー・リチャードソン（Amy Richardson）がジャマイカを訪問して正式に開設されてからであった。1968年に第15支所の主宰者であったヴァーノン・キャリングトンが独立して「イスラエル十二支族（Twelve Tribes of Israel）」を創設した。[Lee：242]

（5）アーサー・ルイスは、1915年1月にイギリス領セント・ルシア島に生まれた。1934年にロンドン・スクール・オブ・エコノミクス（LSE）に入学。イギリスの開発経済学者。1958年に西インドのユニバーシティ・カレッジの校長となり、1962年にそのカレッジをジャマイカの西インド大学に拡張して初代学長になる。1979年にノーベル経済学賞を受賞した。平和賞以外のノーベル賞を受賞した初の黒人である。1983年には米国経済学会会長に就任した。

（6）マルティモ・プラノは、1929年9月にキューバに生まれ、母親がジャマイカ出身であったため、幼年時に家族とともにジャマイカに渡った。1950年代にラスタファリ運動の指導者となり、ラスタファリ運動協会を設立し、「エチオピア世界連盟（EWF）」とも協力した。1961年にジャマイカ政府がエチオピアに使節団を派遣した際、ラスタファリアン代表3人の一人として使節団に加わり、同年4月2日にアジス・アベバでハイレ・セラシエ皇帝に拝謁している。

（7）ラスタファリズムの研究者であるジャマイカ出身の宗教学者バレットは、著書『ラスタファリアンズ』の中で、「葬儀はエチオピア正教会の西半球の大司教アブナ・イェセハクの司会で行われた。祈りは、ゲエズ語とアムハラ語、そして英語で唱えられた」と述べている。[Barrett 1988=1996：338] 他方、正妻のリタは自伝『ボブ・マーリーとともに』の中で「葬儀に関する一切は、私たちマーリー家がとりしきりました」と語っている。[Rita Marley 224=2005：211] リタも子どもたちもエチオピア正教会の洗礼を受けていたことから考えれば、葬儀では「イスラエル十二支族」よりもエチオピア正教会が中心であったことがうかがえる。

また、リタはボブとラスタファリズム、マーカス・ガーヴェイ、「イスラエル十二支族」との関係について、次のように語っている。

「私は、ボブを通じてラスタファリの思想を学びました。（中略）ボブは黒人であることがいかに素晴らしいか、マーカス・ガーヴェイのおかげで私たちがいかに進歩してきたかについて、とくとくと語って聞かせました。伯母も以前からガーヴェイに心酔していて、私にその著書をくれたこともありました。」[Ibid.：51-52]

（8）ラスタファリアンだけでなく、レゲエ・ミュージックにおいても、男女平等性は主張されているが、同性愛に関してはホモフォビア的な攻撃的な姿勢を持つレゲエ・ミュージシャンは多い。ブジュ・バントン（Buju Banton, 1973-）、バウンティ・キラー（Bounty Killa, 1972-）、ビーニ・マン（Beenie Man, 1973-）、マヴァード

(Mavado, 1981-)、エレファント・マン（Elephant Man, 1977-)、キャプレトン（Capleton, 1967-)、T.O.K. (1996年結成)、シャバ・ランクス（Shabba Ranks, 1966-) などはゲイやレズに対して極めて否定的であり、攻撃的な言動を行うことが多かった。ジャマイカ社会全体に、異性愛を尊重し、LGBTに反対する強い感情が見られ、国際的にも批判されることが多い。2003年にイギリスの警察がバウンティ・キラーをゲイに対する暴行容疑で逮捕し、そのため彼はコンサート出演を2件キャンセルせざるをえなくなった。同年、イギリスのLGBT支援グループ「アウトレイジ（OutRage)」がバウンティ・キラー、ビーニ・マン、エレファント・マンらのLGBT攻撃の言動をヘイト・クライムとして告発し、警察に彼らを逮捕するよう要請した。2006年7月にはビーニ・マンがニューヨークでエイズ支援コンサートへの出演をキャンセルされた。2007年にはビーニ・マン、キャプレトン、シズラは「ストップ・マーダー・ミュージック（Stop Murder Music)」キャンペーンとホモフォビア的行為を抑制するための協定を結んだが、エレファント・マン、バウンティ・キラー、T.O.K.等は署名を拒否した。

　2012年7月にダイアナ・キング（Daina King, 1970-) がフェイスブックでレズであることを告白したが、その後エレファント・マンらのレゲエ・ミュージシャンから迫害を受け続けた。比較的若い「ダンスホール」系のミュージシャンにLGBT批判の言動が多い。

〈第8章〉
（1) ガラン・コウヤテはフランス領スーダンのセゴウに生まれ、セネガルで学んだ後、1921年から1923年まで象牙海岸で教師として働き、その後進学のためフランスに渡航した。フランス共産党に入党し、「黒人種防衛同盟（LDRN)」を結成し、機関紙『黒人種』を発刊した。LDRNの解散後は「黒人労働者連盟（UTN)」に協力した。フランス共産党の「左翼転回」後に党を追放されたが、フランス国内に残って、メサリ・ハジス（Messali Hadj's) のアルジェリア独立運動組織に協力した。共産党員時代からマーカス・ガーヴェイ、W・E・D・デュボイスらのパンアフリカニストと接触していたが、特にジョージ・パドモアと緊密な協力関係にあった。ガラン・コウヤテは、1940年にフランスでナチスに拘束され、処刑された。
（2) ナンシー・キュナードは1896年にイギリス貴族の娘に生まれ、1917年に結婚したものの20ヶ月後に離婚してパリに転住した。ノルマンディーに定住して出版活動に従事したが、1928年にベネツィアで知り合った米国黒人のジャズ・ミュージシャンであるヘンリー・クラウダー（Henry Crowder, 1890-1955) の愛人となり、米国および世界的な黒人問題に関与するようになった。1931年には雑誌『黒人と白人女性（Black Man and White Ladyship)』を発行し、1934年には『黒人（Negro)』を出版した。イタリアによるエチオピア侵攻に抗議する運動に参加し、スペイン内戦中は『マンチェスター・ガーディアン（Manchestar Guardian)』紙の特派員として取材し、内戦終了後は人民戦線政府側難民の救済に尽力した。1950年代初頭にドルドーニャ県に転住し執筆活動を継続したが、アルコール依存症から体調が悪化して入院し、1965年3月17日にパリの公共病院で死亡した。享年69歳。

(3) デュボイスは、1957年のガーナの独立時にエンクルマに独立記念式典への招待を受けたが、米国政府が彼の旅券を没収したため、ガーナ渡航が難しくなったが、米国政府が再交付したので出席することができた。1960年初頭にはナイジェリアの独立時に独立記念式典に出席、その後ガーナに訪れ、「黒人ディアスポラ事典」編纂プロジェクトについて協議し、1961年10月に同プロジェクト実現のためにガーナに渡航した。同時期にデュボイスが米国共産党（CPUS）に入党したためか、1963年初頭米国政府が旅券更新を拒否したため、ガーナ国籍を取得した。そして、米国国籍の離脱意思を何回も表明したが、最終的には離脱しなかった。同年8月27日にアクラで死亡した。享年95歳。

(4) カルヴィン・C・ハーントンは、1932年4月に米国テネシー州のシャタンノーガに生まれ、1954年にアラバマ州のタジャデガ学院で社会学の学士号を取得、フィスク大学で修士号を取得した。1950年代半ばにニューヨークでソーシャル・ワーカーとして働きつつ、詩の朗読会を立ち上げ、黒人作家の作品を収録した同人誌『アンブラ（Umbra）』を共同発行した。その後、ロンドンに渡航し、1965～1969年に現象学研究所で勤務したが、この時期にロンドン・アンティユニバーシティにおいてC・L・R・ジェームズやオビ・エグブナらとともに活動した。1970年に米国に帰国し、オバーリン学院で教師となり、1972年に黒人問題研究科に就任した。1999年に退職するまで米国アフリカ系研究の教授として勤務した。2001年に死亡。享年69歳。

(5) オビ・エグブナは、1938年7月にナイジェリアのアンナブラ州オスブル村に生まれた。米国に渡航して、アイオワ大学とワシントンD・C・のハワード大学に学んだ後、1961年にイギリスに渡り、1973年まで滞在した。その間にロンドン・アンティユニバーシティの活動に参加し、イギリスにおけるブラック・パワー運動の先駆者になり、1967年11月に世界有色人民協会（Universal Coloured People's Association）から『ブラック・パワー・マニフェスト（Black Power Manifest）』を発行した。1968年には『ブラック・パワーか死か（Black Power or Death）』を出版した。オビ・エグブナは、イデオロギー的にはマルクス主義の知的伝統に根ざしながら、社会主義や共産主義の学生運動はブラック・パワーの大義のためには問題が多いと考え、学生運動は社会主義的な「俗人」であり、この「俗人性」が、人種が黒人労働者の抑圧の鍵となっていることを無視することによって、大きな害となっていると批判的であった。1960年代に多くのブラック・パワーの共鳴者が社会主義・共産主義的な学生運動を離脱して、黒人社会主義同盟（Black Socialist Alliance）のような、マルクス主義的なブラック・パワー組織を結成したが、オビ・エグブナはイギリスにおいて、このような潮流の指導的立場にあった。

(6) 「スコッツボロ事件」は、米国南部のアラバマ州で1931年3月に起こった黒人少年に対する冤罪裁判事件。13歳の最年少者を含む9名の若い黒人が、貨物列車内で2人の白人女性を強姦した容疑で逮捕投獄され、死刑判決を受けた。この裁判を、人種差別体制を象徴する事件だと考えたCPUSは、W・E・B・デュボイスのNAACPとともに無罪釈放運動に取り組み、国際的なキャンペーンが拡大した。「被害者」自身が強姦の事実を否定、連邦裁判所が裁判のやり直しを命じ、フーヴァー（Herbert Clark Hoover, 1874-1964）大統領が釈放を要請したにもかかわらず、結局、アラ

〈注釈〉 243

バマ州裁判所は最高99年という長期刑を言い渡した。しかし妥協が成立し、全員が釈放された。

(7) エセル・マニンはイギリスの女性作家。ILP党員。1930年代にアフリカ系の反帝国主義運動に関与しパドモア、J・L・R・ジェームズ、ブレイスウェイトと交流した。

(8) レジナルド・レイノルズはイギリスの作家。クエーカー教徒。1933〜37年には「戦争反対運動（No More War Movement）」の事務局長を務めた。特に、インド問題に強い関心を持っていた。女性作家エセル・マニンと結婚。

(9) ジョン・マックネイアは、1936年にILP組織担当書記に就任。同年7月に発生したスペイン内戦に際して人民戦線政府を支援するために派遣され、バルセロナにILP事務所を設置して、ILP党員のPOUM（統一マルクス主義労働者党）への受け入れを担当し、ジョージ・オーウェル（George Orwell, 1903-1955）らを受け入れた。1937年5月にバルセロナで発生した共産党勢力とPOUMとアナキスト系のFAI=CNT勢力との間に発生した武力紛争の後、オーウェルとともにスペインを脱出した。1939〜55年にILP書記長を務めた。

(10) 〈ネグリチュード〉は1930年代のパリでアフリカ系詩人たちの起こした文学運動の思想的・芸術的基盤のことで、「黒人性、黒人精神」といった意味。セネガル出身のレオポルド・セダール・サンゴールはこの運動の中心人物。アフリカ文化への回帰を主張していた。

(11) ジェイムズ・E・K・アグリィは、1987年10月にゴールド・コーストに生まれ、カトリック教の洗礼を受けたが、その後メソジスト系に改宗した。1898年7月に米国留学の機会を得て渡航し、ノースカロライナ州にあるAMEZのリビングストン学院に入学した。1902年5月に卒業し、1903年11月の同州サリスベリーで牧師として就業すると同時に、母校のリビングストン学院で教鞭をとり始めた。1912年に神学博士号を取得、1915年にコロンビア大学で社会学、心理学、日本語を学んだ。

　1920年にアフリカ教育調査ミッションに参加して、同年から1921年にシエラレオネ、リベリア、ゴールド・コースト、カメルーン、ナイジェリア、ベルギー領コンゴ、アンゴラ、南アフリカ等10ヶ国を歴訪したが、この間に後にアフリカ諸国の独立後に大統領になるエンクルマ、アジキウェ、マラウィのバンダ（Hasyings Kamuzu Banda）らと知り合った。1924年にアグリィは、ゴールド・コーストのアクラにあるアチモタ学院の副校長に任命され、約3年間勤務している。アグリィは、1927年5月に米国に戻り、同年7月にハーレムの病院に入院したが、同月に死亡した。おそらく、アグリィはアフリカ調査旅行前に、米国でAMEZを通じてエチオピア思想に触れ、さらにガーヴェイの思想を知るようになっており、アグリィを通じてアジキウェやエンクルマがガーヴェイを知ることになったものと思われる。特に、エンクルマにはアチモタ学院で生徒として教えており、エンクルマの思想形成へのその影響は多大であったものと推定される。

(12) パンアフリカ連盟は、1944年7月にマンチェスターで開催された会議において結成が決定された。その目的として次の4点を掲げた。

①アフリカ諸国民および全世界のアフリカ系子孫の人々の結束の強化を促進するこ

と。
②アフリカ諸国民およびその他の諸民族の自決と列強支配からの独立を要求すること。
③アフリカ諸国民の市民権の平等とあらゆる形態の人種差別の撤廃を確実にすること。
④アフリカ諸国民の間と我々の切望に共鳴する人々との間の協力を勝ち取ること。
参加組織は次の通りであった。
（イ）黒人協会（Negro Association）（マンチェスター）
（ロ）有色人労働者協会（Coloured Workers Association）（ロンドン）
（ハ）有色人協会（Coloured Peoples Association）（エディンバラ）
（ニ）アフリカ連盟（African Union）（グラスゴー）
（ホ）植民地・有色人協会統一委員会（United Committee of Colonial and Coloured Peoples' Associations）（カーディフ）
（ヘ）アフリカ人子孫学生協会（Association of Students of African Descent）（ダブリン）
（ト）キクユ中央協会（Kikuyu Central Association）（ケニヤ：ジョモ・ケニヤッタが）代表参加）
（チ）西アフリカ青年同盟シエラレオネ支部（West African Youth League=Sierra Leone Section）（シエラレオネ：アイザック・ウォレス・ジョンソンが代表参加）
（リ）アフリカ自由友好協会（Friends of African Freedom Society）（ゴールド・コースト）

この会合を準備したのは、共にマンチェスター在住のイギリス領ギアナ（現ガイアナ）出身の二人、ピーター・M・ミリアード（Peter M Milliard, 生没年不詳）とラス・マコーネンであった。ミリアードは、翌1945年10月にマンチェスターで開催された第5回パンアフリカ大会では、W・E・D・デュボイスとともに共同議長を務めた。

(13) ドゥドリィ・トンプソンはパナマ出身で、ジャマイカのウェストモアランドに育った。1930年代にミコ学院で学び、一時期農村で学校教員を務めた後、1946年にイギリスに渡航し、オックスフォード大学のマートン・カレッジで法律学を学び、民法学士号を取得した。学生時代から、イギリスに居住するパドモア、C・L・R・ジェームズ等のパンアフリカニストと交流し、卒業後はタンガニーカとケニアで法律を実践する中で、民族主義運動に関与するようになり、1952年にケニヤッタがマウマウ団の反乱に加担したとして逮捕され裁判にかけられた際には、ケニヤッタのための国際弁護団に加わった。また、タンザニアではニエレレと親交を持ち、「タンガニーカ・アフリカ国民連盟（TAWU：Tanganica African National Union）」の創立に参加した。1955年にジャマイカに帰国した。その後、カリブ諸国で広範に法律活動に従事する一方で、アフリカとカリブ地域の関係について講演し、パンアフリカニストとして行動した。1962年から78年までPNPの下院議員、1972年から1977年まではマンリー政権の外相、1977年から78年には鉱業・天然資源相、1978年から1980年まで

国内治安・司法相を務めた。1992年にはOAUの支援の下で「アフリカ奴隷制・離散賠償請求運動」の賢人グループ・メンバーに選出された。2012年1月にニューヨークで死亡した。享年96歳。

(14) ヒューバート・ジェラルド・ブラウンは、1943年10月にルイジアナ州バトン・ルージュに生まれ、1960年代に公民権運動の関わる中でラップ・ブロウンの名で知られるようになった。1967年に、学生非暴力調整委員会（SNCC）議長となり、「ブラック・パンサー党」との共闘路線を打ち出した。同年、メリーランド州ケインブリッジにおいて暴動扇動容疑で逮捕され、裁判に付されたが、1970年3月9日に裁判が行われていた同州ベル・エアに至る道路上でSNCCメンバー2人が乗った乗用車が爆発し2人が死亡する事件が発生したり、翌日にはケインブリッジの裁判所も爆破される事件も発生した。ブラウンは、その後18ヶ月間失踪したが、1971年に拘束され、5年の禁固刑を受けてアティカ刑務所に収監された。ブラウンは獄中でイスラム教徒に改宗し、ジャミル・アブドゥラ・アル・アミンと名乗るようになった。出所後、ジョージア州アトランタで雑貨店を経営する傍ら、イスラム教説教師として麻薬やギャンブルを批判する活動を行うようになった。2000年3月に発生した同州フルトン郡で発生した警官殺害容疑等で裁判に付され終身刑を宣告され、その後連邦管轄下に移籍されて各地の刑務所を転々と移動させられ、2016年末現在、アリゾナ州タクソンの連邦刑務所に収監されている。

(15) 中根中は、1930年7月にデトロイトの「ブラック・ムスリム」の幹部アブドゥル・ムハマド（Abdul Mauhammad）に手紙を送った直後にデトロイトに到着し、ムハマドの家に滞在、1933年12月1に逮捕されて、翌1934年4月20日に強制送還されている。しかし、同年8月29日にカナダに渡航し、トロントに腰を据え、同地から米国に再入国してデトロイトに至ったが、1938年9月以後に米国に再入国し、1939年6月26日に再度逮捕された（出井 2008：59, 184, 189, 248）。中根中の腹心であったフィリピン人のポリカルピオ・マナンサラはUNIAの元メンバー、中根中の最後の愛人であったチーバー・マキンタイヤーの祖母はUNIAの会員であったほか、1931年に中根中がUNIAの集会に出席していた（出井：56, 179）。中根中がUNIAおよび「ブラック・ムスリム」のいずれとも接点を有していたことは興味深い。

(16) カリド・アブドゥル・ムハマドは、1948年1月にテキサス州ヒューストンで伯母に育てられ、フィリス・ウェスリィ高校を卒業後、ルイジアナ州のディラード大学に進学して、神学を学んだものの中退し、ペッパーダイン大学に移籍して同大学を卒業した。ディラード大学時代の1970年に「ブラック・ムスリム」に入信し、名前を「ハロルドX」に改名した。イライジャの死後、ファラガンの腹心となり組織面で活躍した。1978年には教団の西部地区責任者となり、1983年にはファラガンから「カリド・アブドゥル」名を授けられた。1984年にはファラガンが最も信頼する腹心となった。しかし、1993年にニュージャージー州ユニオン・タウンのキーン・カレッジでの講演で、ユダヤ人やローマ法王を侮辱する発言を行ったことが組織内外で問題視され、上下両院でも非難決議だが採択されるような事態となり、まもなく「ブラック・ムスリム」から離脱した。その後、NBPPに入党し、1997年5月頃その議長となった。彼は、音楽界でも大きな影響力を持っており、ヒップ・ホップ・グループのパブリッ

ク・エネミー (Public Enemy) が1988年に発表したアルバム『It Takes a Nation of Millions to Hold Us Back』、アイス・キューブ (Ice Cube) が1991年に発表したアルバム『死亡証明書 (Death Certificate)』や1993年に発表したアルバム『死を招く注射 (Lethal Injection)』、ラップ・ミュージシャンのダンジェロ (D'Angelo) が2014年に発表したアルバム『黒いメシア (Black Messiah)』に影響を与えたと言われる。

(17) シャバズは、1966年にロサンゼルスに生まれ、イスラム教徒であった父親が、彼の幼少時に殺害されたため、母親に育てられた。祖母が彼を「ブラック・ムスリム」に入信させた。ハワード大学および同大学法学校を卒業後、1995年にコロンビア地区議会選挙に立候補したが落選、1996年には黒人法律家協会を設立、1998年に全国黒人法律家協会から「本年嘱望される若手法律家」として表彰された。1994年に彼がハワード大学で結成した学生グループが、NBPP議長のハリド・アブドゥル・ムハマドを招待した際、紹介役として発言した際に、会場の聴衆に「誰がナット・ターナーを捕まえて殺したのか？」、「ユダヤ人だ」、「誰が連邦外貨準備を統制しているか？」、「ユダヤ人だ」等と唱和させたことが問題視されるとともに、逆に社会的にも名が知られるようになった。

シャバズは、NBPP議長として、その目的として、①ブラック・ナショナリズム、②ブラック・パワー、③奴隷賠償請求の支持、④9月11日事件に関するユダヤ陰謀説、⑤ユダヤ人による大西洋奴隷貿易の支配説、⑥反シオニズム、を掲げていた。シャバズは2013年10月にNBPP議長を辞任したが、その後も、2015年4月から5月に実施された黒人青年殺害事件に関する抗議行動等において積極的な組織活動を行っている。

(18) イマリ・オバダレは、フィラデルフィアに生まれ、その後デトロイトに転地して、青年時代には公民権運動に参加し、その後マルコムXに心酔するようになった。マルコムXの死後、未亡人のベティ・シャバズ (Betty Shabazz, 1934-1997。本名 Betty Dean Sanders) らとともに「マルコムX協会」を設立し、1968年3月に同協会を基盤に「ニュー・アフリカ共和国 (RNA)」を創設した。RNAは、ルイジアナ州、ミシシッピ州、アラバマ州、ジョージア州、サウス・カロライナ州の5州および周辺のアーカンサス州、テキサス州、ノース・カロライナ州、テネシー州、フロリダ州のうち黒人人口が多い地域（郡）にまたがる地域の分離独立を主張した。21世紀初頭まで活動していた。

(19) 「ルイジアナ・クレオール」は、ルイジアナのフランス領時代 (1682-1803) に導入されたアフリカから連れて来られた黒人の間に成立したクレオール語、およびそれに基づいて形成されたクレオール文化、または、このクレオール文化に属する人々をさす。ルイジアナ・クレオール語は、カリブ海のフランス領のマルチニック島やグアダループ島に発生したクレオール語と上層言語はともにフランス語であるが、異言語である。なお、ルイジアナ地方には、7年戦争 (1752-1763) でフランスがイギリスに敗北した結果、フランス領であった現在のカナダのアカディア地方からルイジアナに転住してきたフランス系移民の子孫が存在し、「ケイジャン (Cajun)」と呼ばれている。

〈参考文献〉

* Abrahams, Peter. [2000] The Black Experience in the 20th Century: An Autobiography and Meditation, Indiana University Press, Bloomington-Indiana, USA
* Adi, Hakim. [1998] West Africans in Britain 1900-1960 :Nationalism,Pan-Africanism and Communism, Lawrence & Wishart Limited, London, UK
* Adi, Hakim. [2013] Pan-Africanism and Communism: The Communist International, Africa and the Diaspora 1919-1939, Africa World Press, Trenton-New Jersey, USA
* Agyeman-Duah, Ivor / Abdul Karim Bangyra / Mario D.Fenyo / Jim Perkinson. [2007] Pan-Africanism: Caribbean Connections, The African Institution, New York, USA
* Alleyne, Mervyn. [1988] Roots of Jamaican Culture, Pluto Press, London, UK
* アミルカル・カブラル協会（編訳）［1993］『アミルカル＝カブラル　抵抗と創造：ギニア・ビザウとカボベルデの独立闘争』、柘植書房
* Assensoh, A.B.. [1998] African Political Leadership: Jomo Kenyatta, Kwame Nkrumah and Julius K. Nyerere, Krieger Publishing Company, Malabar-Florida, USA
* Baker Jr., Houston A. [1987] Modernism and the Harlem Renaisannce, The University of Chicago Press, Chicago, USA（＝2006小林憲二訳『モダニズムとハーレム・ルネッサンス』、未来社）
* Baptiste, Fitzroy / Rupert Lewis. [2009] George Padmore: Pan-African Revolutionary, Ian Randle Publishers, Miami, USA
* Barrett, Leonard. [1988] The Rastafarians, Beacon Press, Boston-Massachusetts, USA（＝1996山田裕康訳『ラスタファリアンズ　レゲエを生んだ思想』、平凡社）
* Beynon, Erdmann Doane. [1938] "The Voodoo Cult among Negro Migrants in Detroit", in American Journal of Sociology, 43(6), 894–907
* Blaisdell,Bob(ed.). [2004] Selected Writings and Speeches of Marcus Garvey, Dover Publications,Inc., New York, USA
* Bogues, Anthony. [1997] Caliban's Freedom: The Early Political Thought of C.L.R. James, Pluto Press, Chicago-Illinois, USA
* Bonacci, Giulia. [2015] Exodus! Heirs and Pioneers: Rastafari Return to Ethiopia, The University of the West Indies Press, Mona-Kingston, Jamaica
* Bradford Edwards, Sue/Duches Harris. [2016] Black Lives Matter, Abdo Publishing, Minneapolis-Minnesota, USA
* Buhle, Paul. [1988] C.L.R.James: The Artist As Revolutionary, Verso,

Bristol, UK
* Cain, Montez. [2009] The Rastafarians: An Examination of the Rastafari Movement in Jamaica, CPSIA, USA
* Campbell, James T.. [2006] Middle Passages: African American Journeys to Africa 1787-2005, Penguin Books, New York, USA
* Campbell, Mavis Cristine.. [1993] Back to Africa: George Ross & the Maroons From Nova Scotia to Sierra Leone, Africa World Press,Inc. Trenton, New Jersey, USA
* Carmichael, Stokely. [1970] Stokely Speaks: From Black Power To Pan-Africanism, Chicago Review Press, Chicago-Illinois, USA
* Carmichael, Stokely. [2003] Ready for Revolution: The Life and Struggles of Stokely Carmichael, SCRIBNER, New York, USA
* Cashmore, E.. [2013] Rastaman : The Rastafarian Movement in England, Routledge, New York, USA
* Césaire, Aimé. [1939 / 1956] Cahier d'un Retour au Pays Natal / Discours sur le Colonialisme, la Societé Nouvelle Présente Africaine, Paris (=2004 砂野幸稔訳『帰郷ノート／植民地主義論』、平凡社)
* Césaire, Aimé. [2005] Négre Je Suis, Négre Je Resterai, Albin Michel, Paris (=2011立花英裕／中村隆之訳『ニグロとして生きる　エメ・セゼールとの対話』、法政大学出版会)
* Chachage, Chambi / Annar Cassam(ed.). [2010] Africa's Liberation : The Legacy of Nyerere, Fountain Publishers Ltd., Kampala, Uganda
* Chung, Clairmont(ed.). [2012] Walter Rodney: A Promise of Revolution, Monthly Review Press, New York, USA
* Chevannes, Barry. [1994] Rastafari Roots and Ideology, Syracuse University Press, New York, USA
* Clark, John Henrik. [1974] Marcus Garvey and the Vision of Africa, Random House, New York, USA
* Cronon, E.David. [1969] Black Moses: The Story of Marcus Garvey and the Universal Negro Improvement Association, The University of Wisconsin Press, Wisconsin, USA
* Curtis IV, Edward E. [2006] Black Muslim Religion in the Nation of Islam 1960-1975, The University of North Carolina Press, North Carolina, USA
* Davis, Lenwood G. / Janet L.Sims(comp.). [1980] Marcus Garvey : An Annotated Bibliography, Greenwood Press, London,UK
* Du Bois, W.E.B. [1994] The Souls of Black Folk, Dover Publications, New York, USA (=2006木島始／鮫島重俊／黄寅秀訳『黒人のたましい』、未来社)
* Edwards, Adolph. [1967] Marcus Garvey 1887-1940, New Beacon Publications, London, UK
* Essein-Udom, E.U.. [1966] Black Nationalism, The Rise of the Black

Muslims in the U.S.A., Penguin Books, Middleesex, UK
* Evanz, Karl. [2001] The Messenger: The Rise and Fall of Elijah Muhammad, Vintage Books, New York, USA
* Ewing, Adam. [2014] The Age of Garvey: How a Jamaican Activist Created a Mass Movement and Changed Global Black Politics, Princeton University Press, New Jersey, USA
* Farred, Grant(ed.). [1996] Rethinking C.L.R.James, Blackwell Publishers Inc., Massachusetts, USA
* Fitts, Leroy. [1985] A History of Black Baptists, Broadman Press, Nashville-Tennessee, USA
* Foner,Philips(ed.). [1970] W.E.B. Du Bois Speaks, Pathfinder Press, New York, USA
* Franklin, John Hope / August Meier(ed.). [1982] Black Leaders of the Twentieth Century (＝2005大類久恵／落合明子訳『20世紀のアメリカ黒人指導者』、明石書店)
* Fryer, Peter. [2010] Staying Power The History of Black People in Britain, Chase Publishing Service Ltd., Sidmouth, UK
* Garvey, Marcus. [2004] Selected Writings and Speeches of Marcus Garvey, Dover Publications,Inc., New York, USA
* Garvey, Marcus. [2014] The Wise Mind of Marcus Garvey, Lushena Books Inc., USA
* Geiss, Imanuel. [1974] The Pan-African Movement, Methen & Co Ltd., London, UK
* Gibbons, Arnold. [2011] The Legacy of Walter Rodney in Guyana and the Caribbean, University Press of America, Lanham-Maryland, USA
* Haile Sellassie. [1999] My Life and Ethiopia's Progress, Research Associates School Times Publications, Chicago, USA
* Hancock, Graham. [1992] The Sign and the Seal: A Quest for the lost Ark of the Convenant, Hieneman, UK (＝1996田中真知訳『神の刻印』、凱風社)
* Harris, Duchess／Sue Bradford Edwards. [2016] Black Lives Matter, Abdo Publishing, Minneapolis-Minnesota, USA
* Haugen, Brenda. [2008] Marcus Garvey: Black Nationalist Crusader and Entrepreneur, Compass Point Books, Minnesota, USA
* Hausman, Gerald. [1997] The Kebra Nagast: The Lost Bible of Rastafarian Wisdom and Faith from Ethiopia and Jamaica, St.Martin's Press, New York, USA
* Henry, Paget／Paul Buhle. [1992] C.L.R.James's CARRIBBEAN, Duke University Press, Durham, USA
* Heuman, Gad. [1994] 'The Killing Time' The Morant Bay Rebellion in Jamaica, The University of Tennessee Press, Tennessee, USA

* Hill, Robert A.. [1990] Marcus Garvey and the Universal Negro Improvement Association Papers Vo.7, University of California Press, Carifornia, USA
* Hill, Robert A.. [2001] Dread History Leonard P.Howell and Millenarian Visions in the Early Rastafarian Religion, Research Associates Times Publications, Kingston, Jamaica
* Hogsbjerg, Christian. [2014] Chris Braithwaite: Seamen's Organiser, Socialist and Militant Pan-Africanist, Socialist History Society, London, UK
* Holt, Thomas C.. [1992] The Problem of Freedom, Race, Labor, and Politics in Jamaica 1832-1938, The Johns Hopkins University Press, Baltimore, USA
* 本田創造著 [1991]『アメリカ黒人の歴史』、岩波書店
* Howell, Leonard Percival. [2015] The Promised Key, Orunmilla Inc., Los Angeles, USA
* Huntley, Eric L.. [1988] Marcus Garvey A Biography, Friends of Bogle, London, UK
* 出井康博著 [2008]『黒人に最も愛され、FBIに最も恐れられた日本人』、講談社
* 石塚正英著 [1992]『文化による抵抗 アミルカル＝カブラルの思想』、柘植書房
* Iyassu Menelik, Girma Yohannes. [2009] Rastafarians : A Movement Tied with a Social and Psychological Conflicts, GRIN, USA
* Jah Ahkell. [1986] Rasta Emperor Haile Sellasie and the Rastafarians, Miguel Lorne Publications, Kingston, Jamaica
* Jaja, Janhoui M. [2016] Rasta The Messiah Yehashua Son of Makonnen, CPSIA, USA
* Jacques-Garvey, Amy. [1967] Philosophy and Opinions of Marcus Garvey or Africa for the Africans, Cass, London, UK
* Jacques-Garvey, Amy(ed,). [1977] More Philosophy and Opinions of Amrcus Garvey Vol. 3 Previously Unpublished Papers, Routledge, London, UK
* Jacques-Garvey, Amy. [2014a] Philosophy and Opinions of Marcus Garvey or Africa for the Africans, Martino Publishing, USA
* Jacques-Garvey, Amy. [2014b] Garvey and Garveyism, Black Classic Press,Baltimore, USA
* Jacques-Garvey, Amy. [2016] Philosophy and Opinions of Marcus Garvey or Africa for the Africans, Frontline Books, Jamaica
* James,C.L.R.. [1938] The Black Jacobins: Toussaint L'Ouverture and the San Domingo Revolution, Vintage, New York, USA（＝2002青木芳夫訳『ブラック・ジャコバンズ　トゥサン＝ルヴェルチュールとハイチ革命』、大村書店）
* Jenkins, David. [1975] Black Zion: The Return of Afro-Americans and West Indians to Africa, Wildwood House, London, UK（＝1977 那須国男訳『ブラッ

ク・シオニズム』TBS ブリタニカ)
* Kallen, Stuart A.. [2006] Marcus Garvey and the Back to Africa Movement, Lucent Books, Detroit, USA
* Kenyatta, Jomo. [1938] Facing Mount Kenya, Vintage Book(＝1962野間寛二郎訳『ケニヤ山のふもと』、理論社)
* 神本秀爾著［2017］『レゲエという実践　ラスタファーライの文化人類学』、京都大学学術出版会
* King Love, Emanuel. [2015] History of the First American Baptist Church, From Its Organization, January 20th, 1788 to July 1st, 1888, Forgotten Books, London, UK
* Lanternari, Vittorio. [1963] The Religions of the Oppressed: A Study of Modern Messianic Cults, Macggibbon & Kee, London, UK(＝1976堀一郎／中牧弘允訳『虐げられた者の宗教　近代メシア運動の研究』、新泉社)
* Lee Fox, Early. [1919] The American Colonization Society 1817-1840, The John Hopkins Press, Baltimore, USA
* Lee Héléne. [2003] The First Rasta Leonard Howell and the Rise of Rastafarism, Chicago Review Press, Chicago, USA(＝2003鈴木ひろゆき訳『ルーツ・オブ・レゲエ　最初のラスタ　レナード・ハウエルの生涯』、音楽之友社)
* Legum, Colin. [1962] Pan-Africanism: A Short Political Guide, Pall Mall Press, London, UK
* Levering Lewis, David. [1997] When Harlem Was in Vogue, Penguin Books, London, UK
* Lewis, Rupert C.. [1988a] Marcus Garvey Anti-Colonial Champion, Africa World Press Inc., New Jersey, USA
* Lewis, Rupert C. / Patrick Bryan(ed.). [1988b] Garvey : His Work and Impact, University of West Indies Press, Mona, Jamaica
* Lewis, Rupert C. / Patrick Bryan(ed.). [1991] Garvey : His Work and Impact, Africa World Press Inc., Trenton-New Jersey, USA
* Lewis, Rupert C.. [1994] Walter Rodney 1968 Revisited, University of the West Indies Press, Kingston, Jamaica
* Lewis, Rupert C. / Maureen Warner-Lewis. [1994] Garvey: Africa, Europe, The Americas, Africa World Press Ic., Trendon-New Jersey, USA
* Lincoln, C.Eric. [1963] The Black Muslims in America, Africa World Press Inc., Trendon-New Jersey, USA
* Locke, Alain(ed.). [1925] The New Negro: Voices of the Harlem Renaissance, Albert & Charles Boni Inc., New York, USA
* Lumumba, Patrice [1957]　Le Congo Terre D'Avenir Est Il Menecé?, Office de Publicité S.A., Bruxelles, Belgium(＝1964中山毅訳『祖国は明日ほほえむ　夜明け前の信条』、理論社)
* Lynch, Hollis R.. [1970] Edward Wilmot Blyden: Pan-Negro Patriot

1832-1912, Oxford University Press, London, UK
* Mack, Douglas R.A.. [1999] From Babylon to Rastafari: Origin and History of the Rastafarian Movement, USA
* Makonnen, Ras. [1973] Pan-Africanism From Within, Oxford University Press, Nairobi, Kenya
* Malcolm X / Alex Haley. [1965] The Autobiography of Malcolm X, Orion Press, USA（＝1993浜本武雄訳『マルコムX自伝』、河出書房新社）
* Maragh, G.G. / Leonard Percival Howell. [1982] The Promised Key, Publiers Group, New York, USA（＝2016江本吉見訳『契約の鍵：プロミストキー』、Kindle版）
* Marley, Bob. [1992] Vibes, From Bob Marley（＝2007『VIBES　バイブス　ボブ・マーリーの波動』、宝島）
* Marley, Rita. [2004] No Woman No Cry：My Life With Bob Marley, Rita Marley Productions Inc., USA（＝2005山川真理他訳『ボブ・マーリーとともに』、河出書房新社）
* Martin, Sandy D.. [1989] Black Baptists and African Missions: The Origins of a Movement 1880-1915, Mercer University Press, Georgia, USA
* Martin, Tony. [1976] Race Frist: The Ideological and Organizational Struggles of Marcus Garvey and the Universal Negro Improvement Association, The Majority Press, Massachussets, USA
* Martin, Tony. [1983a] Literary Garveyism: Garvey, Black Arts and the Harlem Renaissance, The Majority Press, Massachussets, USA
* Martin, Tony. [1983b] Marcus Garvey Hero A Frist Biography, The Majority Press, Mssachussets, USA
* Martin, Tony. [1983c] The Pan-African Connection, The Majority Press, Massachussets, USA
* Martin, Tony(ed.). [1986] Marcus Garvey Message to the People The Course of African Philosophy, The Majority Press, Massachussets, USA
* Martin, Tony(ed.). [1991] African Fundamentalism: A Literary and Cultural Anthology of Garvey's Harlem Renaissance, The Majority Press, Massachussets, USA
* Morrison, Doreen. [2015] Slavery's Heroes: George Liele and the Ethiopian Baptists of Jamaica 1783-1865, Liele Books, USA
* Muhammad, Elijah. [1957] The Supreme Wisdom: Solution to the So-Called NEGROS' Problem, Secretarius MEMPS Publications, Phoenix-Arizona, USA
* Muhammad,Elijah [1965] Message to the Blackman in America, The Final Call Inc., Chicago-Illinois, USA
* Muhammad, Elijah. [1993b] History of the Nation of Islam, Secretarius MEMPS Publications, Phoenix-Arizona, USA
* Muhammad, Elijah. [2002] The True History of Master Fard Muhammad,

Secretarius MEMPS Publications, Phoenix-Arizona, USA
* Murray-Brown, Jeremy. [1972] Kenyatta, George Allen & Unwin Ltd., London, UK
* Murreal, Nathaniel Samuel / William David Spencer / Adrian Anthony Mcfarlane. [1998] Chanting Down Babylon: The Rastafari Reader, Temple University Press, Philadelphia, USA
* Nkrumah, Kwame. [1957] Ghana, A Autobiography of Kwame Nkrumah（＝1961野間寛二郎訳『わが祖国への自伝　アフリカ解放の思想』、理論社）
* Nkrumah, Kwame. [1965] Neo-Colonialism The Last Stage of Imperialism, Tomas Nelson and Sons Ltd., London, UK（＝1971家正治／松井芳郎訳『新植民地主義論』、理論社）
* Nkrumah, Kwame. [1970] Class Struggle in Africa, Panaf Books Ltd.. London, UK（＝1973秋山正夫訳『アフリカ解放の道　民族解放と階級闘争』、時事通信社）
* 小倉英敬著［2005］『侵略のアメリカ合州国史　〈帝国〉の内と外』、新泉社
* 小倉英敬著［2017］『「植民地主義論」再考　グローバルヒストリーとしての「植民地主義批判」に向けて』、揺籃社
* Owens, Joseph. [1976] Dread The Rastafarians of Jamaica, Sangster's Book Stores Ltd., Kingston, Jamaica
* Pace Samnuel, Linda. [2009] Return of the African Diaspora, N Gratitude Publishing Company, Atlanta, USA
* Padmore, George. [1931] The Life and Struggles of Negro Toilers, R.I.L.U., London, UK
* Palmer, Colin A.. [2006] Eric Williams and the Making of the Modern Caribbean, The University of North Carolina Press, USA
* Payrhuber, Martin. [1998] Rastafarianism and Pan-Africanism in the Caribbean, GRIN, Germany
* Pettersburgh, Fitz Balintibe. [2007] The Royal Parchment Scroll of Black Supremacy, Nu Vision Publications, USA（＝2016江本吉見訳『黒人至上主義：王の羊皮紙の巻物』、Kindle版）
* Price, Charles. [2009] Recoming Rasta Origins of Rastafari Identity in Jamaica, New York University Press, New York, USA
* Quarles, Benjamin. [1987] The Negro in the Making of America, Collier Books, USA（＝1994明石紀雄／岩本裕子／落合明子訳『アメリカ黒人の歴史』、明石書店）
* Redkey, Edwin S.. [1969] Black Exodus Black Nationalist and Back-to-Africa Movement 1890-1910, Yale University Press, London, UK
* Reid, Mayne. [1883] The Maroon, G.W.Dillingham Publisher, New York, USA
* Reid, Selbourne. [2012] 1963 Rastafarians Rebellion Coral Gardens,

Montego Bay-Jamaica, Author House, Bloomington-Indiana, USA
* Robinson, Carey. [2007] Fight for Freedom : The Destruction of Slavery in Jamaica, LMH Publishing Ltd., Kingston, Jamaica
* Rodney, Walter. [1972] How Europa Underdeveloped Africa, Bogle-L'Ouverture Publication Ltd., USA (=1978北沢正雄訳『世界資本主義とアフリカ ヨーロッパはいかにアフリカを低開発化したか』、柘植書房)
* Rodney, Walter. [1990] Walter Rodney Speaks, Africa World Press Inc., New Jersey, USA
* Rogers, Robert Athlyi. [2007] The Holy Piby-:The Blackman's Bible, Nu Vision Publications, USA (=2016江本吉見訳『ホーリーピビィ：黒人の聖書』、Kindle版)
* Rolinson, Mary G.. [2007] Grassroots Garveyism : The Universal Negro Improvement Association in the Rural South 1920-1927, The University of South Carolina Press, USA
* 榊利夫（編訳）[1962] パトリス・ルムンバ著『息子よ 未来は美しい 統一コンゴへの思想』、理論社
* Schiefer, Johannes. [2008] Patois and the Rastafarian Use of English, GRIN, USA
* Sparer Adler, Joyce. [2003] Exploring the Palace of the Peacock : Essays on Wilson Harris, University of the West Indies Press, Kingston, Jamaica
* Spencer, William David. [1999] Dread Jesus, Society for Promoting Cristian Knowledge, London, UK
* Stein, Judith. [1986] The World of Marcus Garvey: Race and Class in Modern Society, Louisiana State University Press, Louisiana, USA
* St.Pirerre, Maurice. [2015] Eric Williams and the Anticolonial Tradition: The Making of a Diaspora Intellectual, University of Virginia Press, Charlottesville-Virginia, USA
* Sudler, Mike [2016] Black Lives Matter, TLF Publishing Group, New York, USA
* 砂野幸稔著 [2004]「エメ・セゼール小論」（エメ・セゼール著『帰郷ノート／植民地主義論』、平凡社、219-311頁）
* Stewart, James Brewer. [1976] Holy Warriors: Abolitionists and American Slavery, Hill and Wang, New York, USA (=1994真下剛訳『アメリカ黒人解放前史——奴隷制廃止運動』、明石書店)
* Taylor, Keeanga-Yamahtta. [2016] From BlackLivesMattar to Black Liberation, Haymarket Books, Chicago-Illiois, USA
* Taylor, Ula Yvette. [2002] The Veiled Garvey: The Life & Times of Amy Jacques Garvey, The University of North Carolina Press, Chapel Hill-North Carolina, USA
* Torpey, John. [2006] Making Whole Has Been Smashed:On Reparations

Politics, Harvard University Press, USA(＝2013藤井隆男／酒井一臣／津田博司訳『歴史的賠償と「記憶」の解剖』、法政大学出版会)

＊ Tracy, Joseph. [1870] American Colonization Society, BiblioLife, New York, USA
＊ Valdés Vivo, Raúl. [1977] Etiopia: La Revolución Desconocida, Editorial de Ciencias Sociales, Cuba(＝1978後藤政子訳『エチオピアの知られざる革命』、恒文社)
＊ Van Deburg, William L.,(ed.). [1997] Modern Black Nationalism From Marcus Garvey to Louis Farrakhan, New York University Press, New York, USA
＊ Vararman, James M.. [2011](森本豊富訳)『アメリカ黒人の歴史』、NHKブックス
＊ Vincent, Theodore G.. [1970] Black Power and the Garvey Movement, Black Classic Press, Baltimore, USA
＊ Walters, Ronaldo W.. [1993] Pan Africanism in the African Diaspora: An Analisis of Modern Afrocentric Political Movements, Wayne State University Press, Detroit, USA
＊ Warner=Lewis, Maureen [1990] African Continuities in the Rastafari Believe System, University of the West Indies, Mona, Jamaica
＊ Washington, Booker T.. [2015] Up From Slavery, Millennium Publications, New York, USA
＊ Williams, Eric. [1970] From Columbus to Castro: The History of the Caribbean 1492-1969, Harper & Row Publishers, New York, USA(＝1978川北稔訳『コロンブスからカストロまで――カリブ海域史　1492～1969』I&II、岩波書店)
＊ Worcester, Kent. [1996] C.L.R.James: A Political Biography, State University of New York Press, New York, USA
＊ Worrell, Rodney. [2005] Pan-Africanism in Barbados, New Academia Publishing, Washington D.C., USA
＊ Yarema, Allan. [2006] The American Colonization Society, University Press of America, Lanham-Maryland, USA
＊ Yuajah, Empress. [2016] Jah Rastafari Rasta Beliefs and Way of Life, CPSIA, USA
＊ Zips, Werner. [2009] Black Rebels African Caribbean Freedom Fighters in Jamaica, Markus Wiener Publishers, Princeton-New Jersey, USA

あとがき

　2016年11月8日に米国で実施された大統領選挙において、ドナルド・トランプ (Donaldo John Trump, 1946-) が勝利して以来、世界中にトランプ旋風が吹き荒れ、多くの人々に戸惑いを与えてきた。しかし、筆者の目から見て、トランプ現象は「一過性」の短期的現象であるとしか見えず、歴史の流れに大きな変化は生じていないように思われる。重要なのは、「トランプ現象」に右往左往させられている、国際情勢の政治的局面ではなく、資本主義システムの進展の結果として生じている経済的・社会的影響である。

　近年顕著になってきた歴史の流れとは、①新興・途上諸国の興隆に伴って、1800年以来維持されてきた欧米の優位が非欧米によって逆転される可能性の可視化と、②それと並行して進展する、米国における非白人化の流れである。その流れの背景にあるのは、1415年に始まったヨーロッパ列強による「植民地主義」支配が今もなおポスト・コロニアルな状況を永続させ、さらに〈新〉植民地主義的な諸現象を拡大させている中で、世界的にも「植民地主義」の「負の遺産」を克服していこうとする動きが様々な面で顕在化しつつあることである。

　経済面においては、資本主義システムがかつての「産業資本主義」の段階から、1960年代以降に「ポスト工業社会」なり、「記号資本主義」とか「認知資本主義」と言われるような、「モノ」の生産から、「記号」の生産において価値が増殖される段階に移行してきている。他方、1980年代から加速した「新自由主義」経済モデルが加速化して、社会格差と地域格差が一段と拡大する傾向が見られる。このような資本主義システムの変化の中で、個人のアイデンティティ喪失感が深まりつつある。「トランプ現象」は、このような傾向を背景に生じたという面もある。

　社会面においては、米国では、2042〜44年に非白人人口が白人人口を上回ると予想されている。非白人人口の中では、黒人社会においては本書において指摘したような新しい動向が生じているが、ラティーノ系社会では凝縮よりも拡散傾向が強まっている点が問題になろう。例えば、昨年の大統領選挙に先行した共和党内の予備選挙において、マルコ・ルビオ (Marco Antonio Rubio, 1971-) 上院議員のような若手のラティーノ系政治家が、エスタブリッシュメント寄りの保守的姿勢を示したように、非白人化の流れに混乱を生じさせるような拡散傾向がラティーノ系社会の中には見られる。

　政治面では、トランプ現象よりも重要なのは、「ポピュリズム」の動向である。「ポピュリズム」は、1980年代以降ヨーロッパ各国に「右派ポピュリズム」の勢

力拡大を生じさせているが、「ポピュリズム」の本質的な問題は、近年中東・アフリカからの難民の急増に対して生じているような移民・難民排除という排外主義的な現象にあるのではない。「ポピュリズム」の最大の問題点は、それが「民主主義」の究極的な表現であるという点である。即ち、代表制民主主義が形骸化した中で、直接民主主義の方法によって、その弱点を補填する模索が行われてきたが、それが「国民投票」のような形態で、有権者一人一人が対等の権利を行使できることによって、逆に「民主主義」の危機を生じさせているということが逆説的に最大の問題となってきているである。従って、「ポピュリズム」の弊害を克服するためには、「民主主義論」の再考が必要であるにも拘わらず、マスメディアにおいてそのような努力がなされていないことが危機的状況を増幅させている。要は、「民主主義論」の再構築が必要になってきているのである。

　その意味では、最近の「グローバル・サウス論」の中で展開されている「重層的ガヴァナンス論」は示唆に富む議論である。そして、この「重層的ガヴァナンス」によってより民主的なシステムを再構築していくためには、「グローバル・サウス」における社会的変革を目指す「主体」形成を考察していくことが不可欠である。

　現在、我々に求められていることは、「トランプ現象」に幻惑されない冷徹な分析力と構想力を持つことである。本書の中で概観した「パンアフリカニズム」は、アフリカだけでなく離散状態にある全世界のアフリカ人を包摂する政治的思想であり運動であったが、今後非欧米系が欧米系を逆転していくことが確実視されるのであれば、逆転後に非欧米系と欧米系が対等に連携していけるような「汎全文明・全人種」的なシステムの構築が望まれる。その意味で、本書で検証したマーカス・ガーヴェイの思想を軸として形成された「パンアフリカニズム」の歴史は、人類の未来にとって、思想の伝播と運動の拡大がどのように展開されたかという点において、参考になりうるのではないかと考える。

　最後に、本書の出版を引き受けてくださった揺籃社に深謝します。また、校正作業を手伝ってくれた神奈川大学外国語学部の窪川桃子さん、紺野ららさん、宮崎恵莉さんに感謝します。

　　　2017年6月吉日

　　　　　　　　　　　　　　　　　　　　　　　　　　　小　倉　英　敬

小倉英敬（おぐら・ひでたか）
1982年、青山学院大学大学院博士課程中退
1986年、外務省入省。中南米局、在キューバ大使館、在ペルー大使館、在メキシコ大使館勤務を経て、1998年末退官
現在、神奈川大学外国語学部教授

著書
『封殺された対話――ペルー日本大使公邸占拠事件再考』（平凡社、2000年）
『八王子デモクラシーの精神史――橋本義夫の半生』（日本経済評論社、2002年）
『アンデスからの暁光――マリアテギ論集』（現代企画室、2002年）
『侵略のアメリカ合州国史――〈帝国〉の内と外』（新泉社、2005年）
『メキシコ時代のトロツキー――1937〜1940』（新泉社、2007年）
『マリアテギとアヤ・デ・ラ・トーレ――1920年代ペルー社会思想史試論』（新泉社、2012年）
『ラテンアメリカ1968年論』（新泉社、2015年）
『「植民地主義論」再考　グローバルヒストリーとしての「植民地主義批判」に向けて』（揺籃社、2017年）

《グローバルヒストリーとしての「植民地主義批判」》第3巻
マーカス・ガーヴェイの反「植民地主義」思想
――パンアフリカニズムとラスタファリズムへの影響

2017年7月20日　初版第1刷発行

著　者　小倉英敬
発行所　揺籃社
　　　　〒192-0056 東京都八王子市追分町10-4-101　㈱清水工房内
　　　　TEL 042-620-2615　URL http://www.simizukobo.com/

© Hidetaka Ogura 2017 Japan　ISBN978-4-89708-384-1 C3030
乱丁・落丁はお取替えいたします

シリーズ
《グローバルヒストリーとしての「植民地主義批判」》

このシリーズは、旧植民地国のほとんどが独立した後になっても、旧植民地国・宗主国のポストコロニアルな状況に加えて、「植民地主義」が全世界に容貌を変えた形で継続しているとの問題意識から、現代にいたる植民地主義を歴史的に段階区分した上で、現在の〈新〉植民地主義的状況を含めて、「植民地主義論」の総論的な再構築を目指すものである。

第1巻
『「植民地主義論」再考
　グローバルヒストリーとしての「植民地主義批判」に向けて』
　　　　　　　（既刊・Ａ５判、280Ｐ、2800円＋税）

第2巻
『グローバル・サウスにおける「変革主体」論』（次回配本）

第3巻
『マーカス・ガーヴェイの反「植民地主義」思想
　パンアフリカニズムとラスタファリズムへの影響』
　　　　　　　（本書・Ａ５判、260Ｐ、2600円＋税）

第4巻
『〈新〉植民地主義の諸様相』

第5巻
『反日思想の系譜』

第6巻
『ホセ・リサールの反「植民地主義」思想』

第7巻
『インドネシア独立革命：
　タン・マラカとスカルノ』

第8巻
『先住民反乱に見る
　スペイン「植民地主義」の犯罪性』

第9巻
『イスラム世界の反欧米「植民地主義」論』

第10巻
『アフリカ諸国独立の思想的系譜』

第1巻
『「植民地主義論」再考』

いずれも揺籃社発行。お問い合わせは……
・電　話　042-620-2615
・メール　info@simizukobo.com